U0851821

杭黄高铁 一条美丽印象、绿色生态、璀璨人文、创新科技的黄金旅游路线！

覃志刚题

杭黄高铁创新设计丛书

科技杭黄

KEJI HANG-HUANG

中铁第四勘察设计院集团有限公司　著

丛书主编　光振雄　许国平

本书主编　光振雄　许国平　孙红林

中国铁道出版社有限公司

CHINA RAILWAY PUBLISHING HOUSE CO., LTD.

图书在版编目（CIP）数据

科技杭黄 / 中铁第四勘察设计院集团有限公司著 . — 北京：中国铁道出版社有限公司，2021. 12
（杭黄高铁创新设计丛书）
ISBN 978-7-113-28382-7

Ⅰ. ①科… Ⅱ. ①中… Ⅲ. ①高速铁路 – 铁路施工 – 研究 – 浙江 ②高速铁路 – 铁路施工 – 研究 – 安徽 Ⅳ. ① U238

中国版本图书馆 CIP 数据核字（2021）第 181724 号

书　　名：科技杭黄
作　　者：中铁第四勘察设计院集团有限公司

策划编辑：刘建华　王　淳
责任编辑：高　楠　　**编辑部电话：**（010）51873347　　**电子信箱：**13522756157@163.com
封面设计：高博越
责任校对：孙　玫
责任印制：高春晓

出版发行：中国铁道出版社有限公司（100054，北京市西城区右安门西街 8 号）
网　　址：http：//www.tdpress.com
印　　刷：北京盛通印刷股份有限公司
版　　次：2021 年 12 月第 1 版　2021 年 12 月第 1 次印刷
开　　本：889 mm × 1 194 mm　1/16　**印张：**18.5　**字数：**303 千
书　　号：ISBN 978-7-113-28382-7
定　　价：120.00 元

美丽杭黄
生态高铁

丛书编委会

本书编委会

主　编：光振雄　许国平　孙红林

副主编：张必武　张超永　张彦春

参　编：刘世峰　张　鹏　谷李治　常永桦　李　帅
纪雪艳　余　平　王　皓　王文晶　张恩红
李应兵　张世杰　王森荣　陈共贤　金　城
刘　斌　董　伟　汪宇亮　张　雷　蒋锡健
杨　剑　程久洲　代　赛　郭大帅　胡宏亮
刘　妤　朱　昆　符　珍　刘宝成　许腾飞
李雨琼　袁国峰　蔡豪伟　李　敏

序

杭州至黄山高速铁路（简称杭黄高铁）位于浙江省和安徽省境内，是国家高速铁路网的重要组成部分。线路东起杭州东站，经浙江萧山、富阳、桐庐、建德、淳安，穿越浙皖交界的天目山脉，进入安徽绩溪、歙县，西至黄山北站，正线全长287.5 km，设计时速250 km。

杭黄高铁的建设，构筑了串联名城（杭州）、名江（富春江）、名湖（千岛湖）、名山（黄山）的“黄金旅游高铁线”，带来了“高铁＋旅游”经济增长新动能，提升了沿线区域经济发展的核心竞争力。杭黄高铁经沪杭、杭甬高铁直通上海、宁波等长三角地区，形成运力强大、便捷高效、节能环保的快速客运网，可大幅提高区域交通运输能力和服务水平，杭州至黄山间旅行时间缩短至1.5 h，比公路运输节省约一半时间，大大缩短了浙西、皖南与长三角地区的时空距离，惠及杭州、黄山及周边地区，对推动长三角一体化的高质量发展、促进沿线旅游资源开发和文化交流、推动区域经济协调发展具有重要意义。

历史久远的徽杭水道，是从徽州古城出发，由深渡古镇而东，沿着新安江、富春江直到“人间天堂”杭州。中铁第四勘察设计院集团有限公司的设计人员，自2009年就开始在徽杭水道周边大面积开展了方案研究工作，到2018年12月25日杭黄高铁全线开通运营，前后历经约十年时间。“十年磨一剑，砺得杭黄线”，设计和建设者为浙西皖南人民奉上了一条最美高铁旅游线，实现了“早上观黄山日出，晚上品西湖龙井”，悄然改变了千百年来杭州与黄山之间的时空格局。

杭黄高铁在设计、建设过程中，以“美丽杭黄、生态高铁”为建设总目标，贯彻“四季常绿、三季有花”的绿化设计理念，高标准建设铁路绿色通道。在探索“畅通融合、绿色温馨、经济艺术、智能便捷”的现代化铁路车站建设新理念过程中，充分融合了地域文化特色。按照“精品杭黄”的建设理念，精心设计、精心施工，在轨道工程、四电工程等方面，努力创新设计，改革施工工艺，解决了各类技术难题。杭黄高铁在铁路行业树立了“绿化、轨道、站房、四电、生产生活房屋、站区配套”六个标杆，并在开通后被国铁集团作为高铁建设的标杆项目，向全行业推广杭黄高铁在设计、建设、运营、竣工决算等全过程的经验。2019 年 9 月，杭黄铁路有限公司获得全国绿化委员会授予的“全国绿化模范单位”荣誉称号。

在中国国家铁路集团有限公司和地方政府路地双方的通力协作下，“最美高铁”——杭黄高铁已建成通车，实现“名山胜水一线牵”，它是一条美丽风景线、区域协作线、富民发展线。在杭黄高铁开通运营以后，中铁第四勘察设计院集团有限公司立即组织技术力量，对杭黄高铁进行全面系统的总结，以此为基础，编写了这套“杭黄高铁创新设计丛书”，包括《印象杭黄》《生态杭黄》《人文杭黄》《科技杭黄》四册，期望通过通俗易懂的语言、图文并茂的形式，全面展示杭黄高铁在美丽印象、绿色生态、璀璨人文、创新科技等方面的设计与建设成果，力求对有志于从事高速铁路工程设计、建设及管理的人员有所帮助。

凌汉东

2021 年 10 月

前言

改革开放40多年来，中国铁路尤其是中国高铁实现了飞速发展，成为一张闪亮的“国家名片”。中国高铁历经十余载的发展，实现了从无到有、从追赶到领跑、从技术引进到自主研发的历程。特别是党的十八大以来，技术不断进步，取得了举世瞩目的巨大成就，截至2020年底，中国高速铁路运营总里程已达3.79万km，位居世界第一。科学技术是第一生产力，中国高铁的发展与成就，离不开科学技术的推动，在“科技强国”战略的指导下，中国高铁不断发展，在创新中突破。

2018年12月25日，杭黄高铁正式开通运营，打通了浙西到皖南间山水相隔的天堑。杭黄高铁是典型的山区高速铁路，沿线地质条件复杂，地形地势起伏大，水系发达，山体陡峻，陡坡路段、临路、跨河桥梁及长大隧道多，桥隧比高，路桥隧过渡频繁，引入线路多，与高速公路和既有高铁并行距离长，设计与施工面临诸多挑战。

面对挑战，杭黄高铁建设者以打造“精品杭黄”为目标，积极创新设计、改进施工工法，攻克各类技术难题。在项目实施过程中，按照“四季常绿、三季有花，乔灌结合、错落有致，试点先行、典型引路，重点突出、总体平衡，安全可控、因地制宜，控制成本、注重长效”的绿化设计理念，实现了“美丽杭黄、生态高铁”的生态建设目标。针对典型山区高速铁路，为进一步解决好线路的工后沉降和差异沉降、高陡边坡防护等问题，采用长联梁板混合连续结构，减少山体开挖，解决了复杂山区路桥过渡段铺设高速铁路道岔的技术难题，研发了的高速铁路陡坡路基新型支挡新结构。在轨道工程施工中，创新有砟轨道施工工艺，通过质量控制体系的有效运用，实现了我国高速铁路有砟轨道动态不平顺质量参数（TQI）2 mm的目标。在沿线中小型站房设计中，贯彻零换乘的设计理念，将公路、水运等交通配套工程进行立体分层，实现集约用地、人车分流、缩短旅客进出站流线，并运用声光电技术，并结合砖雕、石雕等表现手法，全面展示杭黄铁路沿线的地域文化特色。四电各专业创新设计，改革施工工艺：如接触网专业创新了整体吊弦压接工艺，改善了吊弦压接处受力，提高了吊弦工作寿命，增强了接触网可靠性，并在全路推广应用；信号专业解决了不同RBC管辖复杂场景下的C2/C3列控等级转换以及特殊场景下联络线临时限速下达难题；通信专业创新提出单 RBC 跨多 MSC 场景数据制作及测试技术，提高了运营安全系数。全体设计、建设者共同努力，精心设计，精心施工，在铁路行业树立了以“绿化、轨道、站房、四电、生产生活房屋、站区配套”等为代表的新标杆，被国铁集团誉为我国 250 km/h 高铁线路的全过程标杆工程。

《科技杭黄》是“杭黄高铁创新设计丛书”之一，主要对杭黄高铁在建设过程中的重难点工程，以及采用的新结构、新技术、新工法及取得的科技创新成果进行了总结，充分展现杭黄高铁建设过程中的匠心精神。本书共分为 6 章，主要介绍了线站位选择、路基、桥梁、隧道、轨道、精密测量网布设、牵引供电、电力、通信、信号、建筑、结构、给排水等工程中的重难点问题、解决方案、取得的创新成果和经验总结，以及杭黄高铁建设过程中使用的先进施工工法。虽然没有完全涵盖杭黄高铁建设过程中的点点滴滴，但其中对重难点问题所采取的解决方法、总结的经验与启示值得大家借鉴，我们深望此书对大家今后的学习工作有所启迪。

在本书编写过程中，中国铁路上海局集团有限公司和沿线车站、段、所在现场调查、资料收集、无人机航飞摄影和实景照片拍摄过程中给予了大力支持和协助；杭黄铁路有限公司原总经理王志平、工程部俞峰、韩浩、孙萌等同志提供了翔实的建设过程影像及管理资料；杭黄高铁各施工单位提供了大量的施工过程影像和文字资料，摄影师罗春晓等提供了大量的精美图片资料；中铁第四勘察设计院集团有限公司的全国工程勘察设计大师王玉泽，原院总工程师朱丹，原院副总工程师何志工，宣传部陈泾宏、刘新红、欧巍，技术中心梅志山、黄鹰、柯宁，上海分院肖伟，浙江分院孙敬伟等领导和专家给予了悉心的指导和帮助。对以上各单位各位领导和专家的大力支持、指导和帮助，在此一并表示最衷心的感谢！

限于编者水平，书中不足之处在所难免，恳请广大读者批评指正。

编　者

2021 年 10 月

目录

第一章　总　论

第二章　工务工程设计技术特点

第三章　“四电”工程设计技术特点

第一章 总论

高铁的发展史就是一部科技进步史。高铁每一次重大发展都与科技水平的提高息息相关，高铁科技发展不断推动着高铁速度和整体性能的提高，并朝着全面智能化、环保绿色化以及更高的速度发展。杭黄高铁穿越杭州—黄山间风景名胜区多处环境敏感点，沿线地形地貌复杂、工程地质条件多变，给工程设计带来极大困难和挑战。设计单位以打造精品工程、树立行业标杆为目标，进行了一系列创新设计，不断优化设计方案，为南方山区旅游高铁设计树立了标杆，为打造生态线、文化线、旅游线、精品线奠定了坚实基础。

第一节　高铁与科技

高速铁路是一个集高新技术于一身，极其复杂的现代化系统工程，有显著的技术特点，从传统铁路诞生到现代高铁发展，世界各国形成了独具特色的高铁体系。全面提升铁路科技综合水平和创新水平，是推动铁路高质量发展的内在要求，是巩固我国铁路世界领跑优势的迫切需要，是推动中国铁路“走出去”的强大驱动力。随着科技的快速发展及人们对铁路建设品质及速度的更高要求，中国铁路将向着更加智能、绿色、高速的方向发展。

一、高铁发展简史

总的来说，世界各国都经历了从传统铁路到高速铁路的发展历程，时至今日，构建了完善的高铁技术体系。

（一）国外铁路发展简史

1. 国外铁路的诞生

1825 年 9 月 27 日，世界上第一条铁路——英国达林顿至斯托克顿铁路通车运营，1825 年也被称作是铁路的诞生年。但这条线路还不能令人满意，因为有时会使用马拉列车。直到 1830 年 9 月 15 日，英国利物浦至曼彻斯特线路的正式开通，才标志着现代意义上的铁路正式诞生：列车完全由机车牵引，由铁路公司提供旅客服务，有正式的车票和列车时刻表，有车站和站台。利物浦至曼彻斯特线路开通不到 10 年，蒸汽机带动的火车就遍布欧洲、北美等地区，1 435 mm 的轨距——斯蒂芬森为利物浦至曼彻斯特线路所选择的轨距，在全世界得到广泛的应用，中国铁路目前使用的标准轨距即是 1 435 mm。部分国家第一条铁路诞生时间及介绍见表 1–1。

表 1-1 部分国家第一条铁路

序 号	国 家	第一条铁路			
		营业时间	起始站	终点站	长度（km）
1	英 国	1825 年	斯托克顿	达 林 顿	32.2
2	法 国	1828 年	圣艾蒂安	安泰基矿山	21.3
3	美 国	1830 年	巴尔的摩	俄 亥 俄	21
4	德 国	1835 年	纽 伦 堡	菲 尔 特	6
5	加拿大	1836 年	拉拨来里	圣 约 翰	26
6	俄罗斯	1837 年	圣彼得堡	巴甫洛夫斯基	27
7	意大利	1839 年	那不勒斯	波 蒂 奇	7.6
8	印 度	1853 年	孟 买	塔 纳	34
9	巴 西	1854 年	马 威 亚	艾斯特莱伊拉山脚	14.5
10	澳大利亚	1854 年	墨 尔 本	墨尔本港	4
11	埃 及	1854 年	亚历山大	开 罗	221
12	日 本	1872 年	新 桥	横 滨	29

2. 国外高铁发展简史

高速铁路自诞生起便迅速发展，日本、法国、德国构建了各自独立且各具特点的高铁技术体系，分别建成新干线、TGV、ICE 高速铁路系统。

（1）日本新干线

1964 年 10 月 1 日，世界上第一条高速铁路日本东海道新干线（东京至大阪）建成通车（图 1–1），全长 515 km，采用有砟轨道，投入运行的 0 系高速旅客列车，

图 1–1 新干线 0 系高速旅客列车

属于动力分散型动车组列车，最高运行速度达 210 km/h。新干线采用日本自主研发的高铁技术，采用 1 435 mm 的标准轨距和架空接触网供电。此后，随着日本高铁技术的发展，日本高铁广泛采用无砟轨道结构形式，日本 300 系列车、500 系列车、N700 系动力分散型列车接连投入运营，2013 年，日本 E5、E6 系列车的最高运营速度提高到 320 km/h。

日本新干线采用全部修建新线、旅客列车专用的模式，截至 2020 年，已遍及山阳、东北、上越、北陆、北海道等地并且正向日本全国辐射；在九州、北陆和北海道等地，新干线的延长工程也正在逐步推进，将形成日本完善的国内高速铁路网骨架。

（2）法国 TGV

日本新干线的成功运营，启发欧洲国家开始调整交通运输政策，发展高速铁路。1965 年底，法国国营铁路公司拟定法国高速铁路计划并定名为“TGV”。1981 年 9 月 27 日，法国巴黎至里昂的 TGV 东南线部分通车，1983 年全线建成通车，列车运营速度达 270 km/h。法国是少数主流高铁结构形式为有砟轨道、列车驱动方式为动力集中式的国家。但受到日本、德国高铁动力分散式技术影响，法国高铁技术发展虽以动力集中型列车为主，后期也开发了第四代动力分散式 AGV 型高速列车，采用了永磁牵引电机供电和动力分散驱动方式。

法国的 TGV 高铁线路部分修建新线，部分改造旧线，旅客列车专用。法国相继建成开通 TGV 大西洋线、北方线、地中海线、巴黎东部线、东欧线等高速铁路，形成了以巴黎为中心，辐射法国各城市及周边国家的高速铁路网络。

（3）德国 ICE

德国在充分学习和吸收日本、法国的先进高铁技术成果的基础上，创新性地推进了高铁技术的应用与转变，成为高铁市场的后起之秀。1982 年 5 月，德国确定实施城际高速铁路 ICE 计划。1988 年 5 月，德国 ICE-V 试验列车在全长 327 km 的汉诺威—维尔茨堡高速测试铁路上创下了速度达 406.9 km/h 的世界纪录，一鸣惊人。1991 年德国第一条高速铁路曼海姆至斯图加特线建成通车，1992 年汉诺威至维尔茨堡线建成通车。德国高铁初期采用有砟轨道，目前发展成以无砟轨道为主流的轨道结构形式。初期投入运营的德国第一代高速列车 ICE1 列车和后续研制的 ICE2 都采用动力集中的方式，2006 年德国推出的第三代高速列车 ICE3 采用动力分散的方式，最高运行速度提高到 320 km/h。德国 ICE 高速列车如图 1–2 所示。

图 1–2　德国 ICE 高速列车

与日本、法国高铁不同，ICE 采用旅客列车及货物列车混用模式（白天客运、夜间货运）。同时由于德国铁路结构比较完善，铁路基础设施相对稳定，德国将高速铁路全部新线与既有铁路线改造结合，形成高速铁路运输网。目前德国 ICE 通达德国境内多数大城市，还跨越比利时、荷兰、瑞士等国家，实现了高速铁路国际直通运输。

（二）中国铁路发展简史

1876 年 7 月 3 日，由英国资本集团擅自修建的吴淞铁路（图 1–3）正式营业，是中国第一条营运铁路，但在次年就被拆除。

1881 年 11 月完工的唐胥铁路，全长 9.67 km，采用了国际通用的 1 435 mm 标准轨距，这是中国自建的第一条铁路，标志着中国铁路建筑史的正式开端。

1909 年，北京至河北张家口的京张铁路建成，这是完全由中国铁路技术人员修建的第一条干线铁路，是铁路技术中国本土化的集中体现，为之后中国自主建设铁

图 1–3　吴淞铁路上海车站

路开创了道路并指引了方向。

民国时期，由于一系列内战和日本侵华战争，中国铁路发展速度缓慢，许多已有铁路遭受损毁。新中国成立后，铁路修建才得以统筹规划，其中典型的有成渝铁路和京九铁路。

1. 成渝铁路——新中国成立后建成的第一条铁路

1952 年 7 月 1 日，全长 505 km 的成渝铁路（图 1–4）全线通车。成渝铁路不仅是新中国修建的第一条铁路，还是第一条完全由中国人自己设计、施工，完全采用国产材料建成的铁路。成渝铁路从 1903 年开始修建，但直到 1949 年，仅完成少量工程。新中国成立后，1950 年 6 月，成渝铁路全线开工，1952 年 6 月竣工，西南地区人民近半个世纪的梦想终于成为现实，在中国铁路发展史上具有极其重要的意义，有力地促进了西南地区物资流通，对发展生产和繁荣经济起到重要作用。

2. 京九铁路——纵贯南北九省建设规模最大的铁路

京九铁路是我国境内一条连接北京市至香港特别行政区的国家 I 级铁路，是当时规模最大、投资最多、一次建成最长的双线铁路干线，里程长达 2 407 km。京九线九江大桥如图 1–5 所示。

图 1–4　成渝铁路

图 1–5　京九线九江大桥

1984 年《中华人民共和国政府和大不列颠及北爱尔兰联合王国政府关于香港问题的联合声明》签署后，我国正式提出了“大京九”的方案，即将北京至九江铁路延长至香港九龙，并力争在 1997 年香港回归祖国时全线贯通。1993 年 5 月 2 日，京九铁路全线开工，累计打通隧道 56 km，架设桥梁 1 100 多座，修建车站 210 多个。1996 年 9 月 1 日京九铁路全线开通运营，采用有砟轨道，初始运营速度达到 60 km/h。

第二年通过了国家验收。

铁道第四勘察设计院（现中铁第四勘察设计院集团有限公司，简称铁四院）承担了菏泽—九龙长约 1 700 km 的铁路勘测设计，约占京九铁路全长的三分之二，应勘察的要求，做了大量遥感解译工作，这是铁四院遥感技术第一次系统地应用在新建长大干线的勘察中。1995 年，铁四院自主研发的带超速防护 18 信息有绝缘移频自动闭塞系统第一次成功应用于京九铁路，填补了我国在列控技术领域的空白；第一次将自主研发并获得国家科技进步奖的粉喷桩综合加固技术应用于铁路干线路基工程。在京九铁路建设过程中，铁四院研发的带超速防护多信息移频自动闭塞系统、20 芯蜂窝式光缆、综合软土路基加固等 46 项新技术得以应用，使京九铁路达到了 20 世纪 90 年代的先进水平。1999 年京九铁路总体设计荣获国家优秀工程设计金奖，阜阳枢纽、吉安至定南段设计获中国土木工程詹天佑奖，阜阳枢纽、阜阳至九江段、吉安至定南段工程获国家鲁班奖，铁四院为京九铁路的建设立下汗马功劳。

（三）中国高铁发展简史

高速铁路是以客运高速化为目的、在传统铁路基础上大量吸收现代科技成果形成的现代运输方式，是铁路现代化的标志。从普速铁路到高速铁路，从中国制造到中国创造，中国高铁虽起步较晚、前期技术基础薄弱，但中国高铁奋起直追、迎头赶上，后来居上、领跑世界。

1. 广深准高速和秦沈客运专线——中国准高速的探索与实践

1978 年 10 月，邓小平访问日本，乘坐了新干线，从此，高铁计划一直在酝酿中，改革开放孕育了中国的高速铁路，20 世纪 90 年代起，中国高铁技术开始正式科研攻关。

（1）广深准高速铁路

要实现从“普速”到“高速”的转变，提速是必然的准备，我国铁路提速计划从广深线开始。1994 年 12 月 22 日，铁四院参与设计的由原广深铁路改建成的广深准高速铁路通车，最高速度从原来的 100 km/h 提高到 160 km/h，成功完成提速升级，这是中国自行设计、施工建设的第一条速度 160 km/h 的新型铁路。广深准高速铁路的开通，为铁路提速积累了丰富的经验，在此基础上，从 1997 年到 2007 年，中国铁路先后开展了六次“大提速”，基本覆盖全国铁路网，列车速度显著提高。

（2）秦沈客运专线

秦沈客运专线于1999年8月全线开工建设，2003年10月建成通车，线路由秦皇岛至沈阳，全长405 km，是中国自主设计建造的第一条铁路客运专线，是中国铁路步入高速化的起点。秦沈客运专线在设计上首次引入了高铁选线概念，首次采用了一次铺设的跨区间无缝线路、牵引供电监控综合自动化系统、高速牵引供电接触网、新型列车运行控制系统等新技术。

秦沈客运专线开创了中国铁路运输客货分流的新模式，使中国掌握了具有自主知识产权的200 km/h等级客运专线成套技术装备，提高了中国铁路的建设和制造水平，缩短了与世界先进高铁技术水平的差距，同时，秦沈客运专线还设有时速300 km的综合试验段，为后来兴建高速铁路打下坚实的技术基础。

2. 京津城际铁路——中国高铁登上世界舞台

京津城际铁路于2005年7月4日正式动工，2008年8月1日正式开通运营，连接北京、天津两大直辖市，线路全长120 km，设计速度350 km/h，是我国首条以时速350 km标准设计、建造的高速铁路。京津城际铁路如图1–6所示。

图1–6 京津城际铁路

京津城际铁路已形成具有中国特色的CRTS Ⅱ型纵连板式无砟轨道技术，首次将纵连板式无砟轨道应用于长大桥梁上，解决了纵连板式无砟轨道无法在长桥上铺设的技术瓶颈，首次采用 500 m 长钢轨工地焊接施工工艺，跨区间进行长大无缝线路铺设，保证了高速列车安全稳定运行。为了有效解决路基沉降等问题，京津城际铁路采用先进的路基设计和建造技术，创新性采取“以桥代路”的方法，线路中桥梁长度高达 87%。京津城际铁路作为中国第一条拥有完全自主知识产权、世界一流水平的高速铁路，不仅为我国培养出一支高速铁路发展和建设的人才队伍，还初步构建了包括高速动车组、线路基础、通信信号、牵引供电、调度指挥、旅客服务等多个专业的高铁技术体系，为后续中国高速铁路网建设提供了宝贵经验。京津城际铁路的建设标志着中国高速铁路迈向一个新的台阶，标志着我国高速铁路技术跨入世界先进行列。

3. 京沪高铁——中国高铁达到世界先进水平

京沪高铁于 2008 年 4 月 18 日全线开工建设，2011 年 6 月 30 日通车运营，线路连接京沪两地，全长 1 318 km，设计最高时速 380 km，是当时世界上一次性建成线路最长、技术标准最高、运行速度最快的高铁。

铁四院作为京沪高铁徐州至上海段勘察设计单位，对京沪高速铁路的勘察、设计与研究始于 20 世纪 90 年代初，先后 6 次对京沪高铁组织了大规模勘察设计，编制完成了《京沪高速铁路设计暂行规定》《高速铁路设计规范》等多本技术规范，为高端起跑的中国铁路“划好了跑道”。铁四院建立了中国第一个高速铁路软土路基试验段，掌握了应对软土沉降的处理方法；专门成立了轨道研究所，专攻高速铁路无砟轨道工程关键技术和难点，首次在高速铁路设计中将 CRTS Ⅱ型轨道板横向挡块由矩形改造为圆端形，改进了列车空气动力学性能；首次在高速铁路设计中采用设置高架桥阻尼器（TMD）技术、阻尼钢轨、廊道吸声吊顶、无砟轨道吸声板的综合减振降噪技术。尤其是在高速铁路大跨深水桥梁建造技术方面，通过技术创新和科技攻关，实现重大突破。京沪高铁大胜关长江大桥如图 1–7 所示。

2010 年 12 月 3 日，“和谐号”CRH380A 型动车组在京沪高速铁路枣庄至蚌埠段联调联试和综合试验段中创造了时速 486.1 km 的当时世界铁路运营试验最高速度纪录。通过技术创新和标准化管理，我国构建了具有完全自主知识产权的高铁技术体系，工程技术、质量和管理等达到世界先进水平。

围绕京沪高铁进行的一系列勘察、设计、施工技术攻关，获得多项国家、省部级奖励，2016 年 1 月 8 日，京沪高速铁路工程荣获 2015 年度中国国家科学技术进步奖特等奖。

图 1–7　京沪高铁大胜关长江大桥

4. 郑徐高铁——中国高铁领跑世界高铁

2016 年 9 月 10 日，由铁四院总体设计的郑徐高速铁路正式开通运营，线路由郑州东站至徐州东站，全长 362 km，设计速度 350 km/h。郑徐高铁是国内首条全线采用 CRTS Ⅲ型板式无砟轨道施工的高铁项目，全线共铺设了 127 192 块由中国自主研发并具有完全自主知识产权的 CRTS Ⅲ型轨道板，精度误差不超过 0.5 mm。新型轨道板使得列车高速通过的平顺性更高，乘客乘坐舒适度更好，具有更耐久、更稳定、更安全等优点。在列车运行控制系统方面，由于发车密度大、车速快，安全性要求高，郑徐高铁的列车运行控制系统比普通铁路技术性能要求更严格，创新应用了具有世界先进水平、完全拥有自主知识产权的 CTCS-3 级高铁列车运行控制系统技术和 CBTC 城市轨道列车运行控制系统技术。2016 年 7 月 15 日，在郑徐高铁上，“复兴号”中国标准动车组列车进行了时速 420 km 交会和重联运行试验，创造了动车交会速度的世界最高纪录，相对时速超过 840 km，瞬间暴增的极强吸引力，不仅对车体本身有极强影响，对轨道系统、供电系统等各环节均是一次世界级考验。

5. 京张高铁——开启中国智能高铁新时代

2019 年 12 月 30 日，京张高速铁路开通运营，主线由北京北站至张家口站，正线全长 174 km，最高设计速度 350 km/h。京张高铁是中国第一条采用自主研发的北斗卫星导航系统、设计速度 350 km/h 的智能化高速铁路，也是世界上第一条最高设计速度 350 km/h 的高寒、大风沙高速铁路。京张高铁官厅水库大桥如图 1–8 所示。

图 1–8 建设中的京张高铁官厅水库大桥

京张高铁实现了智能建造、智能装备和智能运营，开启了中国智能高铁新时代。智能建造涵盖铁路工程设计、建设、运营全生命周期，以 BIM（建筑信息模型）和 GIS（地理信息系统）技术为核心，广泛应用移动互联、云计算、大数据、物联网、人工智能、北斗导航等新一代技术，与先进的工程建造技术相融合。采用“复兴号”智能型动车组，以 CR400BF 型动车组为基础，装载北斗卫星导航系统和最先进的 CTCS3-ATO 列控系统，在智能化、安全舒适、绿色环保、综合节能等方面实现全面升级，为旅客提供人性化、多样化、自助化旅行智能服务。

京张高速铁路作为 2022 年北京冬奥会的重要配套工程，车上不仅设有智能显示屏实时观看赛事直播，还设有兴奋剂检测区以及冰雪运动器材存放区，记者可通过覆盖全车的 WiFi 系统随时发布赛事报道。图 1–9 为智能检测机器人正在进行京张高铁检修。

从 1909 年京张铁路建成到 2019 年京张高铁通车，在这 110 年里，中国铁路从自主设计修建零的突破到世界先进水平，从时速 35 km 到时速 350 km，京张线见证了中国铁路的发展，也见证了中国综合国力的飞跃，成为中华民族崛起、走向世界舞台的缩影。

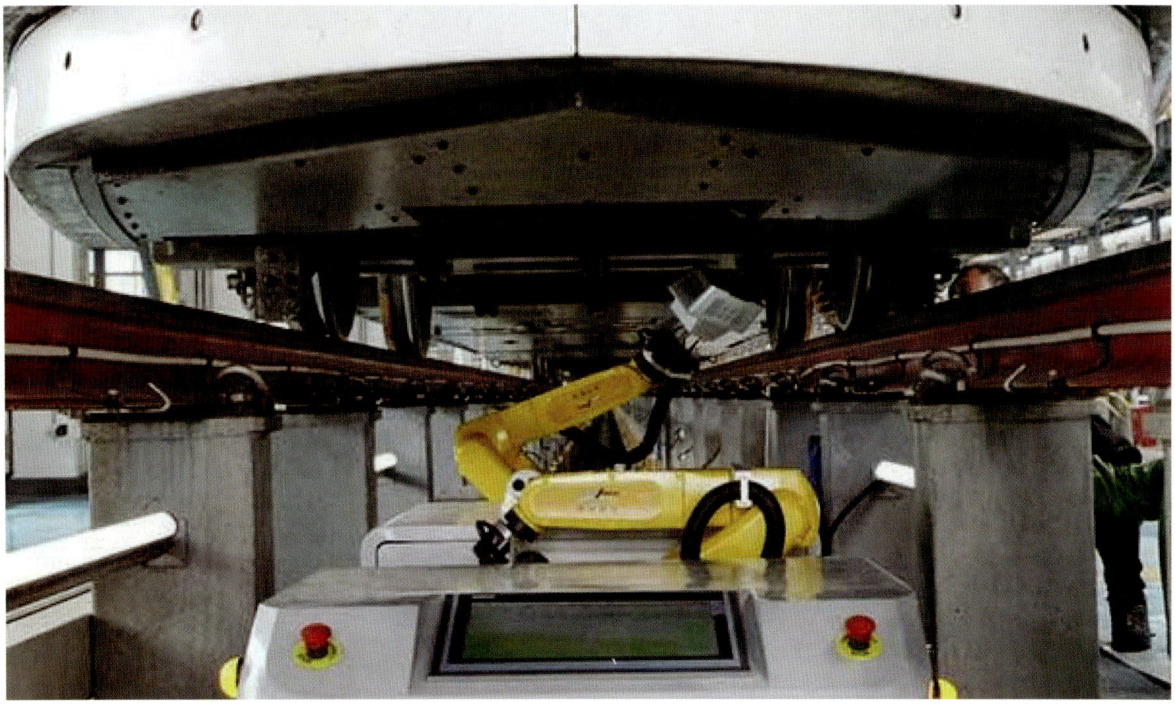

图 1-9　京张高铁的智能检测机器人正在进行检修

二、铁路科技创新的重要性

铁路是国家战略性、先导性、关键性的重大基础设施，是国民经济大动脉、重大民生工程和综合交通运输体系骨干，在经济社会发展中的地位和作用至关重要。《中国交通的可持续发展》白皮书指出："创新是交通运输发展的动力源泉。把创新作为推动发展的第一动力，以科技创新为牵引，大力推进管理创新、制度创新、文化创新，完善创新体系，优化创新环境，强化人才支撑。"铁路科技创新被提到前所未有的高度。

（一）推动铁路行业高质高量发展

虽然我国铁路初期技术薄弱，但走"引进消化吸收再创新"道路，在短短几十年内实现了关键技术装备自主化，不断提升运营服务水平，完善安全体系，攻克工程建设技术难题，努力推进中国知识产权和技术标准的落实，在铁路科技创新方面取得了大量成果。据国家统计局统计数据，新中国成立之初，铁路营业里程仅2.18 万 km，截至 2020 年底，中国高铁运营里程达 3.79 万 km，位居世界第一。不管是在铁路的"质"还是"量"，我国铁路行业都发生了翻天覆地的变化，这背后是铁路科技创新的强力推动，是铁路科技发展的重要支撑。

“十四五”期间，铁路建设任务仍十分繁重，快速施工、无人化或少人化施工、工厂化施工、更高程度的装配化施工、高质量施工将是未来施工技术的主流，需要不断进行创新。另一方面，党的十九大明确提出，高质量发展成为中国步入新时代后的一个崭新主题，要科学有序、优质高效推进服务国家重大战略的重点铁路项目建设。在服务方面，随着人民群众生活水平的提高，对铁路运输服务方式、服务手段和服务质量的要求越来越高；在运营安全方面，要贯彻全寿命周期预防监控安全风险，守住安全红线，要实现这些目标，必须依靠科技创新。无论是铁路建设，还是服务水平运营安全等，都离不开可靠、先进的技术支撑，都需要加大铁路设计创新、技术创新、管理创新等力度，通过持续提升科技创新水平，为推进铁路科学发展注入强大动力。

（二）巩固中国铁路世界领跑优势

铁路科技创新不断推动中国铁路行业高质高量发展，铁路科技水平大幅跃升，核心技术逐步自主化，基础设施、运输装备取得标志性重大科技创新成果，中国交通科技水平，从跟跑世界一流水平，进入到并跑、领跑的新阶段。中国高铁技术的先进性主要体现在运营速度高、建设环境复杂、技术兼容性强三个方面。在铁路的高速动车组、列控系统、牵引供电等关键技术上不断突破，为高速铁路的运营速度提升提供有力保障；拥有高寒、高原、复杂山区、特殊地质等条件下的高速铁路建造关键技术；中国铁路标准在技术创新方面注重与国际标准的兼容性，使得中国标准既具中国特色，又为推动中国铁路“走出去”奠定了技术基础。在全球化、信息化的时代背景下，世界各国都把推动科技创新作为重要举措，积极推动铁路科技水平创新发展。以大数据、区块链、量子科技、人工智能等为代表的新技术新业态蓬勃发展，全球新一轮科技革命和产业变革蓄势待发，也将影响国家发展方向，只有准确把握中国铁路独具特点的核心竞争优势，加快铁路科技创新，提高铁路科技水平，才能巩固并扩大世界领跑优势，在铁路科技国际竞争中一马当先，夺取全球铁路科技创新高地。

（三）加快中国铁路“走出去”进程

2013年中国提出“一带一路”倡议，提出要实现“五通”（政策沟通、设施联通、贸易畅通、资金融通、民心相通），中国高铁作为设施联通的重要载体，成为中国外交的“新名片”，中国高铁“走出去”的步伐越来越快。但在由中国化到世界化的进程中，还存在很多阻碍因素：不但要克服不同地区地理环境与地质条件的复杂性，避免国内适用的高铁技术在出口过程中可能出现的不适应性；还要解决中外铁路标准兼容互通问题，能够在国外标准内进行灵活调整，才能表现出强有力的国际竞争力。面对这些问题，只有加强铁路科技创新，不断增强我国铁路的原始创新能力和持续发展能力，助力提升关键技术，创建技术创新平台，加快与国际技术标准体系的对接，增强中国铁路核心技术和核心优势的竞争力，才能有力推进中国铁路“走出去”进程。

三、新时期铁路科技创新要求

一直以来，党和国家全力支持铁路科技发展，促进铁路核心技术创新，为铁路建设提供了有力的技术支撑和重要的动力源泉。《中长期铁路网规划》《铁路“十三五”发展规划》《交通强国建设纲要》等政策的制定为高铁的发展提供了明确、广阔的市场前景，为行业发展创建了良好的环境。经过几十年技术攻坚，中国掌握了高速铁路建设及其装备制造的核心技术，居世界“领跑”地位。但未来的高铁发展靠的是源源不断的原始创新能力，只有不断创新，才能在日趋激烈的铁路行业中立于不败之地。随着智能化、信息化技术的发展，以及人类对生存环境、生活品质和速度的更高要求，未来中国铁路将向着更加智能、绿色、高速的方向迈进。

（一）全面智能化

世界经济的快速发展对高速铁路的运输需求、运营效率、服务品质、安全水平提出了更高要求，德国、法国、英国、日本、韩国等相继提出了高速铁路数字化、智能化的发展战略和实施路径，围绕智能高速铁路的相关技术开展了系列创新实践，智能化将成为世界高速铁路发展的必然趋势。

智能高速铁路（Intelligent High Speed Railway，IHSR）是广泛应用云计算、大数据、物联网、移动互联、人工智能、北斗导航、BIM、5G 等新一代信息技术，综合高效利用资源，实现高速铁路移动装备、固定基础设施及内外部环境间信息的全面感知、泛在互联、融合处理和科学决策，实现全生命周期一体化管理的新一代高速铁路系统。数字化、信息化、智能化铁路建设需充分发挥信息技术基础性、引领性作用，发展物联网技术，实施大数据战略，加快推进新一代信息技术与铁路融合发展。

2019年，世界首条智能化高铁——京张高铁开通，建设过程运用多种智能化施工工艺，为这条高速铁路装上“智慧大脑”，用科技和创新树起智能高铁的新标杆，世界高铁智能化发展新时代正式开启。基于北斗卫星、地理信息系统、人工智能等技术，为京张高铁建设、运营、调度、维护、应急全流程提供智能化服务，实现自动化驾驶。

在“十四五”开局之年，中国国家铁路集团有限公司（简称国铁集团）宣布启动“CR450科技创新工程”，研发更安全、更环保、更节能、更智能的“复兴号”新产品。除动车组，未来智能技术将深化至高铁的建造、养护维修、安全保障全过程。中国已确定智能铁路发展目标，到2035年，智能建造技术广泛应用，研发修复型智能动车组，探索全自动无人驾驶（UTO），突破极端复杂情况下高铁智能容错理论与技术，构建基于量子、区块链等新技术的智能安全体系，实现铁路运营全面自主操控、无人化。

（二）环保绿色化

当前，我国资源约束趋紧、生态系统退化等形势严峻，要求节约集约利用资源，优化交通运输结构，更加重视发挥铁路运重大、能耗少、排放低等比较优势，推动形成绿色高效交通运输发展方式，为建设美丽中国做出贡献。2020年8月出台的《新时代交通强国铁路先行规划纲要》强调，要发挥节能环保的绿色铁路优势，需做到以下三点：

1. 提高绿色铁路承运比重。引导更多旅客选择铁路绿色出行，提高铁路承运比重，构建以铁路为主体的绿色低碳经济货运网络体系。

2. 节约集约利用资源和能源。科学布局线路和枢纽设施，节约集约利用土地、通道、桥位、枢纽及水资源，推进场站及周边综合立体联动开发。加强新旧设施更新利用，淘汰高耗低效技术装备，推广建筑施工材料、废旧材料等回收循环综合利用、提升能源综合使用效能，推广使用能源智能管控系统。

3. 强化生态保护和污染防治。践行生态选线选址理念，强化生态环保设计，依法绕避生态敏感区、脆弱区等国土空间；推进铁路绿化工作，建设绿色铁路廊道；推进铁路清洁能源化、绿色低碳化。

（三）更高速化

随着现代社会经济高速发展，人们对铁路运行速度的要求越来越高。各国高铁不断突破刷新最高速度，2011 年 1 月 9 日，“和谐号”CRH380BL 型高速动车组，在京沪高速铁路先导段运行试验中，以 487.3 km/h 刷新当时世界铁路运营试验最高速度；中国高铁最高试验速度为 CIT500 型高速列车创造的 605 km/h，超越了法国 TGV 高速列车在一次试验中达到的 574.8 km/h。

在现有较为成熟的轮轨高铁体系内，我国对列车搭载的动力系统、列控系统等不断革新，改善列车性能，对高速磁浮列车开展了大量研究试验。2020 年 6 月 21 日，时速 600 km 高速磁浮试验样车在同济大学磁浮试验线上成功试跑，这标志着我国在高速磁浮技术领域实现重大新突破。

除此之外，时速千米以上的“高速飞行列车”也在研究论证之中。高速飞行列车是利用低真空环境和超音速外形减小空气阻力，通过磁浮减小摩擦阻力，实现超音速运行的运输系统。它不仅大大拉近了城市之间的时空距离，同时具有不受气候条件影响、不消耗化石能源、可与城市地铁无缝接驳等优点。世界上对外宣布开展大于 1 000 km/h 运输系统研究的仅有美国和中国。中国航天科工集团公司于 2017 年 8 月 30 日发布信息，开展“高速飞行列车”的研究论证，拟通过商业化、市场化模式，将超声速飞行技术与轨道交通技术相结合，研制新一代交通工具，利用超导磁浮技术和真空管道，致力于实现超音速的“近地飞行”，研制分为时速 1 000 km、2 000 km、4 000 km 三大阶段，最终形成一张继航天、高铁、核电之后的中国新名片。

第二节　项目概况

杭州至黄山高速铁路东起浙江省杭州东站，西至安徽省黄山北站，途经浙江省杭州市萧山区、富阳区、桐庐县、建德市、淳安县以及安徽省宣城市绩溪县、黄山市。杭黄高铁新建正线长度 264.5 km，按双线客运专线标准建设，设计时速为 250 km，工程总投资 344.0 亿元，由国铁集团和浙江省、安徽省合资建设，于 2018 年 12 月 25 日正式通车运营。

图 1—10　杭黄高铁线路示意图

一、项目规模及建设历程

（一）项目规模

杭州东站至黄山北站运营长度 287.5 km，新建正线长度 264.5 km；其中浙江省境内 184.4 km，安徽省境内 80.1 km。全线桥梁 168 座 /92.2 km，桥梁占比 34.9%；隧道 87 座 /139.4 km，隧道占比 52.7%；全线桥隧比 87.6%。最长桥梁为浦阳江特大桥，全长 6.2 km。最长隧道为天目山隧道，全长 12.0 km。

杭黄高铁全线共设 10 个车站，其中杭州东站、杭州南站为既有车站；绩溪北站、歙县北站、黄山北站为与合福铁路共用车站；杭州东站、黄山北站为始发站，杭州南站、富阳站、桐庐站、建德站、千岛湖站、三阳站、绩溪北站、歙县北站为中间站；千岛湖站及三阳站为高架车站。杭黄高铁线路示意如图 1-10 所示。

（二）主要建设历程

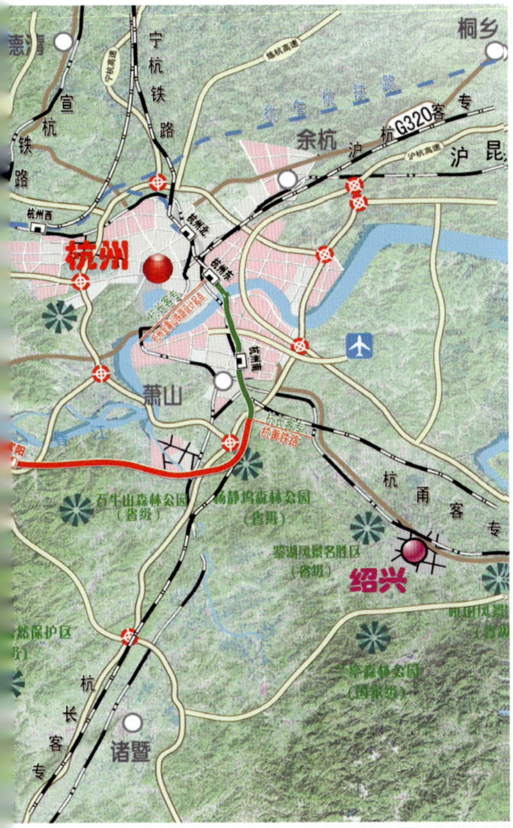

2008 年 12 月，铁道部与安徽省人民政府签署了《关于加快安徽重点铁路项目建设的会议纪要》，其中明确提出新建黄山至杭州铁路。

2010 年 7 月，国家发展和改革委员会以《国家发展改革委关于新建杭州至黄山铁路项目建议书的批复》（发改基础〔2010〕1592 号）对杭黄高铁项目建议书进行了批复。

2014 年 1 月，国家发展和改革委员会以《国家发展改革委关于新建杭州至黄山铁路可行性研究报告的批复》（发改基础〔2014〕132 号）对杭黄高铁可行性研究报告进行了批复。

2014 年 4 月 30 日，中国铁路总公司、浙江省人民政府、安徽省人民政府联合以《中国铁路总公司 浙江省人民政府 安徽省人民政府关于新建杭州至黄山铁路初步设计的批复》（铁总办函〔2014〕487 号）对杭黄高铁初步设计进行了批复。

2014 年 6 月 30 日，杭黄高铁先期段开工建设。

2014 年 9 月，杭黄高铁全线开工建设。

2016 年 12 月 8 日，全长 12.0 km 的天目山隧道贯通。

2017 年 3 月 8 日，黄山北站铺下杭黄高铁第一对长钢轨。

2017 年 8 月 10 日，杭黄高铁最后一座双线隧道——石牛山隧道正式贯通，标志着杭黄高铁全线 87 座山体隧道全部贯通。

2017 年 11 月 14 日，杭黄高铁传芳特大桥架梁工程完工，标志着杭黄高铁线下主体工程全部完工。

2018 年 3 月 12 日，杭黄高铁铺轨全线贯通。

2018 年 7 月 25 日，杭黄高铁进入静态验收阶段。

2018 年 9 月 11 日，杭黄高铁开始联调联试。

2018 年 11 月 4 日，杭黄高铁联调联试全面完成。

2018 年 11 月 11 日，杭黄高铁开始列车运行图参数测试。

2018 年 12 月 25 日，杭黄高铁正式通车运营。

二、自然特征与地质概况

（一）沿线自然特征

1. 地形地貌

杭黄高铁沿线地貌形态为冲海积平原、河流阶地、中低山丘陵。冲海积平原主要分布于杭州市附近（杭黄线起点），地形平缓开阔，地面标高一般为 6 m 左右，沟渠、道路交错。河流阶地具有典型的山区河流特点，阶地呈狭窄条带状（除富阳市所在地的富春江阶地较开阔外），阶地地面标高变化较大，与河流在山区、丘陵区发育的部位相关。中低山区位于安徽、浙江两省交界处，属于天目山山脉，测区内最高山峰地面标高 1 284.8 m（主峰西天目山 1 506 m），相对高差 200 ～ 1 000 m，沟谷深切、地形陡峻，系长江水系与钱塘江水系的分水岭。丘陵区位于中低山坡麓地带，地形起伏、地面坡度较缓，一般为 15° ～ 45°。沿线地形总趋势西北高、东南低，相对高差 1 280 余米。

沿线水系发育，区内主要为钱塘江水系的富春江、新安江及其支流。中低山区地势陡峻，沟谷深切，为典型的山地河流。

2. 气象特征

杭州市地处亚热带湿润地区的北缘，属亚热带湿润季风气候，四季分明，雨量充沛，光照充足，无霜期长，有一些明显的特殊气候现象：如寒潮、雾、梅雨、台风、春秋季低温、干旱等。年平均日照时间 1 800 ～ 2 100 h，常年平均气温 15.3 ℃～ 17.0 ℃，年相对湿度 80% 左右，年平均降雨量 1 100 ～ 1 600 mm，台风袭击本流域每年 2 ～ 3 次。

宣城市（绩溪县）属亚热带湿润季风气候区，四季分明、气候温和、年温差大、雨量适中、日照充足、无霜期长、偏东风多；由于受季风气候的影响，冷暖气团交锋频繁，天气多变，降水年际变化大，年内梅雨显著，夏雨集中，常有灾害气候发生；年平均气温 15.7 ℃，年相对湿度 75% 左右，年平均降水量 1 515.3 mm，年蒸发总量 1 350.2 mm，地表温度 17.9 ℃，最小相对湿度 6%，平均雷暴日数 44.7 天，最大积雪深度 20 cm。

黄山市属亚热带湿润季风气候，气候温和，雨量丰沛，季风明显。年平均气温 15.9 ℃，年平均气压 994.5 hPa，年平均相对湿度 76%，年平均降水量 1 630.3 mm，年平均风速 1.9 m/s，年平均雾日数 10.9 天，最大积雪深度 21 cm。

（二）地质概况

1. 工程地质

（1）地层岩性

沿线从元古界到新生界第四系地层均有出露，其间发生过多期岩浆岩侵入。元古界岩性主要为板岩、变质砂岩、千枚岩等变质岩，多分布于绩溪附近；震旦系岩性为砾岩、凝灰岩、凝灰质砂岩、硅质岩、流纹岩等，临岐至绩溪分布较广；寒武系岩性多以碳酸盐岩为主，夹页岩、泥岩等，主要分布于桐庐、临岐至杞梓里一带；奥陶系岩性以碎屑岩为主，局部夹碳酸盐岩，主要分布于场口至建德、淳安、绩溪至临溪一带；志留系、泥盆系均为碎屑岩，主要分布于建德至文昌一带；石炭系至三叠系岩性多以碳酸盐岩为主，夹砂页岩，主要在建德附近零星出露；侏罗系岩性以碎屑岩及火山碎屑岩为主，主要分布于萧山至场口、淳安一带；白垩至第三系均为红色碎屑岩，广泛分布于绩溪至休宁等红色断陷盆地；区内燕山期多次岩浆侵入，岩性主要为花岗岩、花岗斑岩、闪长岩等，全线零星分布。第四系各类成因的松散堆积物广布全线，以平原、河谷阶地、谷地、盆地地带较为集中，厚度变化大。

（2）地质构造

杭黄高铁所经地区大地构造属扬子准地台地块，经历了加里东、印支和燕山等多期构造运动，沿线可划分为浙西北晋宁构造层、皖浙陷褶断带及皖南陷褶断带三个分区。区内构造作用强烈，形成一系列线形、紧密、同斜倒转褶皱及逆冲和斜冲断层，并伴随有较强烈的岩浆活动。断层、褶皱构造走向基本以 NE 向为主，铁路在建德至绩溪之间基本上与绝大多数断层、褶皱的走向呈大角度相交；在杭州至建德、绩溪至黄山两段与断层、褶皱走向基本上平行或小角度相交。沿线主要褶皱及深大断裂有：华埠—新登复式向斜、龙源村—印渚埠复式背斜、鲁村—麻东埠复式向斜、绩溪复背斜；球川—萧山深断裂、开化—淳安大断裂、马金—乌镇深断裂、休宁深断裂、绩溪深断裂、虎岭关—月潭深断裂。

（3）主要不良地质

杭黄高铁不良地质现象主要为采空区及人为坑洞、岩溶、顺层、有害气体、放射性等。

2. 水文地质

杭黄高铁沿线地下水类型主要为第四系松散岩类孔隙水、基岩裂隙水和岩溶水，不同的地貌单元其水文地质特征各不相同，其主要特征如下。

（1）第四系孔隙水

①河流及其阶地第四系孔隙水

杭黄高铁跨越或沿多条水系行进，河流及其阶地宽阔。河床漫滩及一级阶地主要沉积物为砂卵石层，其上一般覆盖有粉质黏土或粉土，具备典型的二元结构。地下水埋深一般 1 ～ 2 m，大多数属于孔隙潜水，少数略具承压性，砂卵石层为主要含水层，水量丰富，透水性好，一般水质较好，受大气降水和地表径流补给；高阶地以黏性土为主，部分含有砂卵石，呈透镜体或二元结构状。地下水一般不发育，砂卵石层中偶有地下水分布，补给不充分，水量不稳定，但对路基边坡及基床有一定影响，应加强边坡防护或基床处理。

②丘陵低山区第四系孔隙水

杭黄高铁主要经过丘陵、中低山区，其上覆第四系地层中的孔隙水一般不发育，局部丘间、山间谷地含粉细砂层、卵砾石层，含有一定地下水，但层厚一般较薄，水量较少，受大气或地表水补给。

（2）基岩裂隙水

杭黄高铁基岩裂隙水分布不均，富水性差异很大，主要有以下类型。

①风化裂隙水

为基岩裂隙水的主要类型之一，分布于各地层全强风化层的风化裂隙中，呈层状分布，局部全风化层中存在上层滞水，受季节性影响明显。主要受大气降水补给，通过风化裂隙或构造裂隙网络径流，在低洼处以下降泉的形式出露。水量一般不丰沛，局部地段，尤其是花岗岩类囊状风化物中排水不畅，路基工程应注意相应地下水路堑的处理。

②层间裂隙水

主要分布于白垩至第三系红层地层中。红层一般沉积厚度巨大，呈厚层状或巨厚度层状，受构造影响较轻微，节理裂隙不发育，岩性较为完整；同时红层中部分层间夹软弱条带，易于风化侵蚀，层间裂隙发育。红层地段基岩裂隙水主要赋存于层间裂隙，接受大气降水补给，沿层间裂隙径流后，往往在坡脚呈泉眼状或漫流状出露。红层中层间裂隙水的发育，降低了层间的力学性质，更容易发生顺层滑动，地下水发育段尤其应加强边坡防护。

③构造裂隙水

杭黄高铁所经区域构造活动强烈，断层节理等构造裂隙发育，在断层破碎带、侵入岩接触带、褶皱核部裂隙密集带及揉皱强烈发育带等储水构造中，构造裂隙水发育。水质大多较优良，一般具备承压性。特别是：线路穿越4个复式褶皱带（包含众多的次级向斜、背斜）、5条深大断裂带及伴生的众多次级断层，使得铁路沿线具有众多的储水构造，其裂隙水水量丰富，隧道工程穿越构造带时需预防产生突水、突泥。

（3）碳酸盐岩地区岩溶水

杭黄高铁碳酸盐岩主要分布在桐庐、建德、王阜、绩溪、溪头等地，属于震旦系、寒武系、奥陶系、石炭系地层。碳酸盐岩中黄龙、船山组等灰岩组分含量较高，岩溶十分发育。岩溶水水量丰富，分为溶洞水和岩溶裂隙水，溶洞水呈地下大规模径流，水量十分巨大；在阶地、谷地等覆盖性岩溶段落，岩溶水十分丰富，与地表水系联系较为密切，一般地下水水位埋深较浅，多 1 ～ 5 m。丘坡地段，本区新构造活动一般，岩溶侵蚀基准面基本与地表侵蚀基准面相适应，岩溶泉眼多在坡脚或隔水界面出露，地下水位埋藏较深，受大气降水或地面径流补给。

根据本线地表水及地下水的水质检验结果显示：DK23+324.06 ～ DK193+000 段地表水、阶地及谷地地下水一般具有酸性或 CO_2 侵蚀，局部存在硫酸盐侵蚀，环境作用等级以 H1 为主，少数 H2；DK193+000 ～ DK288+485 段地表水、阶地及谷地地下水一般无侵蚀性，仅局部小范围存在酸性、CO_2 侵蚀或硫酸盐侵蚀，环境作用等级为 H1，个别为 H2。

三、主要技术标准

（一）正线铁路主要技术标准

1. 铁路等级：客运专线。
2. 正线数目：双线。
3. 设计区段旅客列车速度：250 km/h。
4. 线间距：区间 4.6 m，杭州至绩溪段站内 4.6 m，绩溪（含）到黄山段站内 5.0 m。
5. 最小曲线半径：一般 4 000 m、困难 3 500 m。
6. 最大坡度：杭州至绩溪段 20‰，绩溪至黄山段 9‰。
7. 牵引种类：电力。
8. 列车类型：电动车组。
9. 到发线有效长度：650 m。
10. 列车运行控制方式：自动控制。
11. 运输调度指挥方式：调度集中。

（二）其他线路主要技术标准

1. 枢纽其他正线、疏解线及联络线

绩溪黄山地区绩溪北站西端的东南及南东联络线受接轨的 42 号高速道岔侧向通

过速度限制，按时速 160 km/h 有砟轨道进行设计；仅考虑通行客车。

2. 动车组走行线

动车组走行线的平面标准，根据走行线的长度、所经地区的地形地质条件等，按小于等于100 km/h的速度标准设计;其纵断面标准根据动车组(空车)的牵引特性确定。

3. 养护维修列车走行线

养护维修列车走行线的设计标准，按小于等于 100 km/h 的速度标准设计。

第三节　杭黄高铁工程特点及科技创新目标

杭黄高铁作为一条穿越浙西及皖南山区的铁路，由于特殊的地形地质条件，面临重重挑战，需要通过科技创新克服建设难题。同时，“黄金旅游高铁线”的定位对杭黄高铁建设品质提出了更高要求，同样需要通过全面系统的科技创新实现高品质建设目标。

一、杭黄高铁工程特点

杭黄高铁起自杭州湾滨海平原，经新安江谷地，穿越千岛湖山脉至黄山地区，线路经过众多国家级自然保护区、风景名胜区等环境敏感点，所经地带属丹霞地貌，地形以山地丘陵为主，水系发达，地质条件复杂，沿线地形起伏较大，造成陡坡路段多，临路、跨河桥梁多，隧道数量多。此外，由于杭黄高铁衔接多条既有及规划铁路，造成接口问题多。

（一）沿线环境敏感点多

杭黄高铁沿线有国家级自然保护区 3 处、国家和省级风景名胜区 3 处、国家和省级森林公园 14 处、饮用水源保护区 6 处、文物保护单位 10 处、历史文化名村镇 6 处、5A 级风景区 7 处、4A 级风景区 56 处，此外沿线范围内还有较多名木古树。如何加强环保措施和景观设计，成为摆在设计者面前的一道难题。

（二）地形条件复杂

杭黄高铁是典型的山区铁路，大部分施工地段山体陡峭，道路狭窄弯急，通行运输条件较差，站场设计面临严峻挑战，如千岛湖站和三阳站的地形条件十分特殊，地势较高，桥隧相连，站房长度相对其他站房更短，铁路到地面高差更大，站区可利用空间有限，增加了站场布局设计和施工难度。

（三）陡坡路段多

由于杭黄高铁沿线地形条件复杂，多处出现陡坡路段，使得桥隧过渡频繁，容易产生不均匀沉降、建筑侵限、陡峭地形收坡难、高填路堤处理难、过渡段短路基等问题，除采用传统的桩板墙、挡土墙、扶壁式或悬臂式挡土墙、框架锚（杆）索、CFG 桩、螺杆桩、岩溶注浆等地基加固及边坡加固防护工程措施外，需要设计人员进行创新设计，针对特殊的地形条件，设计新型路基结构形式，加强路基防护。

（四）临路、跨河桥梁多

杭黄高铁全线桥梁 168 座，共 92.2 km，桥梁占比 34.9%。全线长距离与既有铁路、公路并行，多处跨越河道，如富春江特大桥主桥跨越富春江且临近高速公路，扬之水特大桥跨扬之河，紧临既有皖赣铁路、宁绩高速、S215 省道，进贤溪大桥跨越千岛湖一角等。桥梁施工时容易对既有铁路、公路、航运河道造成影响，安全管理难度大，施工环水保要求极高。

（五）隧道数量多

杭黄高铁全线新建隧道共 87 座，约 139.4 km，隧道占比 52.7%，在当时已开通高铁项目中名列前茅。其中最长隧道为天目山隧道，全长 1 2013 m，被称为华东高铁第一长隧，作业面多，工程地质相对复杂，易发生岩爆、涌水等险情，属于Ⅰ级高风险隧道。此外，部分隧道还存在放射性异常区域、大断面施工、山体陡峭且岩石风化严重等问题，给杭黄高铁隧道设计施工带来严峻挑战。

（六）与既有及规划铁路衔接多

杭黄高铁沿途衔接沪昆高铁、湖杭铁路、杭衢高铁（建衢段）、金建铁路、宣绩高铁（宣城至绩溪段）、池黄高铁、昌景黄铁路、合福高铁等项目。杭州东站、杭州南站、桐庐站、建德站、绩溪北站、歙县北站和黄山北站 7 个车站存在多线引入问题，产生了大量接口，如“四电”设备共用问题、供电设施选址问题、设备场地预留问题、列控等级协调转换问题等。

二、科技创新目标

在向“交通强国”迈进的新时代，杭黄高铁坚持“创新、协调、绿色、开放、共享”五大新发展理念，以打造精品工程、树立行业标杆为科技创新目标，全力提升杭黄高铁品质，在铁路行业树立以“绿化、轨道、站房、四电、生产生活房屋、站区配套”为代表的新标杆。

（一）打造精品工程

杭黄高铁作为一条黄金旅游线路，在国民经济与铁路网中具有重要作用，对新时代中国高铁的发展具有积极的推动作用。杭黄高铁勇于担当，提出了“打造精品工程”的科技创新目标，力求提升全线品质，提升旅客出行体验，推动中国高铁向高品质发展。

杭黄高铁从系统着眼，选线历时长达 6 年，只为在美丽的山川选出一条最优线路，最大限度串联起杭州至黄山沿途客流量较大的城镇和风景名胜旅游点，促进沿线经济及旅游发展；沿线景观设计遵循“四季常绿、三季有花，乔灌结合、错落有致，因地制宜、体现特色，安全可控、科学管养”的绿化原则，逐点设计，实现绿化效果与周边景色的融合统一；依托大数据、人工智能、移动互联网、工程信息化管理平台、BIM 等先进科技手段，实现建造、运维的智能化、信息化；站房设计突出人文、人性化设计，注重交通功能、时代特征和地域文化的有机融合。杭黄高铁从选线、桥涵、路基、隧道、“四电”到站房的每一个细节都体现精品工程特质，全面提升项目品质。

（二）树立行业标杆

为建设精品杭黄，建设单位力求通过科技创新将杭黄高铁打造为全路“绿化、轨道、站房、四电、生产生活房屋、站区配套”六个新标杆的高速铁路，为新时代高铁建设提供范本。

绿化方面，践行“绿水青山就是金山银山”的发展理念，创新绿化景观设计，实现“一站一景”“一洞一景”“一处一景”，建设一条生态铁路，为美丽中国添彩；轨道方面，聚合国内优秀的建设、科研、设计、施工、监理、运维等专家团队，对轨道设计开展技术攻关，使杭黄高铁正线轨道不平顺质量指数（TQI）达到 2.0 mm，并论证形成科学合理的技术指标体系和质量控制体系，为编制相关标准、规范提供了技术支撑；站房方面，创新建筑结构形式，将传统文化与现代建筑风格融为一体，努力打造精品客站和传世之作；“四电”方面，运用 BIM 等一系列新技术提高效率、减少误差，配置智能机器人开展巡检，提升运维智能化水平；路基、轨道方面，研究新型钢轨、新型刚性过渡段路基结构形式和新型路基支护结构形式，确保轨道高平顺、高稳定；生产生活房屋方面，精心设计，做到设计风格与站房、地方配套相融合，提升生产生活用房品质；站区配套方面，研究创新方案，坚持方案早定、体现特色，与地方政府协调配合，实现站城融合。杭黄高铁的设计、建设、运营等全过程经验向全路推广，促进中国高铁又好又快发展。

第二章

工务工程设计技术特点

工务工程是高速铁路系统中的一个子系统，主要包括勘测设计、线路、站场、路基、轨道、桥梁、隧道等子系统。铁路工务工程是保障铁路线路质量和安全通行的重要基础，工务工程设计将对列车安全、平稳、快速运行以及日后的维修工作产生重大影响。杭黄高铁工务工程设计中，充分利用科学技术，创新设计，解决了一系列工程重难点问题，同时也取得了众多创新成果，为今后我国高速铁路发展提供了宝贵经验。

本章首先介绍杭黄高铁线站位选择，分析了影响线路走向的重要因素，阐述了选线设计原则，介绍了线路总体走向方案和重大局部选线方案确定过程，以及绩溪黄山地区总图规划方案和创新的站场总体布局；然后分别介绍路基工程、桥梁工程、隧道工程、轨道工程和精密测量网布设工程的特点、设计理念、工程重难点、解决方案以及取得的创新成果。

第一节　线站位选择

在高速铁路工程设计与建设中，线站位选择是铁路设计中最根本、最重要的工作，是关系全局的总体性工作，综合性强，牵涉面广，涉及多学科的综合应用，是一项复杂的系统工程。在杭黄高铁线站位选择阶段，设计人员结合项目定位、沿线经济社会发展情况及自然特征，坚持经济选线与环保选线相结合的原则，对线路总体走向进行深入研究和充分论证，对重大局部选线方案进行比选和优化，力求设计出一条社会、经济、技术、环保等多方面综合效益最优的铁路线路。

一、影响线路走向的重要因素

从宏观的角度来看，铁路是一条分布在空间上的严格受到一些影响因素（如空间位置、经济技术、环保要求等）约束的三维曲线。最优线路走向的确定，既要考虑铁路行经地域内的地形地质条件、土壤岩石力学性能、地下水位状况等自然因素，也要考虑周边既有铁路、公路、居民区、工厂、农田、历史古迹、生态环境等其他因素。尽管影响铁路选线的因素众多，但不同因素对铁路线路影响程度不同，如地形地貌、地质条件、生活区与工业区分布等因素影响较大，而沿线的气候条件、坡向等因素的影响则较小。因此，在进行铁路选线设计时，在众多既密切联系又相互制约的影响因素中合理选择主要控制因素、综合考虑各个因素之间的关系是决定线路走向的关键。

因线路总体走向在满足枢纽及地区点线能力协调的基础上，要与地方城市总体规划相配套，尽量通过沿线大的经济据点与潜在客运量增长点，因此经济据点、交通设施、环境敏感点及重大不良地质等成为影响杭黄高铁线路走向的重要因素。

（一）经济据点

杭州至黄山之间的经济据点有临安、富阳、桐庐、建德、淳安、绩溪、歙县等7个县（市、区），其中绩溪县人杰地灵，有湖村、龙川景区、胡雪岩纪念馆、胡宗宪尚书府等风景点，淳安县位于国家级风景名胜区千岛湖风景区的核心地区，富春江从桐庐及富阳经过。线路走向及车站设置要尽量兼顾沿线经济据点发展及风景名胜区旅游需要，同时结合线路顺直性、运输组织、工程情况统筹考虑，线路走向应符合城镇体系规划、城市总体规划。

（二）交通设施

与选线范围内有关的公路包括杭徽、杭新景（即杭千）、杭金衢、临（安）金（华）、绩黄等高速公路，320 国道以及 02、05、16、215 省道。因此，线路走向既要尽量与其共用走廊，又要尽量避免与其交叉干扰。

（三）环境敏感点

杭黄高铁工程选线范围内囊括了众多环境敏感目标，主要生态环境敏感目标见表 2–1。此外，沿线范围内还存在各级文物保护单位、城市居民小区和农村村庄等敏感点，均对线路走向有一定程度的影响。沿线环境敏感区分布如图 2–1 所示。

表 2–1　主要的生态环境敏感目标一览表

序号	敏感目标名称	保护类别	保护级别	概况	与线路方案的关系
1	大奇山森林公园	森林公园	国家级	位于浙江省杭州市桐庐县城南街道境内，在县城东南 7 km 处，总面积 6.96 km^2	邻近南线方案
2	富春江—新安江—千岛湖风景名胜区	风景名胜区	国家级	位于浙江省杭州市富阳区、桐庐县、建德市、淳安县境内，风景区面积 1 423 km^2，外围保护地带面积 2 750 km^2	南线方案穿越部分非核心景区
3	徽州森林公园	森林公园	国家级	位于安徽省黄山市歙县境内，面积 53.2 km^2	邻近绩溪至黄山段线路
4	浙江清凉峰自然保护区	自然保护区	国家级	位于浙江省杭州市临安区境内，总面积 115.78 km^2	邻近北线经临安方案
5	青山湖森林公园	森林公园	国家级	位于浙江省杭州市临安区境内，面积 26.76 km^2	

续上表

序号	敏感目标名称	保护类别	保护级别	概况	与线路方案的关系
6	杨静坞森林公园	森林公园	省级	位于浙江省杭州市萧山区所前镇，总面积 11 km²	南线方案隧道穿越森林公园
7	石牛山森林公园	森林公园	省级	位于浙江省杭州市萧山区戴村镇，总面积 29.3km²	
8	富春江桐庐饮用水水源保护区	饮用水水源保护区	二级	一级保护区水域：清渚江口至桐庐水厂取水口下游 0.5 km；陆域：沿岸纵深 0.1 km。 二级保护区水域：富春江水库大坝至清渚江口；陆域：沿岸纵深 0.1 km	南线方案跨越饮用水水源二级保护区水域和陆域

图 2–1　杭黄高铁沿线部分环境敏感区分布示意图

（四）重大不良地质

设计线路所经地区存在的不良地质现象主要为岩溶与瓦斯。岩溶主要分布在 DK186+000 ～ DK205+500、DK227+000 ～ DK262+000，其他地段局部有分布；瓦斯主要分布在 DK143+100 ～ DK145+500、DK212+150 ～ DK216+100、DK264+500 ～ DK266+700 范围内。岩溶、瓦斯存在较高的工程施工风险。

二、经济选线与环保选线相结合的设计原则

铁路发展初期，选线主要从铁路自身发展需要出发，只将适应地形、减少工程造价、尽量绕避各种不良地质体及交付运营后确保畅通无阻等纳入考量范围，要求在保证技术可行的前提下力求造价最低。这也造成传统铁路选线往往将选线的侧重点集中在造价与技术条件上，或多或少忽视了铁路对沿线地区文化、经济发展的带动作用以及铁路建设对环境的影响，没有实现铁路潜在效益的最大化。

高速铁路的建设对沿线城市经济社会发展具有积极带动作用，因此在线站位选择时应统筹考虑国家整体利益与区域经济利益，要尽量考虑靠近城镇和主要经济发展点，使项目的社会效益和经济效益得到完美统一。同时，随着经济发展和人民生活水平不断提高，环境质量价值也越来越高。因此，在进行铁路选线、站点选址时需要从单一的经济实用角度转向社会、经济、环保综合效益最大化的角度。

杭黄高铁项目区属于我国土地开发密度较高、资源环境承载能力开始减弱的“优化开发区域”，以铁路为代表的轨道交通应是优先发展的运输方式之一。针对以上影响因素及自身特点，杭黄高铁坚持“经济选线与环保选线相结合”的设计原则，以实现线路综合效益最大化。

杭黄高铁以打造旅游高铁为核心，是一条以旅游观光客流为主的客运专线铁路，在线站位选址过程中对项目的经济效益、社会效益与环境效益进行综合考量，以综合效益最大化为导向，在统筹项目功能定位、运输效率效益、区域城镇化发展、沿线旅游及产业布局等内容的基础上，使线路走向尽可能经由客流主要集散点和风景名胜旅游点，最大限度地串联起富阳、桐庐、建德、淳安、临安等经济据点，串起7个5A级风景区，以便更好地吸引客流，促进地方经济发展。线路走向及车站设置在兼顾沿线经济据点发展及风景名胜区旅游需要的同时，注重对区域自然景观和人文资源的保护，如绕避了大奇山国家森林公园、龙川胡氏宗祠、棠越牌坊群等16处重要生态环境敏感目标，花费50多万元为富春江特大桥古树进行迁移保留，投入百万元改变施工方式以保护桐庐隧道上方的古桑树林。

杭黄高铁线路走向及站点选择，做到了深度整合沿线地区旅游资源的同时，最大限度串联经济据点，并使产生的生态影响最小化；方便旅客进入客流集散点、景区的同时与环境保护相契合，达到了经济选线与环保选线的和谐统一，实现了铁路综合效益最大化。

三、线路总体走向方案选择

（一）串联更多经济据点——南线与北线方案的抉择

通过对多个影响线路走向的重要因素进行综合分析，杭州至黄山之间的经济据点有临安、富阳、桐庐、建德、淳安、绩溪、歙县等 7 个县（市、区），沿富春江、千岛湖分布的富阳区、桐庐县、建德市、淳安县和靠近杭徽高速公路的临安区南北相距较远。考虑线路的顺直性和功能定位要求，结合区域内城市区位，线路总体走向研究了沿富春江、千岛湖经富阳、桐庐、淳安的南线方案和沿杭徽高速公路经临安的北线方案。南线、北线方案如图 2-2 所示。

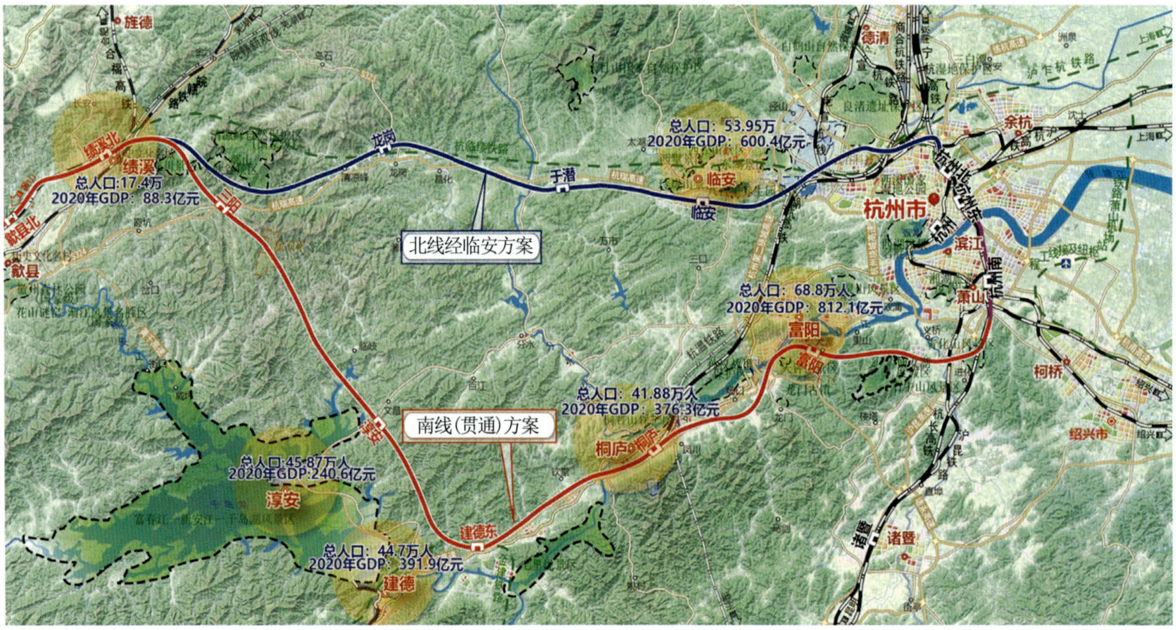

图 2-2 南线、北线方案示意图

南线方案线路走向为线路自杭州东站引出，经杭州南站南端疏解区出岔后尽量取直至富阳，并沿富春江南岸至桐庐，跨富春江至淳安，向西北至安徽省绩溪县与京福铁路、皖赣新双线共设绩溪北站。比较范围内线路正线建筑长度（杭州南站南端至绩溪北站北端）202.7 km，运营长度（杭州东站至绩溪北站北端）224.6 km。

北线方案线路走向为线路出杭州后，至余杭镇附近跨越杭徽高速公路，沿高速公路南侧走行至临安附近设临安站，出站后继续沿高速公路南侧走行，至昌化镇附近再次跨越杭徽高速公路，然后沿高速公路北侧走行至绩溪，比较范围内的正线建筑长度（宁杭铁路杭州北线路所至绩溪北站北端）169.2 km，运营长度（杭州东站至绩溪北站北端）174.8 km。另加杭州枢纽内正线 19.4 km，共计建筑长度 188.6 km。

通过对两个方案吸引客流、引入杭州枢纽、工程投资及实施难度等方面全面考察，北线方案线路仅经过临安一个经济据点，不利于吸引客流，经济效益和社会效益较差。而南线方案线路经过富阳、桐庐、建德、淳安四个经济据点，有利于吸引沿线富春江、千岛湖黄金旅游带的客流，可促进沿线地方的经济发展，建成后的经济效益和社会效益明显较北线方案好；同时杭黄高铁主要车流方向黄山至上海方向客车无需折角，能够充分利用杭州站、杭州东站、杭州南站的客运设施，符合地方要求和城市规划，着眼于促进区域经济发展，最终选择南线方案作为线路总体走向方案。

（二）带动沿线旅游客流——桐庐至绩溪段方案论证

在确定南线方案走向过程中，结合杭黄高铁经桐庐至绩溪的线路走向和沿线经济据点分布，研究了桐庐至绩溪取直方案和经淳安方案，如图 2–3 所示。

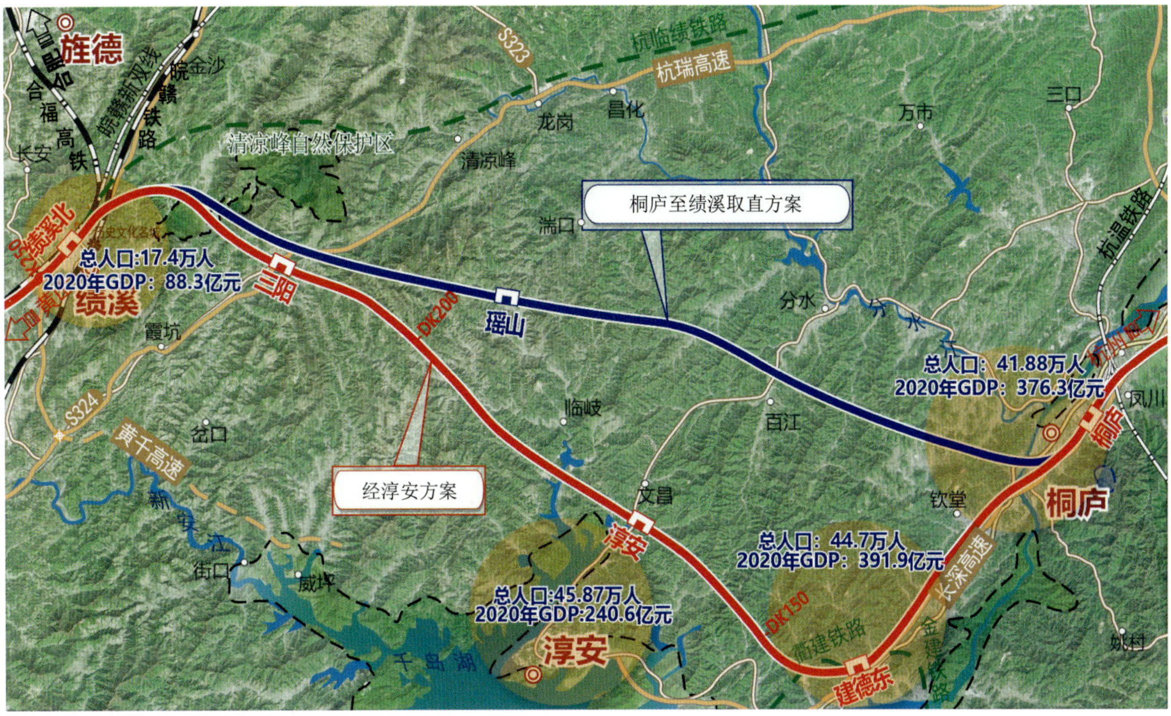

图 2–3　桐庐至绩溪取直方案与经淳安方案示意图

桐庐至绩溪取直方案的线路走向为线路出桐庐站后，于桐庐城区南侧跨越富春江，过江后不经淳安而取直至绩溪；经淳安方案的线路走向为线路出桐庐站后，于桐庐城区南侧跨越富春江，过江后经淳安至绩溪。

桐庐至绩溪取直方案的优点是线路较短，工程投资省，但桐庐至绩溪之间没有经济据点，不利于吸引地方客流，不能满足千岛湖国家风景名胜区旅游观光需要，且长隧道多，施工难度大。

经淳安方案设淳安站（2018 年 7 月更名为千岛湖站），距淳安县城约 25 km，能满足千岛湖风景区旅游观光需要，有利于吸引客流促进地方经济发展，施工难度相对较小。劣势在于线路相对较长，比桐庐至绩溪取直方案长约 20.8 km，需增加工程投资。

杭黄高铁以建设“美丽杭黄、生态高铁”为目标，追求打造黄金旅游高铁线，桐庐至绩溪段采用经淳安方案能更好地与建设愿景相契合。结合以上分析，南线方案总体线路走向基本明确为杭州—富阳—桐庐—淳安—绩溪—黄山。

（三）促进建德经济发展——桐庐至淳安段线路方案比选

在以上方案分析比选的基础上，结合线路走向及沿线经济据点分布，桐庐至淳安段设计了经建德方案和桐庐至淳安取直方案，如图 2-4 所示。

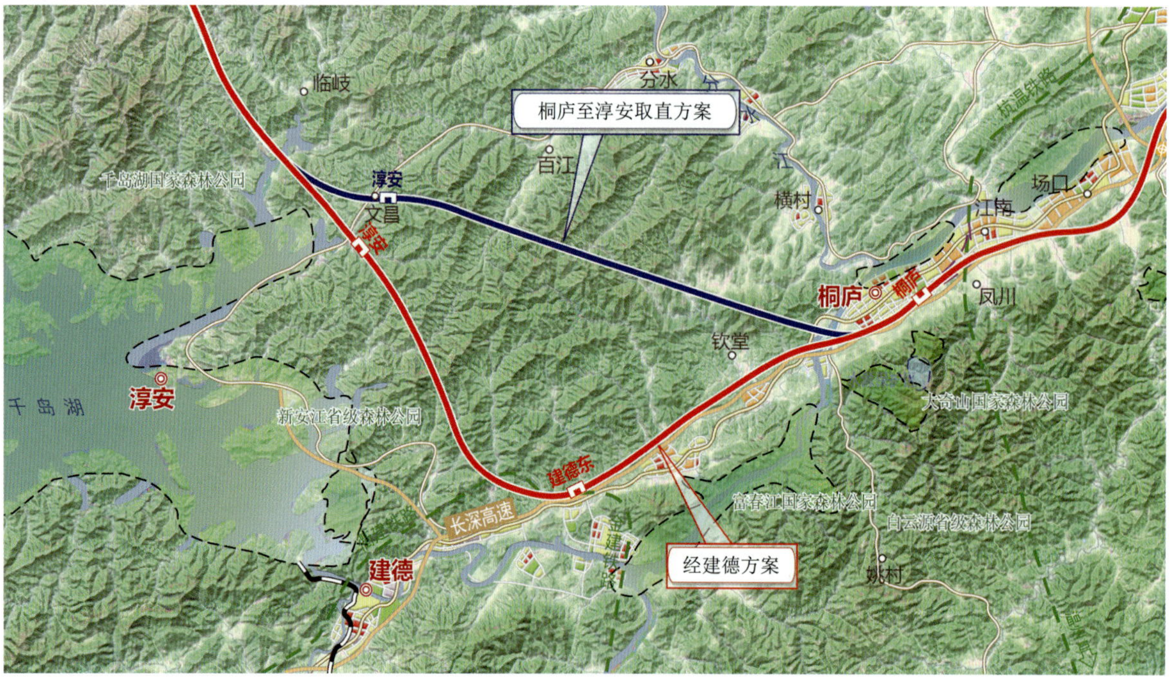

图 2-4　桐庐至淳安取直方案与经建德方案示意图

经建德方案的线路走向为线路出桐庐站后，跨富春江至建德境内的杨村桥镇附近设建德东站（2018 年 7 月更名为建德站），出站后西行至淳安；另一方案线路走向为线路出桐庐站、跨富春江后，不经建德，取直至淳安，并在淳安境内的潭头镇附近设淳安站。

经建德方案的优点是可满足千岛湖风景区南岸旅游观光需要和建德市的客运作业需要，有利于建德市的经济发展，缺点是杭黄高铁桐庐至淳安线路不顺直，较桐庐至淳安取直方案线路长 16.4 km，工程投资较大。

桐庐至淳安取直方案的优势在于线路较为顺直，线路较短，工程投资较省，劣势在于不经建德，无法满足千岛湖风景区南岸旅游观光需要，不利于促进建德市经济发展。

以千岛湖风景区的区位特征作为研究重点，对工程投资与吸引客流、促进地方经济发展及旅游资源开发之间的平衡进行侧重分析与比较，最终决定采取经建德方案，打破了高速铁路选线传统的线路尽量取直，降低工程造价的理念。因此，南线方案大的线路走向进一步明确为杭州—富阳—桐庐—建德—淳安—绩溪—黄山。

（四）铁路与环境相融合——富阳及桐庐江南江北设站取舍

桐庐与富阳城区均部分位于江南，部分位于富春江江北，因此提出富阳及桐庐江南设站方案和江北设站方案。富阳市主城区位于富春江北侧，春江街道及规划在建的场口工业园位于富春江南侧，在杭千高速公路和富春江之间，两城区通过跨富春江的环形道路沟通。桐庐县老城区位于富春江北，城市重心新城区及规划在建的凤川新城均位于老富春江南侧，同时，在富春江南岸高速公路南侧有相当多的旅游资源。富阳及桐庐江南、江北设站如图 2-5 所示。

富阳及桐庐江南设站方案的线路走向为线路出萧山戴村镇后，经富阳市并于富春江南侧春江街道南侧、杭千高速公路北侧设富阳站，出站后沿富春江南侧走行至桐庐，于富春江南侧设桐庐站，然后与杭千高速公路并行跨越富春江至淳安；江北设站方案的线路走向为线路出萧山戴村镇后，在富阳市南侧跨越富春江，于富春江北侧鹿山区西侧设富阳站，出站后沿富春江北侧南下至桐庐设桐庐站，出桐庐站后沿富春江北侧至淳安。

江南设站方案的优点在于桐庐县的城区和工业主要分布于江南，富阳市城区有相当部分位于江南，江南设站方案有利于地方的旅客集散。同时该方案与既有杭千高速公路共用交通走廊，可充分利用既有的交通设施，工程措施和景观设计可最大限度地节约用地和有效降低对环境的影响。而且江南地形条件相对较好，桥隧比重相对较小。但江南设站方案的不足在于切割富阳市江南工业区边缘，该区域主要是造纸工业区，工厂较多，房屋及地下管网较为密集，征地拆迁工程量大，实施难度较大。

图 2–5　富阳及桐庐江南、江北设站示意图

江北设站方案虽然避开了富阳市江南工业区，但车站与中心城区各分区（除鹿山分区外）距离均较远，线路中穿鹿山分区对城市规划有较大影响。此外，该方案线路不顺直，偏离了桐庐县新老城区，与城市规划不符，不利于桐庐县的旅客集散，不能与既有杭千高速公路共用交通走廊，同时富春江北岸为山区，地形、地质条件比江南方案复杂，桥隧比较高，沿富春江北侧山区隧道穿行，不仅需占用大量不可恢复的堆放隧道弃渣的临时用地，而且大量隧道的开挖对山体以及地下水位具有一定的破坏性，对沿线的地质环境和生态环境具有较大影响，大量的弃土弃渣易造成水土流失，对环境影响较大。

总体上江南方案在土地利用及环境保护方面要稍优于江北方案。在考虑线路顺直、地方旅客集散、工程投资、对城市规划影响等方面的基础上，着眼于铁路与环境相融合，采用富阳及桐庐江南设站方案。

四、重大局部选线方案比选

线路的总体走向方案确定后，针对一些局部地区的特殊地质情况、地方规划及环境敏感点等，还需进行详细方案比选，包括仙女湖度假区段线路方案、皖浙省界线路方案、淳安至绩溪间增设三阳站方案、富阳场口工业园区段方案等四个重点敏感区域重大方案比选。

（一）绕避环境敏感区——仙女湖度假区段线路方案比选

杭黄高铁项目在勘察设计阶段与沿线环保、国土、文物等部门进行了充分沟通和协商，深入调查掌握了可能影响方案的风景名胜区、自然保护区、饮用水水源保护区、森林公园、文物保护单位、基本农田、居民聚居区等现状及规划资料。严格依法选线，重视节约土地资源和水资源，有利于节能减排，优先选择绕避环境敏感区。仙女湖度假区属杭州云石生态休闲旅游度假区 5 区块之一，坐落于全国环境优美镇、浙江省生态镇——杭州萧山区戴村镇。杭州云石生态休闲旅游度假区是杭州市单体面积最大的重要旅游综合体，仙女湖区块是杭州云石生态休闲旅游度假区的核心区块，占地面积 5 450.6 亩（1 亩≈ 666.67 m^2）。该地段方案比选研究了中穿仙女湖度假区线路取直和绕避仙女湖度假区两个方案，如图 2–6 所示。

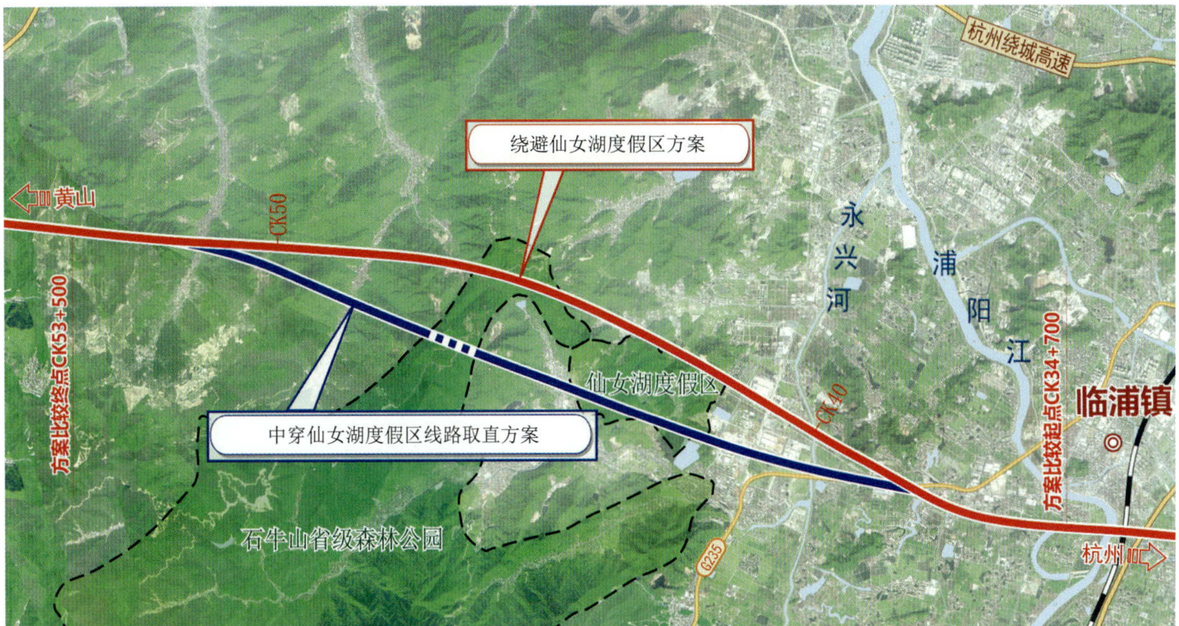

图 2–6 仙女湖度假区线路方案示意图

中穿仙女湖度假区线路取直方案，线路自临浦浦阳江起，向西直行，跨永兴河、中穿仙女湖度假区、出萧山区后继续直行，经东何村折向西南至比较终点；绕避仙女湖度假区方案，线路自临浦浦阳江起，经东周村后折向西北，跨永兴河、穿上董村，经仙女湖度假区北面，向西出萧山区，经富阳市旭光村后折向西南至比较终点。

从与地方规划协调及环保、线路顺直性和工程投资、工程实施难度三个方面综合分析，绕避仙女湖度假区方案虽然线路略长，但与地方规划相协调且更加环保，最大限度减小了对仙女湖度假区及石牛山省级森林公园的影响，有利于地方经济发展，实施难度小，工程投资省，选择绕避仙女湖度假区方案。

（二）绕避不良地质区——皖浙省界线路方案地质选线

杭黄线所经皖浙省界地段为天目山山脉，地形陡峭、沟谷深切、植被较发育，地质情况极其复杂。设计过程中对本地段开展了地质选线，统筹考虑项目建设、运营期间的安全性和便利性，利用综合勘探手段，查明沿线工程地质条件，对皖浙省界地段研究了天目山隧道方案和清凉峰隧道方案，如图 2–7 所示。

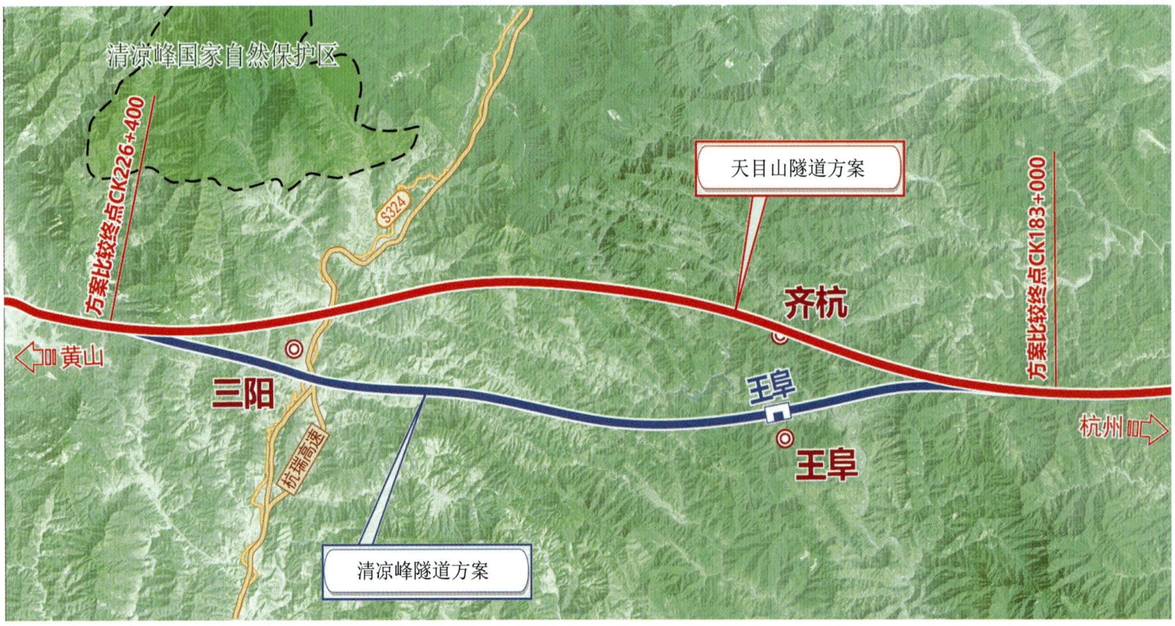

图 2–7　天目山隧道与清凉峰隧道方案示意图

天目山隧道方案，线路自淳安县许家隧道起，经齐坑镇南面山区以隧道穿越省界山脉进入安徽省境内，在三阳乡北端跨杭徽高速公路，跨华源河进入绩溪县，行至比较终点。最长隧道天目山隧道 12 013 m，位于皖浙交界处。

清凉峰隧道方案，线路自淳安县许家隧道起，以长隧道穿越省界山脉进入安徽省境内，经歙县三阳乡西南侧，先以桥梁跨越杭徽高速公路左线，后以隧道从杭徽高速公路右线隧道上方穿越，跨华源河进入绩溪县，行至比较终点。最长隧道清凉峰隧道 11 346 m，位于皖浙省界处。

从工程地质条件、施工难度、线路顺直性和工程投资等方面进行综合分析，天目山隧道方案与清凉峰隧道方案线路长度相当，但天目山隧道方案经过地区地质条件较好，工程施工难度较小，工程投资略省，因此选择天目山隧道方案。

（三）带动三阳周边旅游——淳安至绩溪间增设车站方案研究

从线路运营及三阳周边旅游资源开发的交通需求角度考虑，绩溪北站与千岛湖站间距 77.6 km，按时速 250 km 动车组牵引计算进行模拟，区间走行 19.8 min，按预测运量，研究年度远期本线承担旅客列车 98 对，线路能力利用率为 54.8%，可满足运输需求，且预留一定余量。虽然设计的车站分布线路能力能满足远期列车开行方案要求，但考虑千岛湖站—绩溪北站间距离较大，在区间线路的大型养路机械作业、电气化接触导线检修、维修施工、线路临时故障以及其他非正常情况下采取运行调整措施时，必须使一条线路上运行的列车转入另一条线路上运行，因站间距离较大，反向运行占用区间时间较长，对日常运输组织有较大影响，且三阳周边旅游资源开发需要交通保障。鉴于以上因素，对淳安至绩溪间增加车站方案进行研究，研究了三阳设站方案和三阳不设站方案。

千岛湖站与绩溪北站的中点在皖浙省界的天目山，根据天目山及前后地段的地形、地质条件，增加车站设置在安徽省歙县三阳乡，此处杭黄高铁跨越昌源河、杭徽高速公路。三阳设站及不设站两方案线路平面基本相同。线路自天目山安徽侧查坑隧道起，经歙县三阳乡东北，跨越昌源河、杭徽高速公路，穿王千岭至比较终点，比较范围内线路长度 7.3 km。车站距三阳乡约 2 km，三阳站距千岛湖站 49.8 km，距绩溪北站 27.8 km。

三阳站东北 16 km 为浙江清凉峰国家级自然保护区，主要保护对象为东南沿海季风区中山丘陵森林生态系统及珍稀野生动植物，考虑本线为旅游观光铁路，车站按中间站设计，办理客运作业，预测三阳站旅客最高聚集人数 500 人，高峰小时旅客发送量近期 400 人、远期 600 人。车站设置在 1‰ 的坡道上，规模为 2 台 4 线（含正线 2 条）。鉴于三阳乡隧道出口和峰高岭隧道进口间的空档长度约 641 m，车站采用纵列式布置，上、下行到发线及站台纵向错列布置，全部站台及到发线有效长度大部分均位于高墩桥上。两端三阳乡隧道和峰高岭隧道车站均为三线隧道段。为满足反向运行调整需要，车站设“大八字渡线”。受车站处地形影响，站房位于车站偏南端正下方，铁路站场与场坪面有较大高差（初步估算约 54.0 m），将候车室设于站场正下部，旅客从候车室经垂直交通直接进出站台。淳安至绩溪间增设车站方案纵断面如图 2–8 所示。

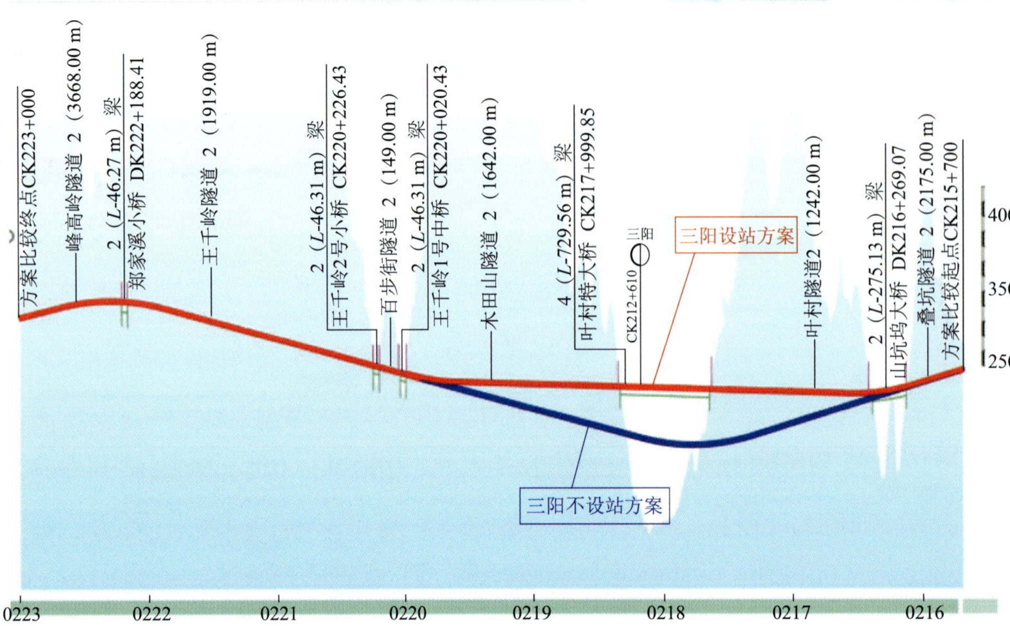

图 2–8　淳安至绩溪间增设车站方案纵断面示意图

从运输组织、工程地质条件、工程实施难度及工程投资四个方面进行综合分析，三阳设站方案使得淳安至绩溪北站间距较均衡，运营组织相对较灵活，有利于在区间线路非正常运行情况下灵活调整运行图、快速恢复正常运营，缩短因线路故障列车反向运行时间；同时可满足三阳及周边地区旅游开发的交通需求，因此选择三阳设站方案。

（四）服务地方经济发展——富阳场口工业园区段方案研究

富阳市城市总体规划确定城市结构为“双极多中心六大分区”，场口分区为六大分区之一，场口新城属于省级经济开发区。为更好地服务地方经济发展，对富阳场口工业园区段线路方案进行了详细比选，研究了经场口工业园南侧方案和绕避场口工业园方案，如图 2–9 所示。

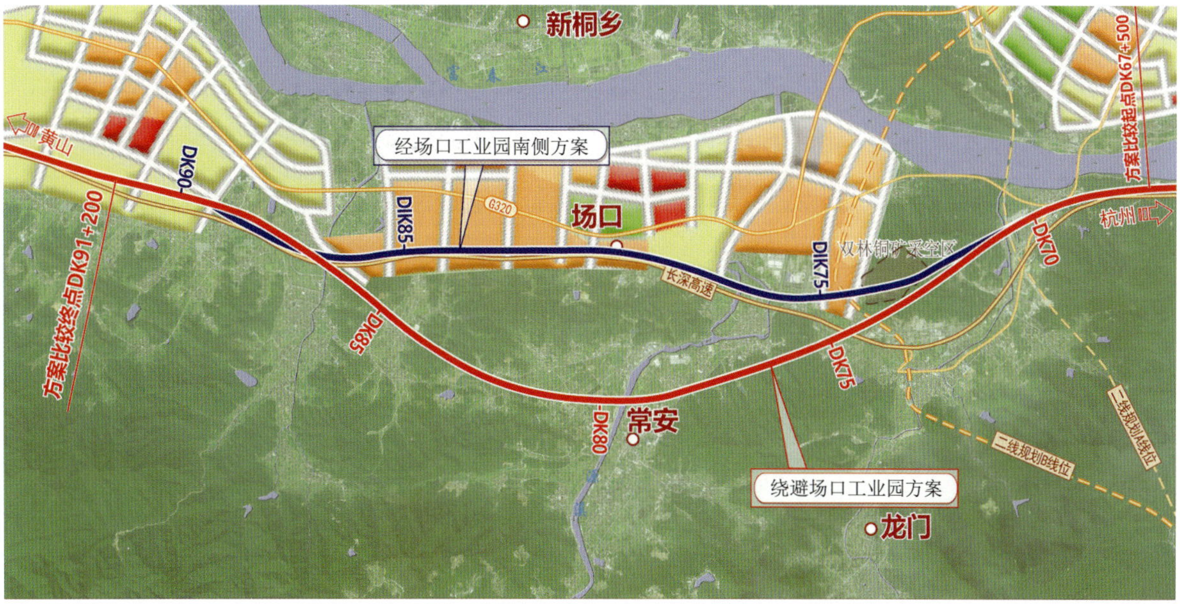

图 2-9　富阳场口工业园区段线路方案示意图

经场口工业园南侧方案，线路自富阳毛竹湾起，沿杭千高速公路北侧走行，跨307省道、龙门溪，穿锣鼓山，跨壶源溪，在场口镇及场口工业园南侧紧贴杭千高速公路并行，跨高速公路场口匝道，向西南至桐庐，穿桐庐荻浦村，沿杭千高速公路北侧行至比较终点。

绕避场口工业园方案，线路自富阳毛竹湾起，沿杭千高速公路北侧走行，跨307省道、龙门溪，穿锣鼓山后跨杭千高速公路，折向西南，沿杭千高速公路南侧走行，跨壶源溪，经常安镇西面折向西，再跨杭千高速公路，经桐庐荻浦村南面，沿杭千高速公路北侧行至比较终点。

从与地方规划协调、线路顺直性和工程投资、工程地质条件三个方面综合分析，经场口工业园南侧方案较绕避场口工业园方案在线路顺直性、工程投资方面占优，但在与地方规划协调、工程地质条件方面略差。考虑促进区域经济发展，服务地方经济，选择绕避场口工业园方案。

五、绩溪黄山地区总图规划方案

在几条铁路干、支线交会衔接地点或终端地区，根据运输需求，需修建多条铁路引入线、各种专业车站以及连接这些线路和车站的联络线、进出站线路等，这些设备组成的总体称为铁路枢纽。杭黄高铁绩溪黄山地区由于合福高铁、皖赣铁路、池黄高铁等铁路的引入，形成了区域型交通枢纽。合理规划铁路枢纽对提高城市交通网络效率、缓解城市交通压力、营造安全可靠的客货运输环境具有重要意义。杭黄高铁枢纽规划注重远近结合、着眼未来，为后续规划铁路项目的引入预留条件。

（一）绩溪黄山地区现状

杭黄高铁规划设计时，绩溪、黄山地区的铁路仅有皖赣单线，自北向南依次分布绩溪站、临溪站、三昆站、歙县站、岩寺站、篁（huáng）墩站、黄山站等。绩溪黄山间既有线距离为 49.1 km，绩溪休宁间既有线距离为 66.9 km。绩溪站为区段站，设正线 1 条、到发线 5 条、调车线 7 条、站台 2 座、货场 1 座，有危险品、燃料公司专用线接轨。黄山站位于屯溪区，设正线 1 条、到发线 4 条、存车线 2 条、站台 2 座、设货场 1 处、牵出线 1 条，另有机场油库、贮木场、煤炭、粮食等 4 条专用线及工务段段管线、电管线接轨。

（二）地区总图规划说明

合福高铁自绩溪县北面引入，沿既有皖赣线右侧至黄山后折向南，与皖赣扩能改造工程、杭黄高铁工程共通道布置。合福高铁于 2010 年开工，2015 年建成通车。

合福高铁和杭黄高铁按照线路别引入绩溪北站，分设合福场（位于北侧）和杭黄皖赣场（位于南侧），皖赣扩能改造工程双线从东端方向别引入杭黄皖赣场，在绩溪北站西端设杭黄皖赣场与合福高铁沟通的东南及南东联络线。在合福场北侧预留货运场条件。

合福高铁、杭黄高铁、皖赣线扩能改造工程以及规划黄山至衢州铁路引入后，绩溪黄山地区将衔接合福高铁、杭黄高铁、皖赣线、黄衢城际等线路。合肥、福州、杭州、芜湖、贵溪、衢州六个方向，由绩溪北站、黄山北站和既有黄山站办理地区客运作业，由既有皖赣线、皖赣线扩能工程和规划黄衢铁路共同承担地区货运作业。绩溪黄山地区新线布局基本呈“米”字形总体格局（图 2–10）。

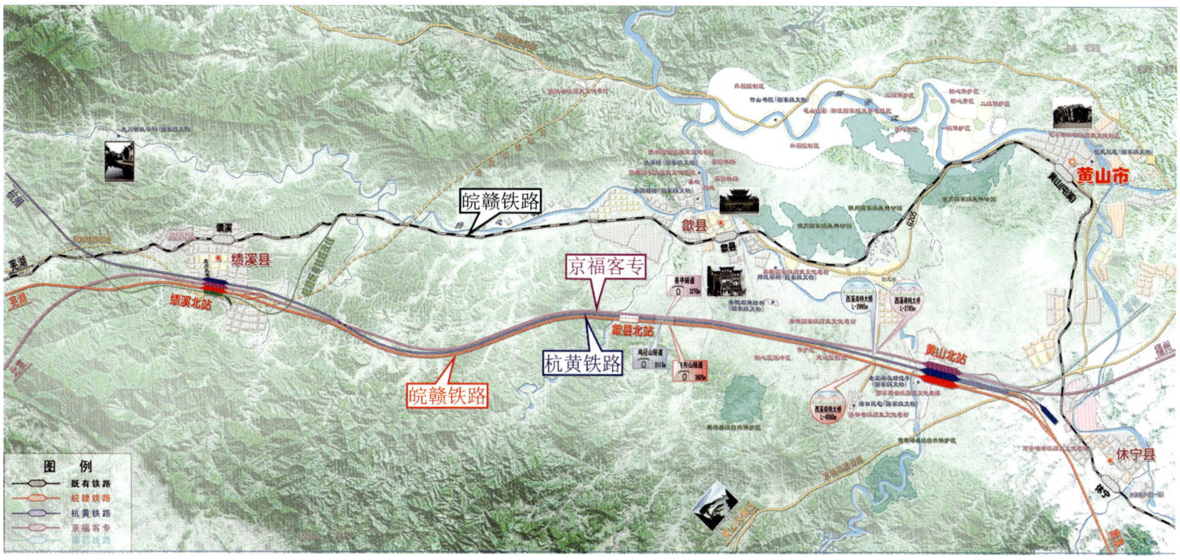

图 2–10　绩黄地区总平面布置示意图

六、创新的站场总体布局

杭黄高铁全线 10 个车站中，由于千岛湖站和三阳站特殊的地理位置和地形条件，两个车站均为高架车站。千岛湖站部分设置于山体范围、部分设置于河谷范围，使得车站杭州端咽喉区部分道岔位于桥上，部分位于深挖方路堑；三阳站车站主体部分设在两隧道之间高墩桥上，需要将站台、高墩桥、连续梁这些综合到一起。相较于其他车站，千岛湖站和三阳站的站场总体布局面临重重困难，通过铁四院创新设计，成为行业典范。

（一）千岛湖站

千岛湖站东距建德站 31.0 km，西距三阳站 49.8 km。站区范围内主要为山地和谷地，地形起伏，自然坡度大，车场位于跨越谷地的桥上，两端咽喉位于高填深挖的山体，开挖工程量较大，因此形成了千岛湖站独特的站场布局。

鉴于千岛湖站区特殊的地形条件，车站按一般中间站设计，是全线唯一一座线正下式高架车站，车站设于潭头溪特大桥上，为满足站房布置要求，该桥采用了（20.8+14.6+20.8）m 连续门式刚构桥墩，充分扩大了桥下空间。

车站主要办理旅客列车到发、通过及旅客乘降等业务，以通过作业为主，兼部分始发终到作业。站区设正线 2 条，到发线 4 条，设 450 m × 12.0 m × 1.25 m 岛式中间站台两座。车站设 1 处进站通道及 1 处出站通道，跨线设施利用桥下空间。车站设一组“大八字渡线”。考虑办理杭州方向列车立折作业，在有折返作业的杭州端咽喉正线间增设 1 条单渡线，形成杭州端“小八字渡线”。在线路正下侧新建线正下式站房，站房标高稍高于 05 省道标高。车站最高聚集人数 1 500 人。综合工区采用横列式布置，设于站对右，在牵出线上出岔，内设大型养路机组停放线 1 条，作业车停放线 2 条。本站正线及到发线均采用无砟轨道。千岛湖站平面布置如图 2–11 所示。

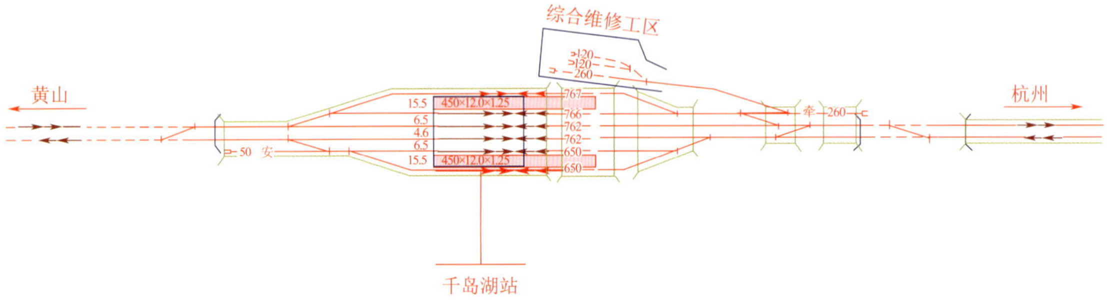

图 2–11　千岛湖站平面布置示意图（单位：m）

（二）三阳站

三阳站东距千岛湖站 49.8 km，西距绩溪北站 28.0 km。三阳站车站主体部分设在两隧道之间的三阳站特大桥上，跨越昌源河、杭徽高速公路。该桥为目前国内最高的高架车站桥梁，最大墩高 40.5 m，跨越杭徽高速公路的（48+72+42.5）m 连续梁采用站台合建方案。车站按中间站设计，为高架车站。设正线 2 条，到发线 2 条。站坪长度 1.8 km，站内正线设置在 –1‰ 和 2.5‰ 的“V”形坡道上。由于三阳乡隧道出口与峰高岭隧道进口间空档长度约 641 m，上、下行到发线及站台纵向错列布置，车站两端均位于三线隧道内，正线与到发线采用 5.5 m。设 450 m × 5.0 m × 1.25 m 基本站台和 450 m × 5.0 m × 1.25 m 侧式中间站台各一座，站台及到发线有效长的大部分均位于高墩桥上，站台伸入隧道内宽度按照 2.3 m 设计，并在站台隧道口处设置横向安全门。为满足反向运行调整需要，车站在黄山端设“小八字渡线”。站房位于小里程端线路右侧，为线侧下式站房。正线及到发线均采用无砟轨道。三阳站平面布置如图 2–12 所示。

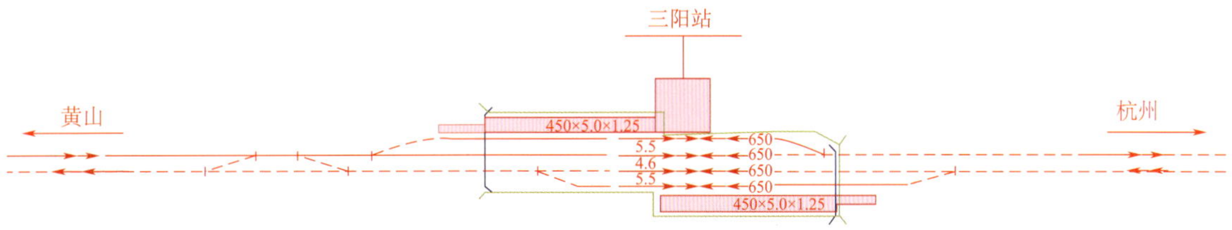

图 2–12 三阳站平面布置示意图（单位：m）

在峰高岭大跨度三线车站隧道内设置站台，利用隧道一侧的水沟盖板作为站台面。通过采取隧道段站台仅供旅客下车通行、隧道段动车旅客通过邻近车厢上车的运营措施解决了通道宽度不足问题。为适应山区车站设置条件，在三阳站两端采用超大断面隧道，满足三条股道及站台设置需求。

七、线站位选择小结

铁路线站位选择往往受到多种因素的影响，因此要修建一条高标准、使人民满意、能促进当地经济发展的铁路干线，必然是充满挑战的。要应对这些未知的挑战，需要以全新的视角对铁路线站位选择工作进行全方位的考量，对影响铁路线站位选择的因素进行综合分析，才能最终建设出符合时代需要的铁路干线。

（一）强化选线原则，实现综合效益最优

为将杭黄高铁打造成“黄金旅游高铁线”，早在 2009 年，设计人员就已经着手对铁路沿线进行勘察和深入调研，强调杭黄高铁建设要在全力保护环境的基础上，将沿线经济据点和景区最大限度串联起来。线站位选择过程中，始终坚持经济选线与环保选线相结合的原则，设计团队从线路总体走向研究到重大局部方案比选，不断研究优化选线方案，最终的线路走向既兼顾了沿线经济据点及风景名胜区旅游需要，同时绕避了环境敏感点，结合线路顺直性、舒适性等，统筹考虑区域发展、地形地质、通道客流需求、综合开发、交通衔接等方面，使得其在符合城镇体系规划、城市总体规划的基础上，实现了综合效益最大化。

（二）统筹总图规划，充分考虑未来发展

新线引入或既有线路改造都会对枢纽结构产生较大影响，绩溪黄山地区在建、

拟建和规划项目众多，在进行总图规划时，杭黄高铁设计者充分考虑在建、拟建和规划线路引入对枢纽的影响，统筹做好站场规划和线路的预留工作，并结合城市发展趋势，考虑客进货出、客货分线运营格局，进行前瞻性的规划，远近结合，着眼未来，在设计中预留未来发展升级空间，能更好地适应经济快速发展和铁路运量增长需求。

（三）创新站场布局，适应特殊地形条件

杭黄高铁沿线多山区丘陵，地形起伏较大，部分车站位置地形狭窄，站场布局难以按常规车站设计。如千岛湖站和三阳站，由于特殊的地形条件，站场布局突破常规，车场两端咽喉分别深入高填深挖山体和隧道出入口，很好地满足了线路正常作业和旅客进出站需求。这一创新设计，既有效利用了有限的空间，又满足了功能要求，可为类似山区铁路站场总体布局设计提供借鉴。因此，站场布局设计面临特殊地形条件时，应突破传统，大胆创新，以安全可靠、投资可控、实施难度小为原则，选择最合适的站场布局方案。

第二节　路基工程

路基是铁路线路工程中的重要组成部分，是承受轨道结构重量和列车动荷载的基础。路基工程结构的高稳定性，是保证轨道高平顺性和列车运行安全性、舒适性的必要条件。杭黄高铁工程地形及地质条件复杂，路基设计面临诸多挑战，为确保路基稳定和长期安全，设计者结合每一路基工点的具体地形与地质条件创新设计，采用“经济、安全、可靠”的工程措施，成功解决了一系列关键技术难题。

一、工程概况及设计理念

（一）路基分布情况

1. 路基长度

杭黄高铁正线建筑长度 264.5 km，正线路基长度 32.9 km，约占线路总长的 12.4%，其中区间路基长度 21.7 km，车站路基长度 11.2 km。右线绕行线总长度 9.1 km，路基长度 150 m。绩溪联络线、动车走行线及存车场总长度 14.0 km，路基长度 9.1km，其中南东联络线路基长度 1.4 km，东南联络线路基长度 1.0 km，D2 走行线路基长度 3.0 m，D3 走行线路基长度 2.8 km，存车场路基长度 0.9 km。

2. 路基工点类型与分布

杭黄高铁路基工点类型主要有边坡防护路基、浸水路基、软土及松软土路基、深路堑、陡坡路基、填土路基、岩溶路基、侵限路基、不良地质路基（顺层、危岩、危石）等，见表 2–2。

表 2-2　路基工点类型及分布范围一览

序号	工点类型	工点数量		主要分布范围	主要加固措施
		处	延米		
1	边坡防护路基	57	22 784	全线一般路基	空心砖、截水骨架内草灌结合等
2	浸水路基	9	1 973	水塘	挖除淤泥，换填 A、B 组渗水性填料
3	软土及松软土路基	8	789	河流冲积、阶地区	挖除换填、CFG 桩
4	深 路 堑	25	3 775	低山、丘陵区	挡土墙、桩板墙、锚杆（索）等
5	陡坡路基	14	1 918	低山、丘陵区	挡土墙、桩板墙、桩板结构、h 形挡墙
6	填土、侵限路基	9	3 485	既有高速公路、铁路	挖除换填、强夯、旋喷桩、螺杆桩加固
7	岩溶路基	24	3 617	临浦镇至桐庐、绩溪	换填、嵌补、钻孔注浆等
8	不良地质路基	29	3 932	顺层地段	挡墙、桩板墙、锚杆（索）、防护网等
合　计		175	42 273		

（二）路基工程特点

1. 路桥、路隧过渡频繁

由于杭黄高铁穿越天目山山脉，地形陡峭，沟谷深切，一方面造成路基工程与桥梁、涵洞、隧道等工程之间过渡频繁，形成桥路桥、桥路隧、隧路隧、隧涵隧等不同过渡形式的组合，结合桥梁桥台台尾路基填方与挖方的区别、路基长度等，派生出更多种桥路过渡形式；另一方面，由于地面坡度较陡，路基工程本身存在路基纵向与横向过渡。

2. 地面横坡陡峭

杭黄高铁具有山区铁路的典型特征，地面横坡陡峭，形成较多的陡坡路堤与高边坡深路堑，需采用支挡加固工程才能确保路基工程的稳定与安全。

3. 顺层路堑发育

顺层路堑主要分布于桐庐站—建德站、绩溪北站—歙县北站之间，顺层视倾角一般在 15° ～ 35°，设计中需根据边坡高度、层面倾角等进行稳定性分析，采用顺层刷坡、抗滑挡土墙、抗滑桩板墙、预应力锚索等进行加固。

4. 危岩落石分布广泛

根据地质勘察显示，建德至绩溪硬质岩地段山高坡陡，在坡脚或半坡常有岩石堆积体分布，岩性一般为安吉组砂岩，含砾砂岩，西湖组、唐家坞群的石英砂岩，长石石英砂岩等。受构造作用，节理裂隙发育，岩性破碎，易产生剥落、坍塌、错落等，在山坡坡面遗留，形成孤石构成危岩岩体，在山坡中下部形成堆积体。

（三）设计理念

1. 高稳定性

路基设计方案严格执行路基设计相关标准，结合工程实际，针对复杂山区地形，尽量采用成熟可靠的路基支挡结构对边坡进行加固，确保路基结构稳定，实现路基结构安全可靠，保障行车安全。

2. 高平顺性

对于一般路基，采用挖除换填、强夯、堆载预压、复合地基、桩基础或其他地基处理措施进行加固处理。对过渡段路基，根据过渡段地形地质条件、过渡部位、过渡段路基长度等，采用不同的路基过渡形式，除了填方路基过渡段标准形式外，在填方短路基、桥台挖方过渡段等采用C30混凝土填筑或级配碎石+5%水泥填筑等，有效控制过渡段工后沉降，保障路基的高平顺性。

3. 强化创新

针对路基工程特点，在传统支挡结构的基础上进行大胆创新，采用新型特殊路基结构解决深路堑与陡坡路堤加固、不均匀沉降、建筑侵限以及短路基问题，提升路基创新水平。

4. 绿色协调

杭黄高铁沿线自然环境优美，为建设绿色生态通道，打造生态高铁，对绿化防护进行创新设计，使杭黄高铁路基边坡绿化防护与周边自然生态环境相协调，实现路基“一处一景”。

二、重难点工程及解决方案

（一）重难点工程类型

1. 深陡路堑

杭黄高铁大部分位于中低山区，地形陡峭，容易产生以下问题：挖方边坡随着地形不断升高，大量增加挖方量及边坡加固防护工程，对当地自然生态环境破坏也较大。

解决的方案主要有：下部设路堑挡土墙、桩板墙或锚索桩板墙收坡，降低边坡高度；采用框架锚索、框架锚杆加固稳定边坡；桩顶上第一级边坡铺设空心砖护坡，空心砖内客土栽植常绿小灌木，一级以上边坡基材植生防护，修复被破坏的生态环境。

2. 高填陡坡路堤

由于山区地形变化较大、地形陡峭，部分地段存在特殊的地貌形态，形成高填陡坡路基，容易产生以下问题：

（1）陡坡高填方（半填半挖）地段容易出现不均匀沉降，影响路基稳定。

（2）两端路堑挖方的弃渣，增加了弃土场用地及其绿化、复垦等工程量。

（3）如果采用桥梁通过，则桥梁范围均为挖方桥梁，土石方数量较大，且大量增加桥梁挖方边坡加固防护工程，与两端路堑加固防护工程衔接困难。

解决的方案主要有：采用路堤挡土墙、桩板墙或“h”形桩板墙、桩板结构等进行收坡，边坡采用截水骨架护坡、空心砖护坡等进行防护，并采用栽植常绿小灌木进行绿化。

3. 不良与特殊地质路基

杭黄高铁穿越浙西中低山区及皖南低山丘陵区，地质构造与地层岩性复杂，岩性软硬变化较大，碳酸盐岩分布较广，存在的主要不良地质有：岩堆、岩溶、顺层、落石等，形成的主要特殊地质路基有：人工填土路基、松软土路基、膨胀（岩）土路基等，易产生的主要问题如下：

（1）岩堆的稳定与岩堆堆积体在列车活载作用下的沉降问题。

（2）岩溶塌陷与路基沉降问题。

（3）路堑边坡沿岩石层面坍滑问题。

（4）路堑堑顶以上山体危岩落石对铁路运营安全的影响。

（5）人工填土与松软土的不均匀沉降、路基边坡滑动坍塌等。

（6）边坡岩土体的涨缩变化，影响边坡岩土体的稳定。

解决的主要方案有：设置抗滑桩、桩板结构、桩板墙或锚索桩板墙、被动防护网、CFG 桩、桩基承台挡土墙，岩溶注浆等。

（二）重难点典型工程

上述重难点工程因地形、地质等条件的影响，并不一定是单一类型存在于工程设计之中，往往是多种类型的组合，形成复杂的路基工程。通常情况下，可以采用一种或多种成熟可靠的设计方案确保路基工程本身的安全，但是在特殊条件下，需要创新路基加固防护的结构形式，确保路基稳定，满足沉降要求，保障铁路运营安全。

1. DK118+666.75 ～ DK118+800 路基工点

工点左侧路堑边坡高度 71 m 左右，山脊与线路斜交，不采用措施则路堑边坡沿山脊不断升高。该处泥岩岩层产状 330°∠35°，岩层走向与线路夹角约 11°，岩层视倾角 34.5°，倾向线路方向，边坡存在顺层坍滑问题，右侧路堤边坡侵占小河河沟。该工点属于深路堑、顺层路堑、侵限路基、陡坡路基的组合类型，因此需采用综合性的加固防护工程措施。

（1）为了保证左侧顺层路堑边坡稳定，采用锚索桩板墙进行支挡加固与收坡。

（2）由于山坡自然坡度约 1∶0.95 ～ 1∶1.35，下部采用锚索桩板墙后，顺层岩体下滑力太大，需采用大平台进行卸载，平台宽度采用 5 m。

（3）考虑边坡高度太高且边坡顺层，在边坡中部增设预加固抗滑桩。

（4）由于右侧路堤边坡侵入冲沟沟谷，采用桩板墙收坡，既保证了路基稳定，又避免增加改沟工程和增加工程用地。

（5）边坡坡面全部采用框架锚索进行加固，与下部锚索桩板墙、上部预加固抗滑桩一道组成边坡受力体系，保证顺层路堑边坡的稳定。

（6）在第二级边坡平台设置被动防护网，防止上部山脊坡面碎块石的滚落。

（7）采用挂网攀缘植被生态工程护坡进行绿化防护。

（8）堑顶合适部位设垂直山脊的边坡，消除沿山脊不断升高边坡的不利因素。

横断面如图 2–13 所示，工点立面如图 2–14 所示，施工效果如图 2–15 所示。

2. DK201+773 ～ DK201+823 岩堆地基

DK201+773 ～ DK201+778 隧道出口段及 DK201+778 ～ DK201+823 路基位于岩堆上缘，隧道出口段以浅挖方通过，路基以填方通过。岩堆堆积体为碎石土夹块石，密实程度为松散～稍密，碎石及块石的含量在 85% 以上，其成分为弱风化硅质岩，根据钻探揭示坡积堆积体厚度在 14 ～ 18 m，且坡积体底部横坡较陡。

岩堆体的下缘位于圭川溪小河边，存在因河水长期冲刷掏空坡积体下部诱发坡积体上部失稳、危害路基工程及铁路运营安全的隐患，需在坡积体临河部位采用抗滑桩进行加固，确保该段路基的稳定与安全。

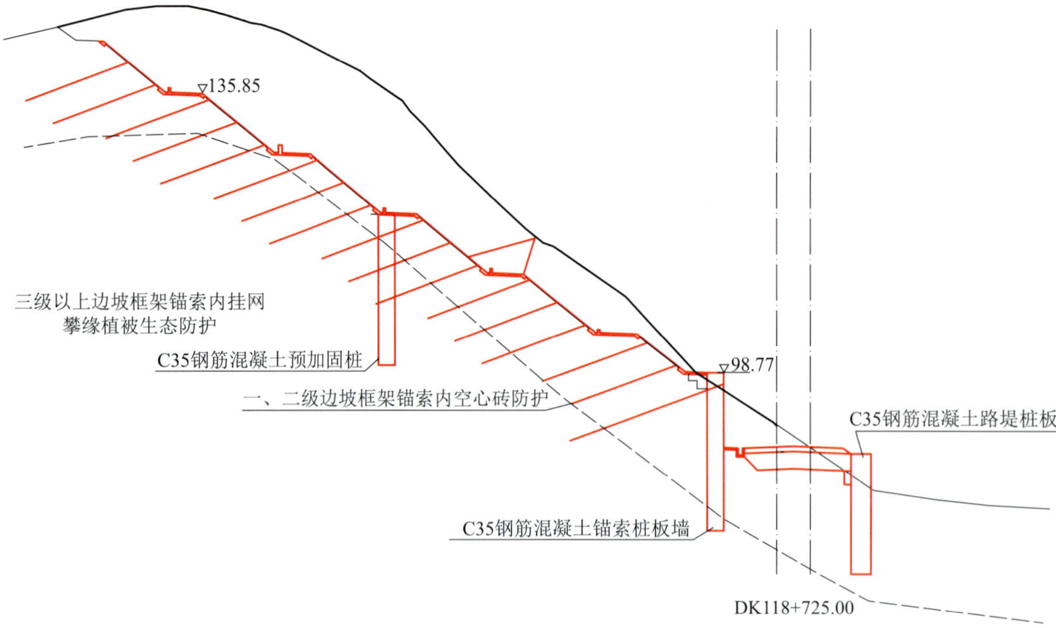

图 2–13　横断面示意图（单位：m）

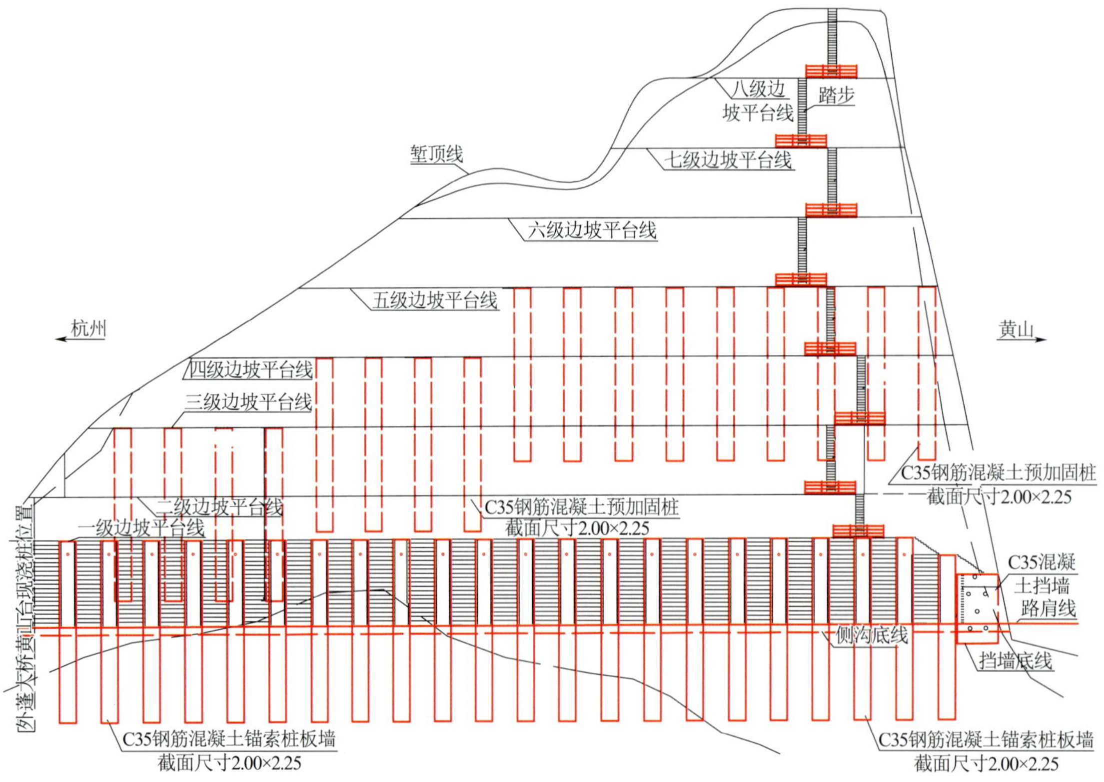

图 2–14　立面示意图（单位：m）

图 2–15　施工效果

近路基中部冲沟处设过水兼顾交通的涵洞，形成隧路、涵路、路隧过渡频繁的路基地段。铁路右侧为陡坡地形，上部山体的危岩落石对铁路运营安全有较大影响。

本段路基属于不良地质、过渡段频繁路基、危岩落石的组合类型，主要采取以下综合性的加固防护措施：

（1）在铁路左侧 65 m 左右垂直沟谷采用抗滑桩加固，防止上部坡积体因河水长期冲刷掏空坡积体下部，诱发坡积体上部失稳，保护路基与隧道工程安全。

（2）采用桩板结构处理，消除堆积体在列车活载作用下产生的不均匀沉降、消除过渡段的频繁设置及填料的变化引起的不均匀沉降。

（3）右侧自然山坡采用被动防护网拦截山坡的落石，防止落石撞击列车。

抗滑桩平面布置如图 2–16 所示，横断面如图 2–17 所示；桩板结构平面布置如图 2–18 所示，效果如图 2–19 所示。

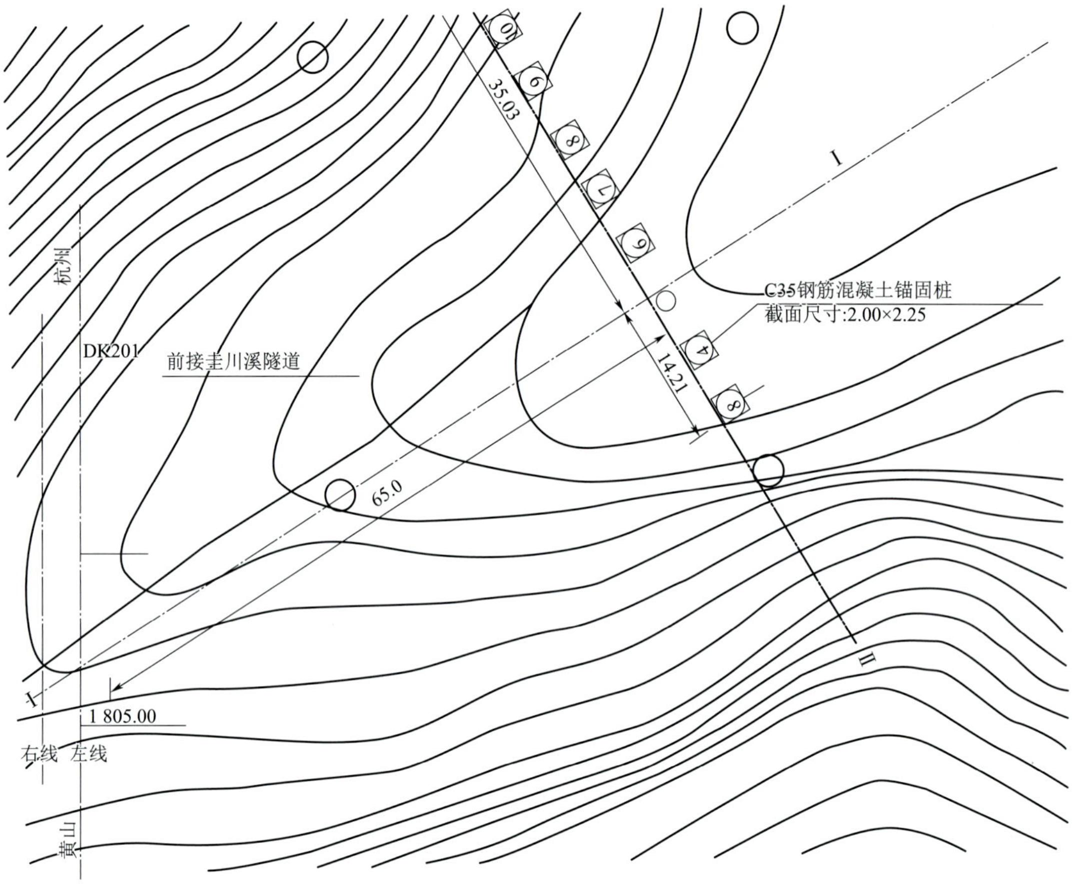

图 2–16　抗滑桩平面布置示意图（单位：m）

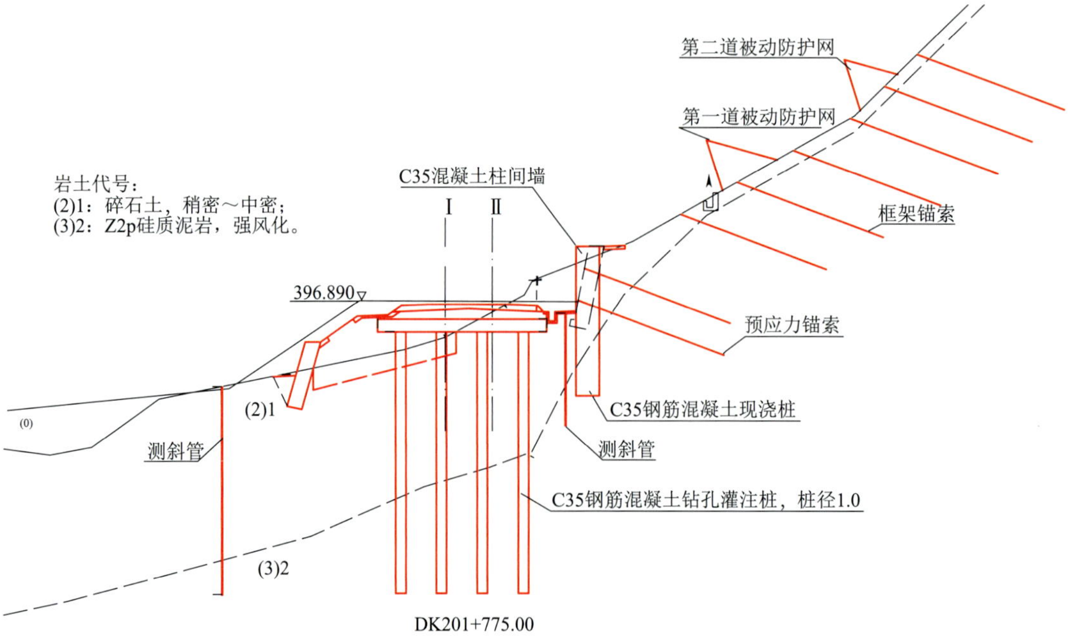

图 2–17　横断面示意图（单位：m）

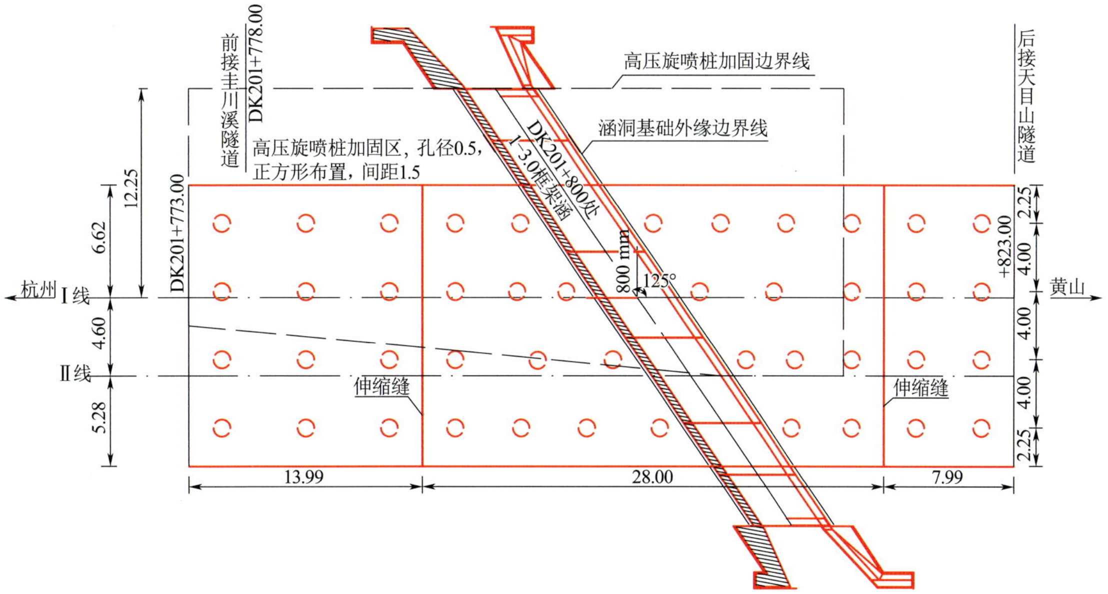

图 2–18　桩板结构平面布置示意图（单位：m）

图 2–19　实施效果

3. DK133+770.58 ～ DK133+915 路基工点

该工点位于剥蚀丘陵区，地面横坡较陡，中部为凹谷，路基通过时右侧为深路堑，岩性为泥岩，边坡高度达 37 m；左侧两端为低路堑，边坡最大高度约 14 m，近中部为高填陡坡路堤，地面横坡 22° ～ 31°，左线中心填高 6 m。

该工点属于深路堑、高填陡坡路堤的组合类型，主要采用以下工程措施：

（1）右侧 DK133+808.5 ～ DK133+901 段路堑下部设桩板墙收坡，坡面采用框架锚索进行加固，DK133+780 ～ DK133+808.5、DK133+901 ～ DK133+915 设重力式挡土墙与桩板墙衔接过渡，加固防护立面如图 2–20 所示。

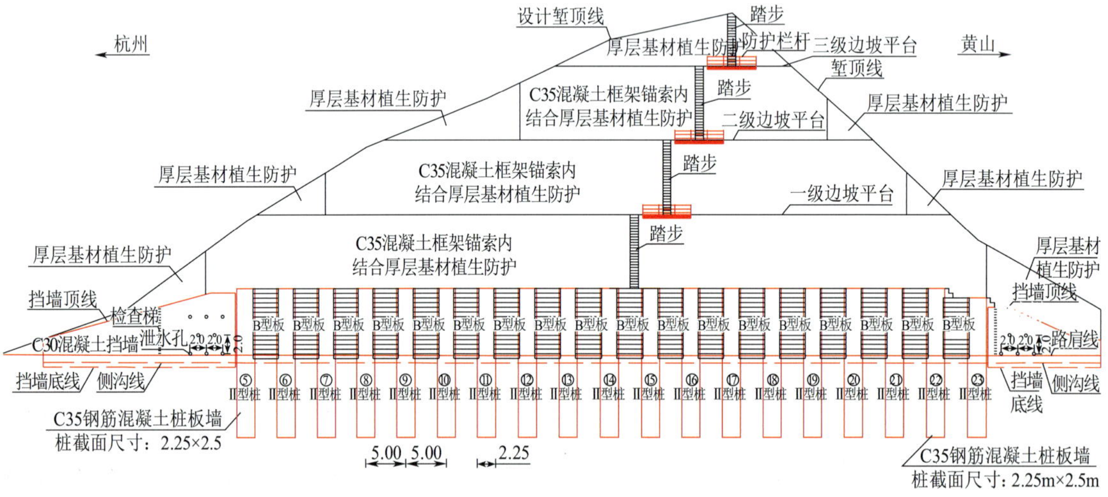

图 2–20　DK133+785 ～ DK133+915 右侧加固防护立面示意图（单位：m）

（2）DK133+840 ～ DK39+877.5 段左侧创新采用路堤桩板组合结构进行收坡，消除不均匀沉降，桩板墙、桩板结构立面如图 2–21 所示。

4. DK39+141.675 ～ DK39+409.74 路基工点

该工点位于剥蚀丘陵区，残坡积粉质黏土，厚度变化大，局部达 15 m；下伏灰岩夹薄层泥岩，右侧岩层层面倾向铁路，视倾角 22°；根据钻探揭示灰岩线岩溶率 15% 以上，岩溶极发育，岩层面溶沟溶槽发育普遍，局部土层底部形成土洞。DK39+230 ～ DK39+409.74 左侧地面横坡较陡，坡度 1:2.25 ～ 1:1.75，需考虑路堤沿地面滑动问题。

该工点属于顺层路堑、陡坡路堤、岩溶路基的组合类型，主要采用以下工程措施：

（1）路基基底采用岩溶注浆处理，对溶洞、岩溶裂隙、土洞进行水泥浆填充，

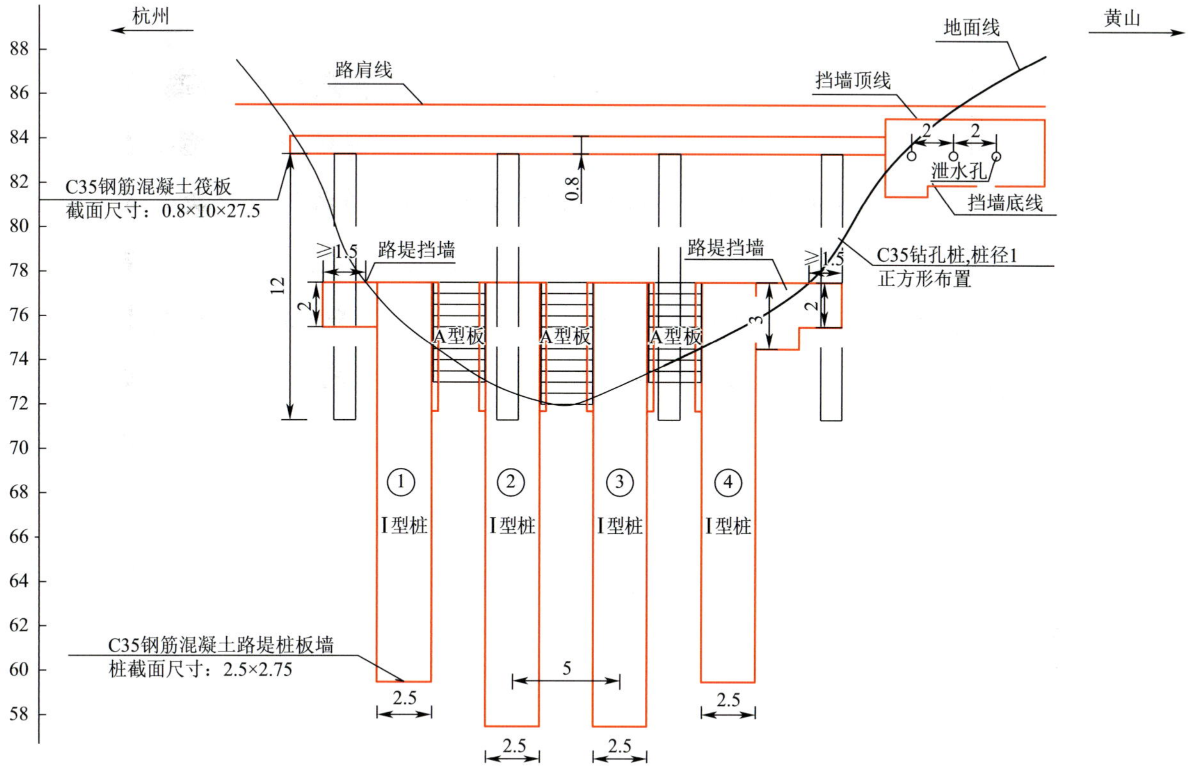

图 2–21　DK133+840 ～ DK133+877.5 左侧桩板墙、桩板结构立面示意图（单位：m）

消除地面塌陷隐患。

（2）左侧陡坡路堤采用重力式挡土墙收坡、挡土墙底部设桩基承台消除土洞或溶沟等对挡土墙稳定的不利因素。

（3）右侧边坡采用挡土墙或桩板墙进行路堑坡脚加固，边坡采用框架锚索加固防护。

（4）边坡坡面采用空心砖内栽植常绿小灌木进行绿化，侧沟平台设种植槽栽植冠球状花灌木。

顺层路堑、岩溶路基横断面如图 2–22 所示，桩基承台重力式挡土墙、岩溶路基、顺层路堑横断面如图 2–23 所示，DK39+141.675 ～ DK39+409.74 路基整体效果如图 2–24 所示。

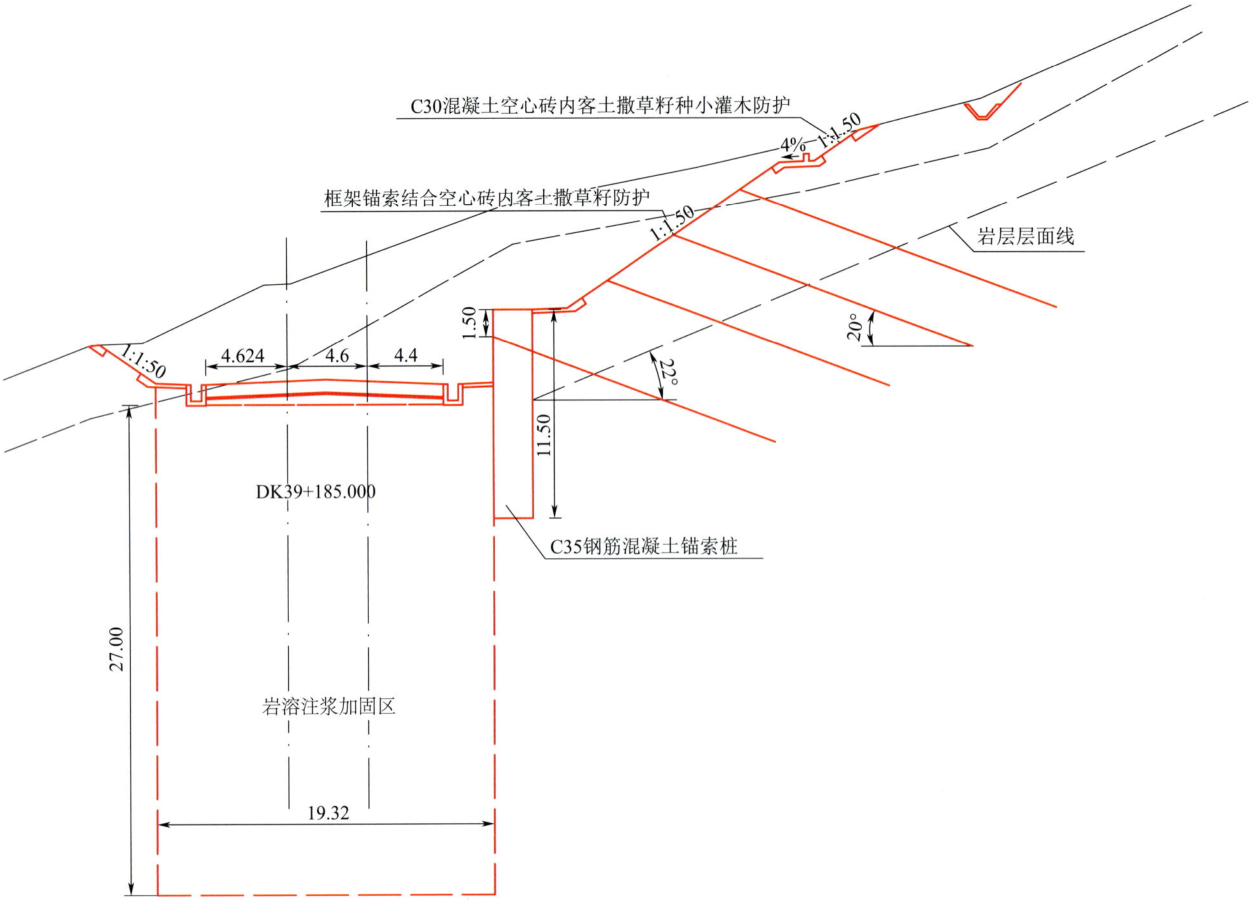

图 2–22　顺层路堑、岩溶路基横断面示意图（单位：m）

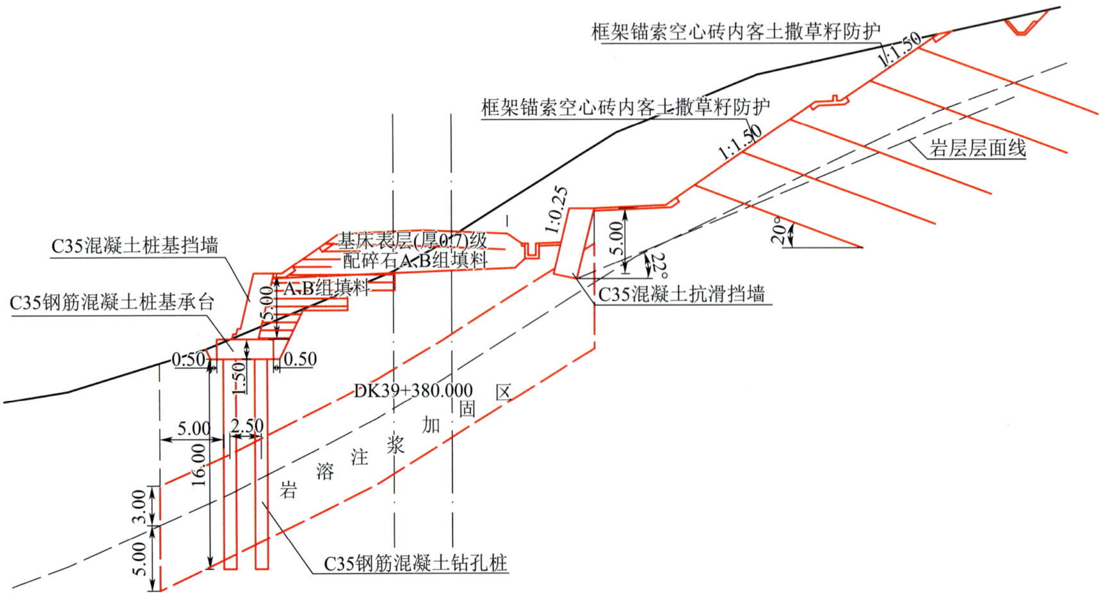

图 2–23　桩基承台重力式挡土墙、岩溶路基、顺层路堑横断面示意图（单位：m）

图 2–24 DK39+141.675 ~ DK39+409.74 路基整体效果

5. 相邻工程限界重叠问题处理

建德站右侧生产生活房屋场坪填方区原地形为冲沟，填方厚度达 22 m，三站台桥下填土厚度约 12 m。生产生活房屋场坪边坡伸入三站台桥下，造成三站台的电梯设置空间受限、桥墩侵入边坡承受侧压，需采用支挡工程进行收坡、消除桥墩侧压。

该工点主要难点在于：冲沟呈“锅底”状，人工填土厚度变化较大，设置普通挡土墙，墙底存在不均匀沉降；采用桩板墙则悬臂长度大于规范规定的不大于 15 m 的规定；采用桩基承台则台前约 12 m 厚的人工填土的抗力较低。

经过设计人员反复研究，采用桩基承台扶壁式挡土墙进行收坡处理，消除桥墩承受的侧压力，抗力桩基承台台前人工填土的抗力较低，增加一排约束桩。桩基承台横断面如图 2–25 所示，桩基与约束桩平面布置、扶壁式挡土墙平面布置如图 2–26、图 2–27 所示。

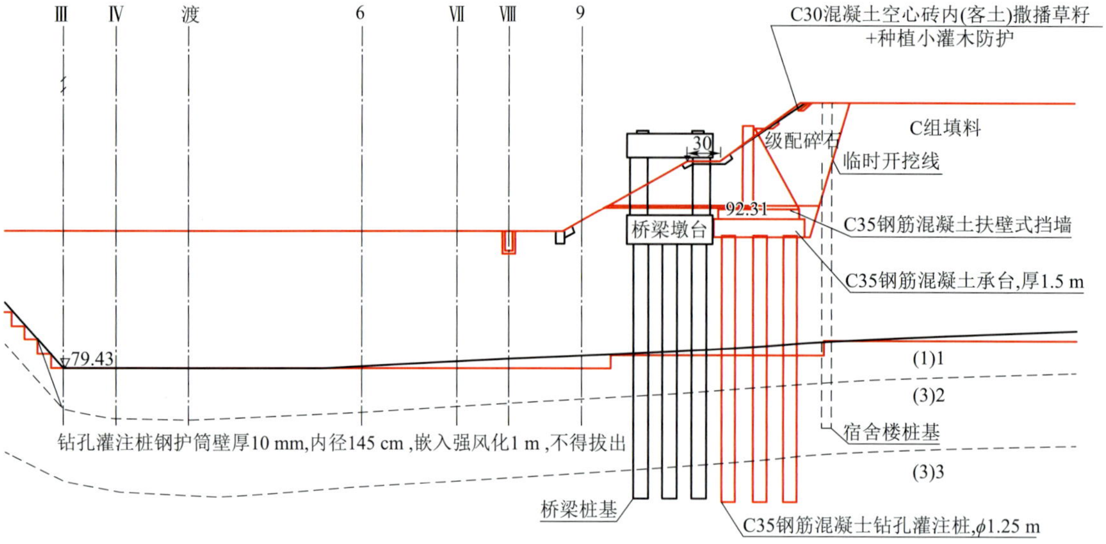

岩土代号及施工工程分级：

(1)1，Q_4^{al+pl}粉质黏土，褐黄色，硬塑，Ⅱ，σ_0=160 kPa；

(2)2，O3c泥岩，青灰色，强风化，Ⅳ，σ_0=300 kPa；

(3)3，O3c泥岩，青灰色，弱风化，Ⅳ，σ_0=450 kPa

图 2—25　桩基承台横断面示意图（单位：cm）

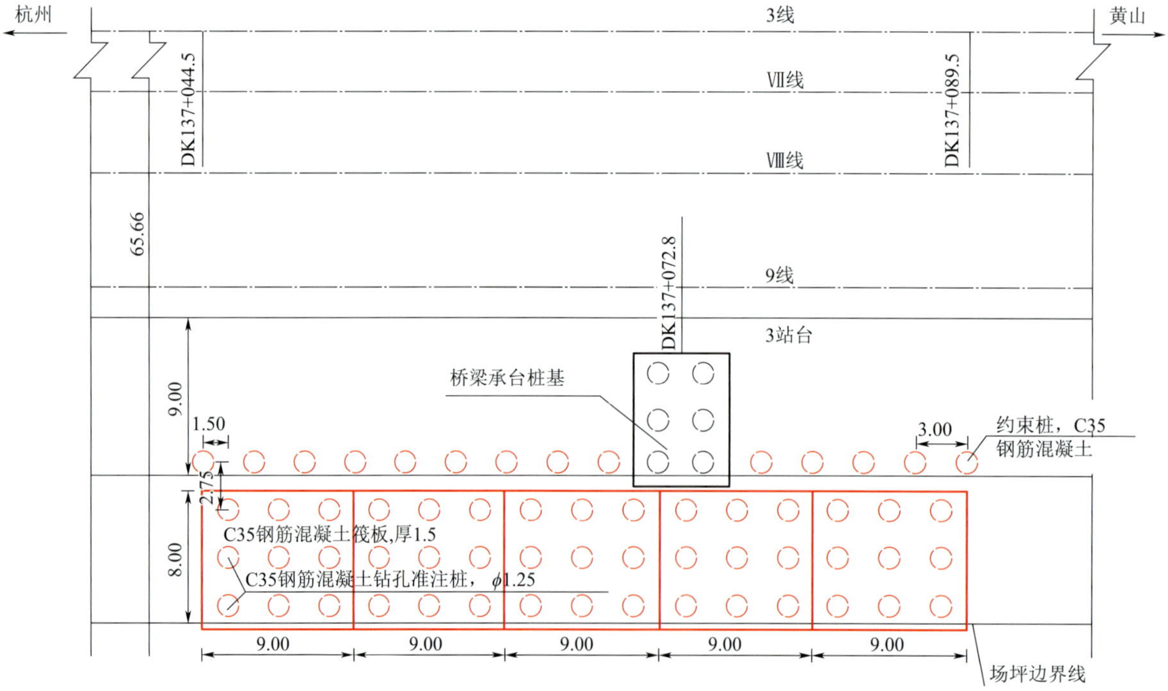

图 2—26　桩基与约束桩平面布置示意图（单位：m）

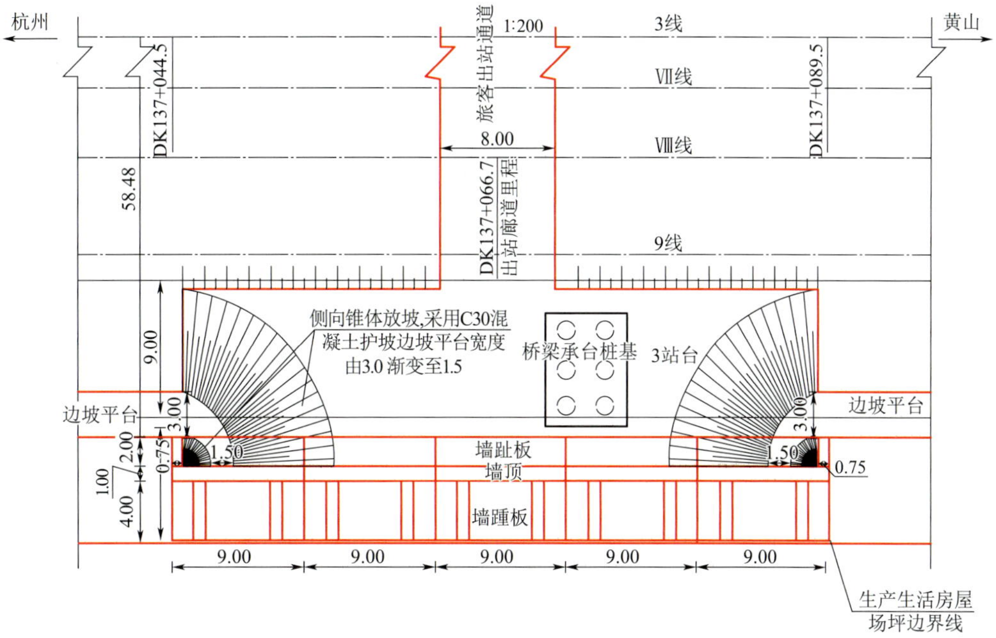

图 2–27　扶壁式挡土墙平面布置示意图（单位：m）

6. 下穿高速公路的安全防护

杭黄高铁于 DK59+900 下穿杭新景高速公路，为了避免高速公路汽车出现翻车事故时危及铁路行车安全，对车站起点紧贴高速公路的 DK60+026.81 ～ DK60+322.71 段路基采用钢筋混凝土门构进行安全防护，门构采用桩基础，门构靠高速公路侧为封闭式，靠维修工区侧为开窗式，桥下横断面形式如图 2–28 所示，高速公路侧横断面形式如图 2–29 所示，施工完成后门构整体效果如图 2–30 所示。

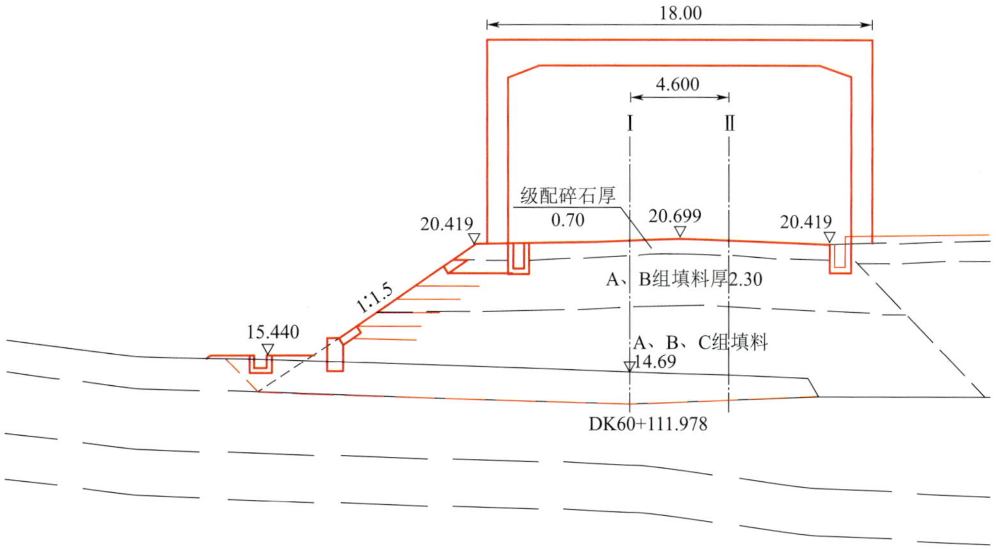

图 2–28　桥下横断面形式示意图（单位：m）

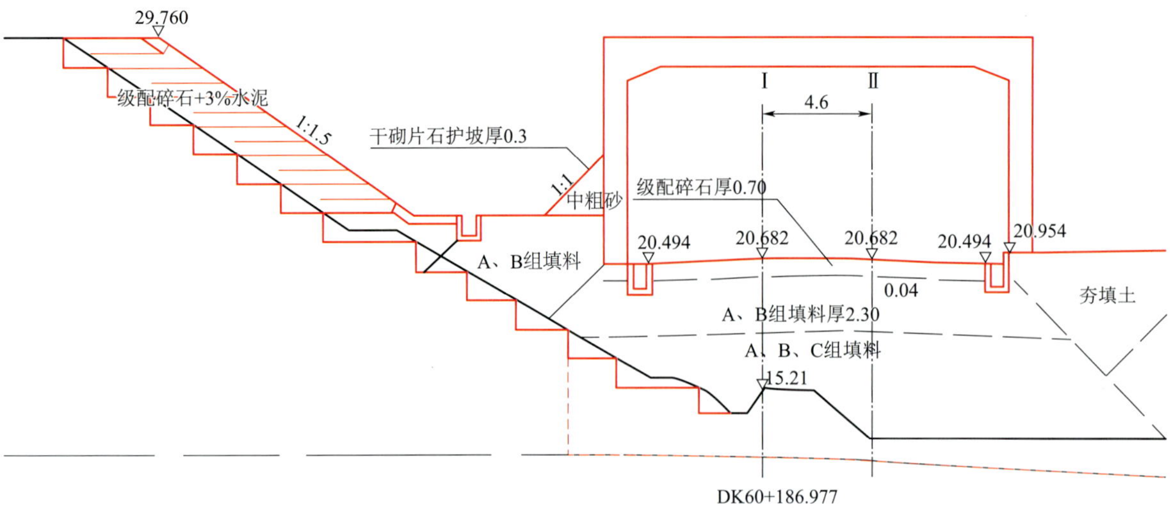

图 2–29 高速公路侧横断面形式示意图（单位：m）

图 2–30 施工完成后门构整体效果

三、创新的路基结构及生态防护设计

杭黄高铁存在大量陡坡路基工程及过渡段短路基，提高线路的桥隧比例能够有效减少陡坡路基。但是在同等条件下，桥隧造价比路基要显著增加，而且工程建设难度也将成倍增大。高速铁路对路基的沉降变形有严格的要求，对于陡坡路基，一般采用重力式挡墙、桩板墙及桩基托梁等支挡方式进行边坡加固，但边坡较高或土压力较大时难以满足检算要求。因此，针对陡坡路基设计中遇到的难题，设计人员创新性地采用适用于陡坡路基地段的支挡结构，实现既能有效收缩坡脚、确保路堤稳定，又能降低工程造价的目的。对于过渡段短路基，在过渡段较软一侧，一般采用填料构筑法、加筋土法、过渡板法等方法增大基床刚度，减少路基沉降；在过渡段较硬一侧，一般采用设置轨下、枕下、渣底橡胶垫层的方法来降低轨道刚度，但普通方法难以完全消除水化热问题，基床混凝土容易开裂。因此，针对杭黄高铁过渡段短路基设计难题，通过设计新型刚性短路基结构，避免了基床因水化热问题产生开裂，保障了路基的高平顺性和舒适性。

（一）陡坡路基新型支挡结构

杭黄高铁地形陡峭，陡坡高路基多。针对高铁陡坡路基“支挡稳定与变形控制”双约束控制条件的技术难题，对陡坡路基工点采用理论分析、模型试验、数值仿真、现场试验与测试相结合的方法，对陡坡路基桩板结构及“h”形桩板墙结构进行了系统研究。取得的创新成果包括：揭示了高速铁路陡坡路基水平受荷桩板结构的变形规律、承载特性及破坏机理，提出了水平受荷桩板结构的计算模型和设计计算方法；研发了一种陡坡路基锚固桩与桩板结构组合的新型结构；对“h”形桩板墙在高速铁路陡坡路基中的应用开展了现场试验研究，揭示了“h”形桩板墙的受力与变形特征，提出了横梁设置位置、主副桩间距、锚固段长度、承载板设置条件、弯矩零点位置、桩前襟边宽度等关键设计参数。

1. 桩板组合结构

针对部分地段的陡坡路基，为了消除陡坡高填方地段不均匀沉降，消化两端路堑挖方的弃渣，节省弃土场用地及减少其绿化、复垦等工程量，经过方案比选，决定采用桩板组合结构处理陡坡路堤。

（1）桩板组合结构构成

陡坡路基采用左侧路堤桩板墙 + 路基桩板结构 + 右侧路堑桩板墙组合形式。

左侧采用桩板墙收坡，右侧桩板墙为前后深路堑桩板墙之间的过渡，同时消除右侧坳谷的地表水冲刷路基及上部山体陡壁对铁路运营的安全隐患。路基面以下的桩板结构主要消除不均匀沉降及增强陡坡路基的稳定性，确保路基轨道质量。陡坡路基桩板组合结构横断面如图 2—31 所示。

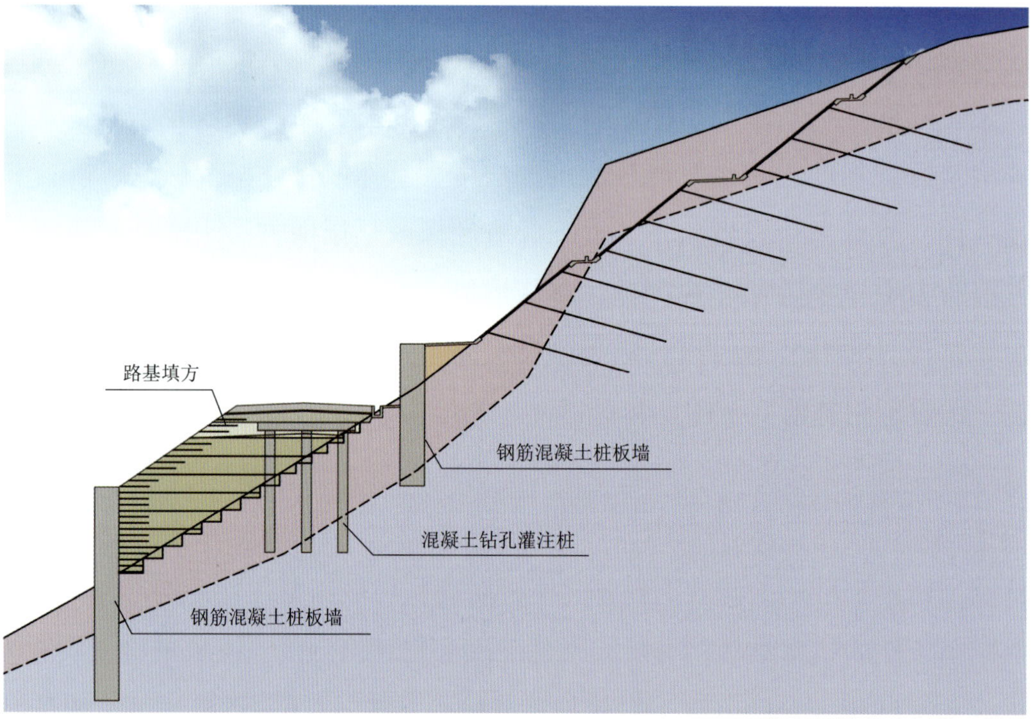

图 2—31　陡坡路基桩板组合结构横断面示意图

（2）桩板组合结构优点

桩板组合结构作为一种新型的路基结构形式，具有承载能力高、适应能力好、横向抗变形能力强、整体刚度大、结构稳定性高、耐久性好等优点。特别是针对山区陡坡路基中可能出现的水平变形超限、工后沉降、路基稳定性不足、横向沉降不均匀等问题，采用桩板组合结构形式不仅能够满足路基对变形的要求，还能充分发挥其优点。

（3）现场效果

桩板组合结构运用于山区陡坡路基，对消除不均匀沉降效果显著，同时减小了桥梁长度和放坡宽度，且最大限度地减少了征地及路堤填料，做到了环境与工程的和谐统一。相较于传统的支挡防护，结构更可靠、投资更省，为杭黄高铁轨道工程被树立为全路“轨道标杆”提供了重要保障，且经过铁路开通运营两年多的检验，工程安全可靠，铁路运行平稳。桩板组合路基现场效果如图 2-32 所示。

图 2-32　桩板组合路基现场效果

2.“h”形桩板墙结构

针对陡坡路基收坡及地方工程侵限等问题，经过多方案比选和结构研究，对部分路基地段采用“h”形桩板墙方案。

（1）“h”形桩板墙结构构成

“h”形桩板墙的主要构成为：主桩、副桩、系梁、系梁上搭板、桩侧挡土板，横梁的长度根据主桩、副桩的检算确定。“h”形桩板墙设计横断面如图 2-33 所示。

（2）“h”形桩板墙结构优点

“h”形桩板墙通过系梁的作用，将前后排桩连接成一个空间刚架结构，其受力机制为：结构后的土压力首先直接作用于副桩上，然后再通过横梁及桩排间岩土体传到主桩上，最后形成副桩、横梁、桩间岩土体、主桩共同抵抗土压力，改善了单根抗滑桩单独承担土压力的劣势，从而使其具有抵抗力大、位移小的优点。

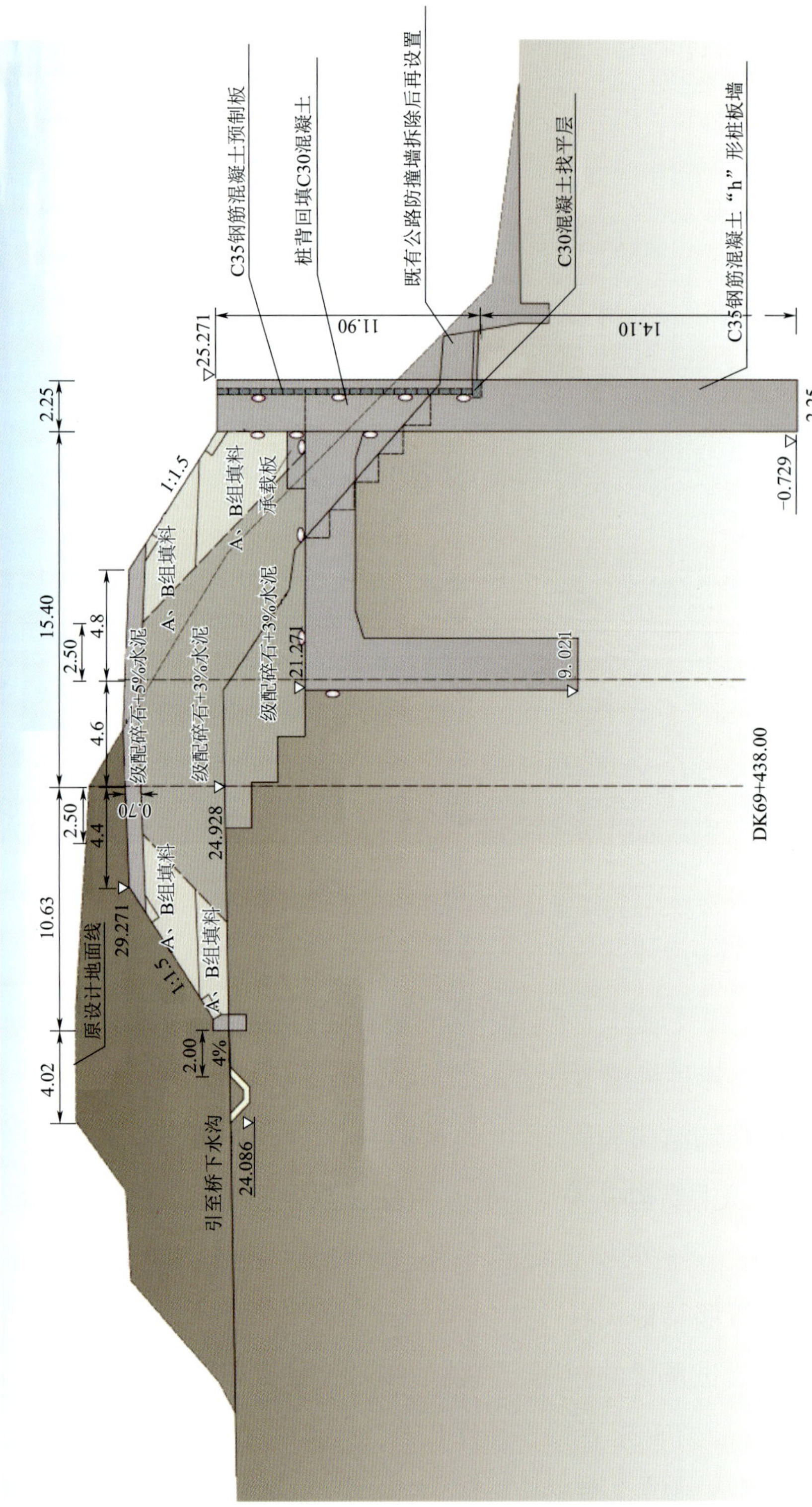

图 2–33 "h" 形桩板墙设计横断面示意图（单位：m）

（3）现场效果

“h”形桩板墙结构应用于杭黄高铁路基工程多处工点，整体效果美观，变形协调，稳定性高，能达到常规挡土墙难以达到的支撑高度，既解决了陡坡路基收坡和地方工程侵限问题，又节省了工程投资，经过两年多的运营检验，工程安全可靠，得到了建设单位的好评。桩板墙现场效果如图 2–34 所示。

图 2–34　“h”形桩板墙现场效果图

（二）过渡段新型刚性路基结构

针对不同过渡段短路基产生的水化热、热胀冷缩影响高铁平顺度和舒适性等一系列问题，经过设计人员仔细研究，采用一种新型刚性路基结构来解决这些问题。

1. 新型刚性路基结构构成

杭黄高铁全线采用新型刚性路基设计共 8 处，其结构形式主要为：

（1）分层填筑 C30 混凝土：分层厚度 0.6 m，分层的作用主要是消除大体积混凝土的水化热，防止其破坏混凝土的内部结构。

（2）路堤两侧边坡填土或码砌生态袋进行绿化，也可设置截水骨架护坡、空心砖护坡等进行防护，坡面或空心砖内栽植麦冬、常绿小灌木等进行绿化。

（3）路基表层顶面 0.3 m 以下铺设 ϕ8 mm 钢筋网，网格大小为 0.2 m×0.2 m，防止混凝土表面开裂。

图 2–35 为新型刚性路基横断面结构的基本形式，在实际设计过程中可以根据有砟轨道和无砟轨道、边坡防护措施的不同进行变化，比如：在有砟轨道地段可以取消基床表层的混凝土与钢筋网，改设为级配碎石 +5% 水泥；在绿化非重点地段（DK188+486 ～ DK188+545），可以采用骨架护坡，内栽植麦冬、三叶草等植被进行绿化。

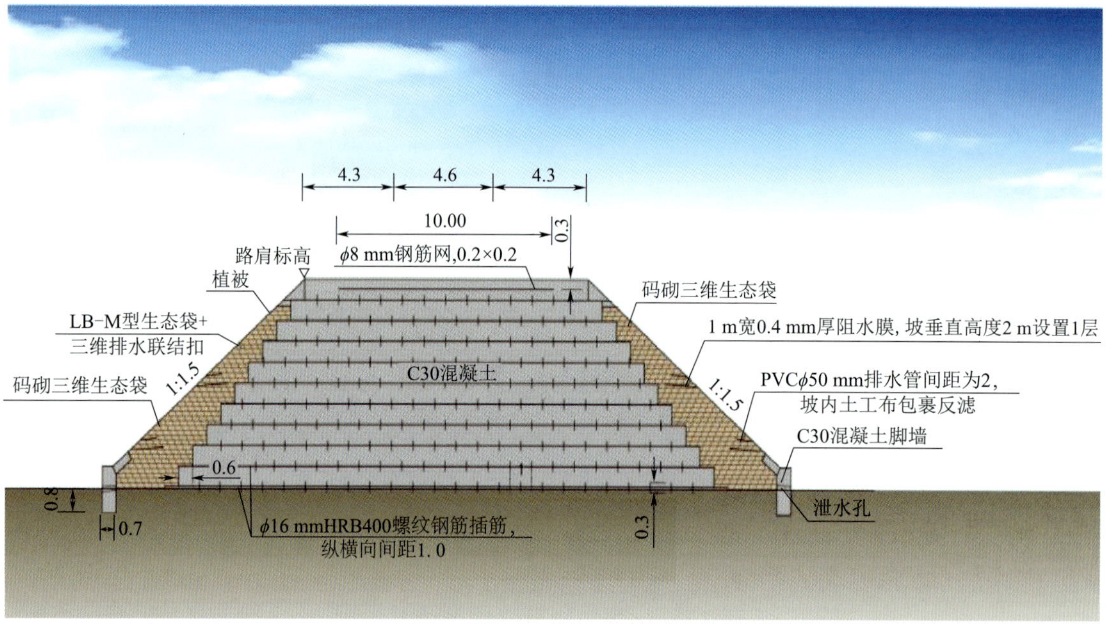

图 2–35　新型刚性路基横断面示意图（单位：m）

2. 新型刚性路基结构优点

杭黄高铁为山区铁路，路桥、路隧过渡频繁，过渡段采用新型刚性路基比较普遍。这种新型刚性路基可以消除大体积混凝土水化热，增强绿化效果，减少短路基与桥隧之间的差异沉降，防止混凝土开裂，确保短路基与相邻桥隧结构刚度匹配、保障高速列车行车平稳、舒适。

3. 现场效果

杭黄高铁全线 8 处路基过渡段应用新型刚性路基结构，施工完成后，边坡绿化效果较好；铁路运营两年多，路基平顺度与运营舒适度都较高，达到了设计目的。无砟轨道隧涵隧过渡段刚性路基现场效果如图 2–36 所示。

图 2–36 无砟轨道隧涵隧过渡段刚性路基现场效果

（三）路基工程生态防护创新设计

杭黄高铁沿线风景名胜区众多，为了使路基工程绿化与周边生态环境相适应以及与边坡加固防护工程相结合，设计中采用常绿（开花）草灌植物，将圬工工程与绿化工程相结合，实现多元化绿化，达到了路基“一处一景”的设计效果，并保障了杭黄高铁路基工程安全稳定。

1. 采用常绿（开花）草灌植物

在以往的铁路建设项目设计中，路基工程绿化防护时只是要求撒草籽或植草、栽植小灌木。杭黄高铁沿线自然生态环境优良、风景名胜区众多，为了建设黄金旅游高铁线，更好地使路基工程绿化与沿线生态环境相协调，设计中采取有别于以往铁路路基工程绿化方案，明确采用常绿（开花）草本植物和常绿（开花）灌木进行绿化。

（1）常绿（开花）草本植物的使用

由于草本植物种类繁多，考虑到后期养护的便利性与草本植物对当地土壤、气候环境的适应性，主要选择了麦冬、三叶草、白花葱兰与黄花葱兰四种常绿（开花）草本植物，如图 2–37 ～图 2–40 所示。

图 2–37　路堤边坡栽植麦冬

图 2–38　路堤边坡空心砖内植三叶草

图 2-39　路堤边坡撒播白花葱兰

图 2-40　路堑边坡撒播黄花葱兰

（2）常绿（开花）灌木的选择

鉴于杭黄高铁黄金旅游线路的特性，路基工程绿化采用的灌木既要适应沿线周边自然生态环境，又要具有一定的观赏性；既要适应当地的土壤与气候条件，又要便于工务维修养护。因此在具体实施过程中，根据路基工程部位不同，选择不同的灌木种类。

路基边坡主要采用金森女贞、红叶石楠两种灌木进行片植（株距根据护坡类型确定），利用两种灌木在不同季节叶片颜色的变化来调节视觉效果，路堤坡面绿化如图 2–41 所示。

图 2–41　路堤坡面绿化

路基侧沟平台与墙顶平台采用花坛和种植槽两种形式。花坛内一般采用片植常绿小灌木、片植常绿小灌木 + 灌木球点缀，种植槽内均采用栽植 1 株花灌木或常绿灌木球。片植小灌木采用株高 0.4 ～ 0.6 m 的金森女贞、红叶石楠，灌木球采用金森女贞、红花檵木、红叶石楠等，要求灌木球株高 0.8 ～ 1 m。侧沟平台绿化和挡土墙墙顶平台绿化如图 2–42、图 2–43 所示。

2. 圬工工程与绿化工程的组合设计

（1）边坡防护工程与绿化工程组合设计

杭黄高铁的路基边坡防护工程基本上采用常规的截水骨架护坡、空心砖护坡、混凝土框格护坡，在与适宜的绿化工程组合之后达到不同的视觉效果。

图 2-42　侧沟平台绿化

图 2-43　挡土墙墙顶平台绿化

杭黄高铁通过方格与拱形截水骨架护坡的交替设计，改变沿线截水骨架护坡形式的单一性，并通过在骨架内栽植麦冬、撒草本花种子、片植常绿小灌木，或在铺设的空心砖内栽植常绿小灌木等，实现绿化效果的多样性，使得绿化效果丰富多彩。方格截水骨架内空心砖客土植小灌木和路堑边坡拱形截水骨架内空心砖客土植小灌木如图 2–44、图 2–45 所示。

图 2–44　方格截水骨架内空心砖客土植小灌木

图 2–45　路堑边坡拱形截水骨架内空心砖客土植小灌木

空心砖护坡单独使用时一般应用于路堤边坡高度小于 4 m 的地段，在城镇、居民密集区、重要的公路交叉处等地段，常常与高路堤的截水骨架护坡、深路堑墙顶以上 1 ~ 2 级边坡的框架梁相配合，形成组合型边坡加固防护结构，通过空心砖内栽植麦冬、三叶草、白花葱兰与黄花葱兰、常绿小灌木等，构成不同的绿化结构，达到绿化效果，如图 2-46 所示。

图 2-46　空心砖客土植灌木

混凝土框格护坡主要应用于车站路基边坡防护，可以与空心砖护坡进行组合，杭黄高铁在原来框格内三维生态护坡的基础上，增加框格内栽植常绿小灌木或铺设空心砖后客土栽植常绿小灌木、点缀灌木球等，绿化效果明显，如图 2-47 所示。

图 2-47　路堤框格绿化

（2）边坡加固工程与绿化工程组合设计

边坡加固工程是针对深路堑的边坡坡面采用框架锚索或框架锚杆进行加固。路堑挡土墙或桩板墙顶以上第一、二级边坡可以采用空格内铺设空心砖客土栽植常绿小灌木、空格内基材植生。杭黄高铁路基工程绿化对基材植生的草灌明确要求为常绿草灌的种子，并隔区段调整为常绿花本草灌种子，铁路建成后绿化效果如图 2–48 所示。

图 2–48　路堑边坡基材植生效果

四、路基工程小结

杭黄高铁是一条典型的山区铁路，沿线地势起伏大，地面横坡陡，使路基工程与桥梁、涵洞、隧道等工程之间过渡频繁，顺层路堑发育、危岩落石分布广泛，同时由于杭黄铁路是一条黄金旅游线路，对绿化要求高。杭黄高铁建设者大胆创新，很好地解决了路基工程支挡防护、过渡段短路基及沿线绿化问题。

（一）加强支挡防护设计，确保路基结构稳定

高速铁路路基工程安全可靠是高速铁路安全性和舒适性的重要保障。在杭黄高铁路基工程设计时，充分考虑各种因素的影响，通过加强路基支挡防护设计，确保了路基结构稳定。通过采用桩板组合结构处理高填方陡坡路堤，消除了陡坡高填方（半

填半挖)地段不均匀沉降,同时确保了路基稳定,路基结构安全可靠,工程经济效益好;采用“h”形桩板墙结构,解决了陡坡路基收坡和地方工程侵限问题,节省了工程投资。因此,山区铁路路基支挡结构设计应结合工程实际条件,在传统支挡防护结构的基础上进行改进创新,设计出适合本工程的路基支挡防护结构。

(二)创新过渡段短路基,保障路基高平顺性

杭黄高铁沿线多山区,桥隧比例高,路桥、路隧过渡频繁,短路基多,结构复杂。针对这一问题,杭黄高铁采用消除路基沉降的新型刚性结构设计,即在过渡段短路基采用混凝土分层填筑,能更好地消除大体积混凝土的水化热,路基表层顶面 0.3 m 以下铺设钢筋网防止混凝土表面开裂。通过这一创新设计,保障了路基的高平顺性。随着我国高速铁路的发展,未来会有更多山区高铁线路,杭黄高铁路基工程对过渡段短路基的创新设计,可以为类似工程提供参考。

(三)融入沿线自然景观,打造绿色防护体系

杭黄高铁路基工程绿化选用常绿小灌木进行间隔色带搭配,植物色彩配置上兼顾乘客视觉感受与铁路周边自然景观的融合与统一,达到“一处一景”绿化效果。同时进行多元化绿色生态边坡防护设计,形成了独特的绿化与工程防护相结合的绿色防护体系,为今后高铁路基工程绿化设计提供了良好借鉴。

第三节　桥梁工程

高速铁路桥梁是高速铁路线下工程的重要组成部分，能够为高速列车提供平顺、稳定的桥上线路，具有节省土地资源、减少展线长度的重要作用。杭黄高铁作为典型的山区铁路，由于复杂的山区地形、地貌、地质、水文条件，桥梁比例较高。设计者针对每一座桥梁的特点，合理设计、积极创新、选择先进的施工工艺，攻克一系列难关。

一、工程概况及设计理念

（一）桥梁分布概况

杭黄高铁全线桥梁 168 座 /92.2 km，占比 34.9%。其中特大桥 46 座 /68.8 km、大桥 78 座 /19.2 km、中桥 44 座 /4.2 km。全线位于岩溶区的桥梁 28 座，岩溶桥全长合计 26.3 km，约占桥梁总长度的 28.5%。

（二）桥梁工程特点

1. 环水保要求高

杭黄高铁桥梁跨越众多水域，包括富春江桐庐饮用水源保护区、胥溪饮用水源保护区、长宁溪饮用水源保护区、淳安进贤溪饮用水源保护区、扬之河饮用水源保护区、丰乐河饮用水源保护区共 6 处水源保护区。桥梁进行灌注桩施工会产生大量的泥浆，易对施工现场水资源造成污染。因此，杭黄高铁桥梁施工对环水保要求极高，应采取措施尽量减少对周围水环境的破坏。

2. 部分桥梁受地形约束大

杭黄高铁沿线地形复杂，穿越崇山峻岭，多处桥隧相连，尤其是千岛湖站和三阳站属桥站合建结构，站址空间狭窄，可利用空间有限，要在有限的桥梁范围内满足站台乘降功能、实现无缝道岔铺设等特殊设计，给桥梁结构设计带来巨大挑战，也增加了施工难度。

3. 跨越既有交通线路多

杭黄高铁跨越的主要通航河流共计6处，跨越高速公路及高速公路联络线共计8处，跨越国、省道共计8处，跨越铁路共计5处。杭黄高铁在设计中主要采用大跨度连续梁通过，桥墩的设计要满足通航的净宽、净高要求，桥梁施工方案的选择要尽可能降低对既有交通线路的影响。

（三）设计理念

1. 加强水污染防护

传统灌注桩施工工艺极易造成泥浆外泄，污染水源，应在桥梁设计施工全过程贯彻绿色发展理念，积极应用先进环保的施工工艺和装备，从源头上减少泥浆的产生，做好泥浆处理，使桥梁施工对水环境的污染降到最低。

2. 创新桥梁结构

针对特殊地形条件、复杂边界下普通桥梁结构无法满足功能需求的问题，应突破传统桥梁结构设计方案，树立创新理念，针对性开展桥梁结构型式创新，使之满足铁路运营需求。

3. 确保施工安全

跨既有交通基础设施的大跨度连续梁采用现浇法施工，增加了施工难度和安全风险。桥梁设计施工时，除制定合理的施工方案、做好相应的安全措施外，还要采用信息化安全监测体系，实时监控施工条件，保证施工安全，避免对既有交通基础设施安全造成影响。

4. 实现景观协调

桥梁建设将扰动地表，使原有的景观发生改变，当地景观协调性受到一定干扰。为实现桥梁形体特征与景观特征融合，使桥梁与环境共同构成景观协调之美，设计中应在彰显桥梁自身景观效果的同时融入周围环境，使桥梁与环境互为补充、自然协调。

二、桥梁景观与绿化设计

（一）桥梁景观设计

桥梁景观设计是在桥梁结构、造型等满足功能要求的前提下，对景观构成要素进行相应的美学调整。现如今，桥梁已不再单纯作为服务交通运输经济的构造物，也作为一种艺术结构物融入周围环境中，其与周边景观的协调性日益受到人们的重视。杭黄高铁作为一条穿越风景区的黄金旅游线，应尽可能与自然环境相融合，体现自然和谐美，这对桥梁景观设计提出更高的要求。

1. 北村特大桥

北村特大桥位于安徽省绩溪县北村境内，具有天然美景相伴的优势。桥梁设计注重桥梁景观与环境的协调，结合周围地形和地理条件，桥梁结构形式采用（24+22×32+24+32+2×24+24×32+24+9×32）m的简支箱梁，外形简洁，同一座桥梁范围内采用同一种墩型，墩身尺寸尽可能小而圆顺。全线箱梁外形呈流线形变化，改变了传统箱梁直棱直角的做法。圆端形桥墩截面拐点均采用圆弧连接，既展示出桥墩外形的优美曲线，又满足了桥梁上、下部结构之间景观上衔接的需要。同时梁上两侧设置遮板改变了传统铁路桥梁的外形，具有良好的视觉效果。

在群山峻岭之间，在皖南粉墙黛瓦的映衬下，北村特大桥犹如一条巨龙蜿蜒在深山美景之中，成为杭黄高铁一道美丽的风景线，弯道的美，氤氲着远处的山岚（图2–49）。

图2–49　北村特大桥

登上北村特大桥旁边的山峰，只见青山迤逦，碧水流韵，粉墙黛瓦，田畴如茵。万里晴空下，山岚飘逸，宛若仙境。北村特大桥就像一根琴弦，在皖南大地拨动起流畅的音符，与青山绿水融为一体，成为生态景观新亮点，如图 2–50 所示。

图 2–50　晴空下的北村特大桥

2. 孔灵跨绩黄高速大桥

孔灵跨绩黄高速大桥是杭黄高铁唯一的系杆拱桥，被称为“彩虹桥”。桥梁全长 497.2 m，设计 1–96 m 系杆拱桥跨越绩黄高速公路，梁面宽度 17.1 m，拱肋截面高度为 3 m，拱肋采用外径 1 000 mm、壁厚 δ=16 mm 的钢管混凝土，哑铃形等截面，弦管内灌注微膨胀混凝土。

孔灵跨绩黄高速大桥采用了拱式桥型，曲线优美大方，与起伏变化、富有层次的山峦遥相呼应、浑然一体。拱桥固有的屹立半空的曲线美，将其隐藏于周围群山之中，并与环境融为一体。蓝色的拱肋和白色的吊杆相互映衬，宛若蓝天白云，与远处的青山交相辉映。杭黄高铁与不远处的合福高铁并驾齐驱，孔灵跨绩黄高速大桥为两条铁路增添了一抹亮丽的色彩。孔灵跨绩黄高速大桥如图 2–51 所示。

图 2—51　孔灵跨绩黄高速大桥

（二）桥梁绿化设计

桥梁绿化具有过滤尘埃、减小噪声、美化环境等作用，对于改善生态环境有着重要意义。为保证杭黄高铁绿色长廊的连续性，实现铁路与周边山峦、河流、湖泊、公路、村庄等环境协调统一，达到“一处一景”的绿化效果，设计人员对桥梁绿化进行精心设计，使桥梁与周边环境更加协调。

1. 桥下重点绿化地段绿化

铁路桥梁与周边基础设施“并行、交跨、穿越”、邻近站区等特殊路段作为重点绿化地段，采用观赏性灌木、乔木搭配布置。

在完成桥下场地整平、栅栏网安装的基础上，在距离栅栏网内侧沿线路两侧依次栽植常绿花灌木和小乔木，常绿花灌木选择夹竹桃、黄杨、金森女贞、冬青等，常绿小乔木选择高杆红叶石楠、紫薇等，底部撒播草籽。

当桥下净空高度小于 6 m 时，选用不同种灌木搭配，株距为 3 ～ 5 m，如图 2—52 所示。

图 2—52 桥下重点绿化地段绿化实景（桥下净空高度小于 6 m）

当桥下净空高度大于 6 m 时，选用小乔木和灌木搭配种植，里灌外乔，乔木株距小于 10 m，两乔木间种植两株灌木，如图 2—53 所示。

图 2—53 桥下重点绿化地段绿化实景（桥下净空高度大于 6 m）

2. 桥下一般绿化地段绿化

对于绿化施工困难地段及荒山无人地段等一般地段，主要以恢复生态为主。采用栽植灌木、花灌木、落叶灌木与播撒草籽防护为主的方式，品种以夹竹桃、法国冬青为主，播撒草籽为三叶草、马棘等周期长、易存活的绿色植物，如图 2—54 所示。

图 2–54　桥下一般绿化地段绿化实景

三、重难点工程及解决方案

（一）富春江特大桥

1. 桥梁概况

杭黄高铁富春江特大桥位于桐庐县境内太平村，全长 2 996.1 m。桥址范围内主要跨越富春江及其支流清渚江，桥址处河道分东、西两部分，两部分中间为唐家洲冲积沙洲，西侧河槽部分（黄山侧）河道顺直，左岸为规则人工河堤，右岸为唐家洲，洲上杂草密集；东侧河槽部分（杭州侧）河道为富春江主航道所在，属规划四级航道，河道顺直，宽约 150 m，右岸为规则人工河堤，河堤上为 210 省道（新编号为 S20），路宽 16 m，双向 4 车道，沥青路面，主航道在桥位处略有弯曲。紧邻桥址上游有一座杭新景高速的公路桥，该公路桥采用主要孔跨为（58+90+58）m 连续梁作为通航孔跨，其余 44 m、54 m 简支梁作为跨江心岛和主河槽内排洪孔跨，陆地上为 30 m 简支梁跨越。杭黄高铁富春江特大桥位于杭新景高速公路桥边缘下游 42 ～ 53 m，如图 2–55 所示。

富春江特大桥跨越 210 省道，210 省道为沥青路面，双向 2 车道，路宽 9.9 m，公路与线路大里程夹角为 101°；富春江特大桥与河流交角 82°，双向通航净宽要求

图 2–55　富春江特大桥

90 m，净高要求 8 m。地基为粉质黏土、圆砾土、卵石土，基底为泥岩。桥梁结构体系合理，施工方便，工期短，经济性优良，景观协调性优越。

2. 工程重难点及解决方案

（1）工程重难点

富春江特大桥桥址区地表水主要为河流、沟渠、溪流，其水位受大气降水影响较大，在丰水期由富春江向杭州湾排泄，富春江江面宽，水流急，受上游发电站影响，水位变化较大，桥墩的设计要尽量满足汛期泄洪以及通航净高、净宽的要求，减少对通航的影响。桥位处无覆盖层，卵石层较厚，桥址区地表以下 10 ～ 15 m 均为卵石土，水中区下部结构施工难度较大。富春江特大桥连续梁跨越省道及高速公路匝道，需要注意施工对省道和高速公路匝道通行安全的影响。此外，浙江省桐庐县桐庐镇唐家埠村的两株香樟古树在富春江边 210 省道旁，属国家二级保护植物，树龄 280 年，距线路中心线分别为 3.5 m 和 20 m，富春江特大桥的建设需避免对古树造成影响。

（2）解决方案

富春江特大桥在主航道处设（70+125+70）m 连续梁，黄山侧主墩与公路桥墩对齐，将杭州侧主墩设置于 210 省道路边的平台上，以减少桥墩对水流及通航的影响。跨越青渚江段，为满足净宽、净空以及跨越河道的要求，采用（69+2×103+130+80）m 连续梁。为尽量减小对排洪的影响，富春江特大桥桥墩江心岛上采用了 2 孔 38 m 非标简支梁布置方案，使得河道中孔跨与邻近高速公路桥梁对孔布置。

富春江特大桥桩基工程采用钢护筒分节跟进的方法，保证了护筒能完全穿透卵石覆盖层，避免钻孔桩漏浆、塌孔等问题；承台施工时，采用水陆两用挖掘机，确保了基坑顺利开挖到位；钢围堰采用了“柔性下放”工艺，用连续千斤顶通过钢绞线控制钢围堰找到最佳“着陆点”，克服了 3.8 m/s 大流速对下放的影响；承台浇筑混凝土采用多点均匀布料，保证封底质量；通过设置抗拔桩，对钢栈桥和平台进行加强设计，抵御了 2015 年 3 次特大洪水的冲击，成功克服了厚卵石、高流速的特殊水文地质带来的不利影响。

富春江特大桥跨越富春江段上部结构采用挂篮悬臂浇筑施工，施工时应用了塔式起重机安全监控管理系统，当起重量达额定起重量 90% 时报警，超过额定荷载 3% 时停止起升机构上升的运动；当起重力矩达到额定起重力矩 90% 时报警，超过额定起重力矩 5% 时停止上升和向大幅度方向运动。当位移接近最大位移和最小位移的规定值时，报警并强迫换为低速运转，达到极值时，停止向危险方向运动。该系统的采用极大保证了特大桥塔吊施工运行的安全。

为了使富春江特大桥施工不影响古树，建设者将一株就地保护，如图 2–56（a）所示；另一株距富春江特大桥 22 号墩位较近的香樟古树向东迁移 40 m 进行“搬家”。移植古树绝非易事，不仅动用了吊车、铲车、起重机等大型设备，而且整个迁移过程大约耗时一个月，花费 50 万元。最终这株香樟古树屹立在杭黄高铁富春江畔，为“美丽杭黄、生态高铁”增添一道亮丽的风景，如图 2–56（b）所示。

（二）潭头溪特大桥

1. 桥梁概况

潭头溪特大桥（图 2–57）位于淳安县文昌镇境内，全长 812.0 m，是千岛湖高架站桥梁工程。潭头溪特大桥跨越潭头溪采用（48+80+48）m 连续梁，跨 05

（a）就地保护的古樟树

（b）移植后的古樟树

图 2–56　就地保护古樟树与移植后的古樟树

图 2–57　潭头溪特大桥

省道采用（40+56+40）m 连续梁，站房范围采用 5×24 m、3×32 m 小跨度连续梁设计，桥墩主跨 14.6 m，边跨 10.4 ～ 20.8 m。潭头溪特大桥优化了墩身尺寸，桥梁景观效果好，同时有效解决了站房范围桥梁梁缝渗水的问题。全桥连续梁共计 23 联。

2. 工程重难点及解决方案

（1）工程重难点

千岛湖站候车室位于潭头溪特大桥正下方。桥下空间的大小对站房的布局效果影响较大。潭头溪特大桥 16 号桥墩临近何氏祠堂，设计时需要考虑对古建筑的保护。此外，作为“站桥合一”的结构工程，设计施工难度大，技术含量高，尤其是连续梁大跨度变截面道岔梁张拉施工难度大。

（2）解决方案

根据车站空间规划需求，站房范围采用门式刚架桥墩结构，桥墩采用三孔连续门式刚构设计，桥下空间布置可根据相关专业要求灵活调整，实现可利用空间最大化。为进一步增大桥下空间，在三孔连续门式刚构桥墩边柱顶部设支座，减小了结构横向水平力，进而减小了基础尺寸规模。

潭头溪特大桥桥墩实景如图 2–58 所示，桥墩设计如图 2–59 所示。

为了保护古建筑何氏祠堂，桥墩采用墩身内缩、托盘外挑的结构形式，避免了何氏祠堂的拆迁。

潭头溪特大桥连续梁大跨度变截面道岔梁张拉采用智能张拉设备，张拉数据从计算到操作严格把关，保证了施工质量。

图 2–58 潭头溪特大桥桥墩

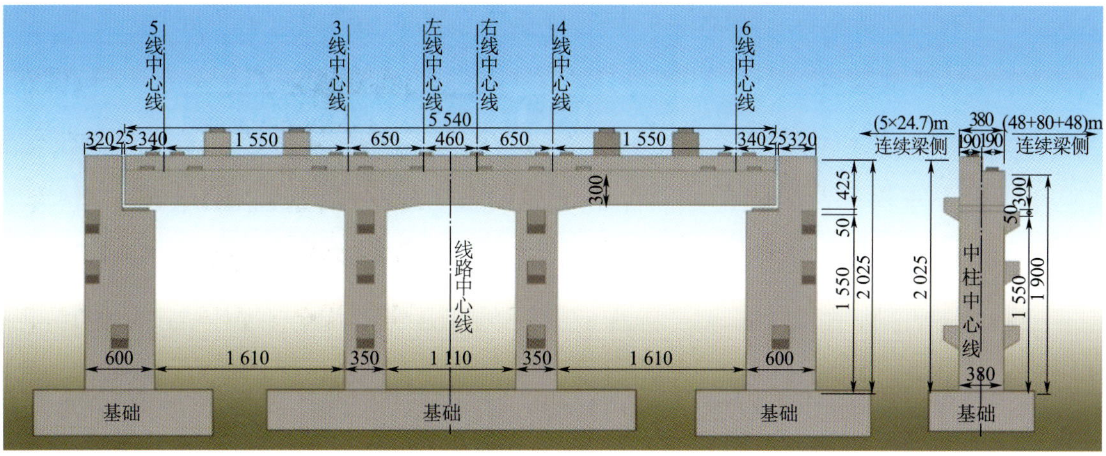

图 2–59　潭头溪特大桥桥墩设计示意图（单位：mm）

（三）进贤溪大桥

1. 桥梁概况

进贤溪大桥位于杭黄高铁浙江段淳安县境内，全长 359.9 m，桥址沿线跨越千岛湖一角，最深处水深约 20 m。周围地势起伏较明显，两侧桥台纵坡较陡，周围植被茂盛。主桥结构为（40+72+72+40）m 连续梁，桥梁桩基采用直径 2.0 m 的群桩基础，最大桩长 38 m。

进贤溪大桥为实现与千岛湖周围环境相协调，钢筋混凝土墩台采用美观的花瓶式，梁部折角部位为圆弧形，人行道栏杆采用整体板式结构，施工采用整体钢模板，保证钢筋混凝土外观光滑平整、美观，简支梁采用相同梁高以实现整齐简洁的景观效果。进贤溪大桥如图 2–60 所示。

图 2–60　进贤溪大桥

2. 工程重难点及解决方案

（1）工程重难点

千岛湖属国家一级水体，进贤溪大桥作为杭黄高铁唯一跨越千岛湖湖区的大桥，施工环水保要求极高，因此，如何保护千岛湖水质是该工程最大的难题。

（2）解决方案

杭黄高铁进贤溪大桥采取“清水成孔”施工工艺，通过使用经过防锈漆处理的钢结构施工栈桥，构造钻孔工艺的施工平台，再用打入河床的桩基钢护筒，将顶部与施工栈桥连接、固定，解决泥浆渗漏污染湖水问题。清水成孔利用钻机进行清水冲击钻孔，冲击产生的钻渣通过孔底吸渣的方式吸出。在钻孔过程中由于自造浆会使孔内水变浑浊，孔底吸渣将抽取大量的水，为减少浑浊水的产生和处理费用，抽出的水将钻渣过滤后引入孔内形成循环。钻渣采用自制泥浆分离器进行过滤，泥浆分离器采用钢板焊接成漏斗箱，箱体顶部做成斜面，铺挂一层钢丝滤网，抽出的泥渣经滤网过滤后排入渣箱中，并定期对渣箱内钻渣进行挖除外运处理。清水钻孔及抽渣如图 2-61 所示，现场施工如图 2-62 所示。

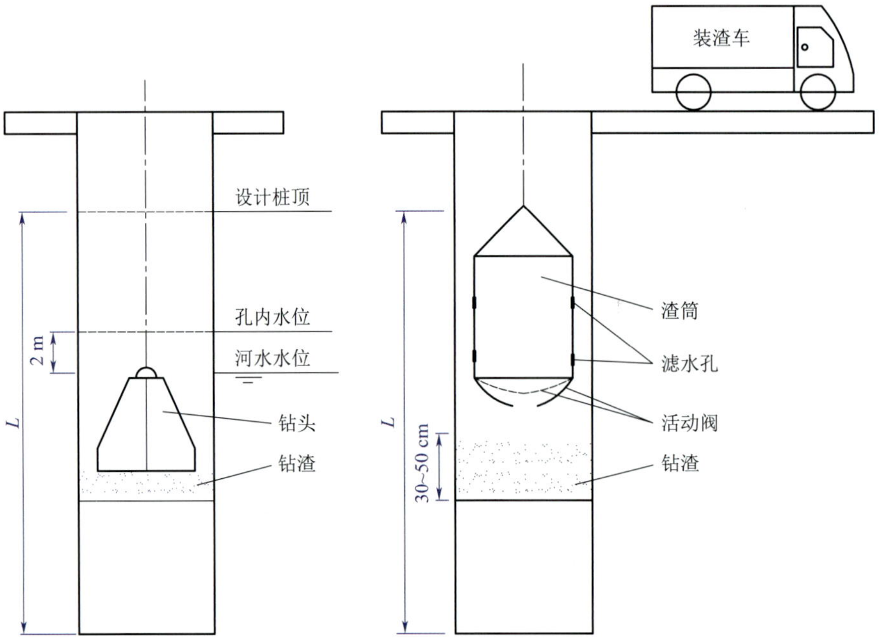

图 2-61　清水钻孔及抽渣示意图

图 2–62　进贤溪大桥清水成孔施工

为验证“清水成孔”工艺的科学性和有效性，技术攻关小组从搭设钢结构施工平台起，就反复开展试验和检算，重点关注漏浆监控、护筒衔接等情况，防止水上桩基钻孔时泥浆外溢，保证多余泥浆可迅速提取。“清水成孔”施工工艺从源头上杜绝泥浆排放，最大限度减小对湖底的影响，守护了千岛湖的碧水清流。

（四）扬之水特大桥

1. 桥梁概况

扬之水特大桥位于安徽省绩溪县十里岩村境内，是杭黄高铁建设的重点控制工程之一，全长 562.7 m，上跨既有皖赣铁路、宁绩高速、安徽 215 省道、扬之河，5 号～9 号墩采用（64+2×116+64）m 连续梁，如图 2–63 所示。

2. 工程重难点及解决方案

（1）工程重难点

扬之水特大桥上跨既有皖赣铁路，施工过程中可能对皖赣铁路正常运行带来影响，需要制定合理的施工方案，以避免施工对既有线路的影响。

图 2–63　扬之水特大桥

（2）解决方案

为减小对现有交通的影响，扬之水特大桥 6 号墩采用先平行于皖赣铁路进行 T 构的挂篮悬臂现浇施工，然后再跨铁路转体 36° 进行合龙的施工方案。通过科学的量测手段，提前预判异步施工差异期对线形的影响并采取有效控制措施，优化合龙顺序，在梁体转动过程中，对由惯性造成的梁体轴线偏位进行纠正，使梁体转到位后能够保持正确的线形位置，保证梁体顺利、安全合龙。为保证转体施工控制精度，施工中除了做常规的线形监控，还在结构内部关键位置埋设 JMZX-2 型埋入式钢弦应变传感器和钢弦频率接收仪进行应力监测，保证受力状态良好，通过监控纠偏措施实现精确合龙。

（五）浦阳江特大桥

1. 桥梁概况

浦阳江特大桥跨浦阳江，浦阳江是钱塘江的重要支流，在杭州市萧山区闻堰镇小砾山汇入钱塘江。桥梁下游约 2.2 km 处为萧山区临浦镇临浦大桥，上游 11 km 处为杭长高铁浦阳江铁路大桥。桥址处采用（75+135+75）m 连续梁，一跨跨越主航道和河堤。浦阳江特大桥全长 6.2 km，是杭黄高铁全线跨度最大、长度最长的特大桥。浦阳江特大桥如图 2–64 所示。

图 2–64 浦阳江特大桥

2. 工程重难点及解决方案

（1）工程重难点

浦阳江特大桥 55 号～ 68 号墩位于茅潭江中。茅潭江为生态水产养殖园区，桥梁施工作业产生的泥浆、油污等会对茅潭江产生水污染，对茅潭江生态养殖园区产生不良影响。因此，如何进行水体保护是本桥的重难点。

（2）解决方案

浦阳江特大桥采用膜袋砂围堰施工技术对 55 号～ 68 号墩基础及下部结构进行施工，使茅潭江生态养殖园区与施工场地隔离开来，保证茅潭江生态养殖园区的正常经营。

膜袋砂围堰利用砂土混合物易排水固结及膜袋透水性能，用高压水泵将细砂、土和水混合物冲压进膜袋，在膜袋内完成滤水沉砂的过程，灌满砂后形成条形挡水带。因其具有一定的自重，自然沉降稳定后能与河道紧密贴合，且两层膜袋间通过吹填砂土封闭形成挡水的屏障，整体膜袋砂围堰具有良好的防渗功能，抽干围堰内积水即可为施工现场提供一个无水的施工作业环境。

此外，建设单位还投入100多万元，搭设标准化的水上栈桥，用薄膜灌袋收集水下桩基施工产生的近13.5万m^3泥浆，有效防止了污水外溢江中。

（六）技贸特大桥

1. 桥梁概况

技贸特大桥起于深奥隧道口处，跨越杭新景高速，桥址两侧山坡植被茂密，沿线主要为耕地鱼塘，民房较为分散。距桥上游3.3 km处有下轮坞水库，4.8 km处有大乌桥水库，5.4 km处有黄坪水库。技贸特大桥于DK85+599.5～DK85+662.58处跨越杭新景高速，采用（70+125+70）m主跨上跨。技贸特大桥如图2–65所示。

图2–65　技贸特大桥

2. 工程重难点及解决方案

（1）工程重难点

技贸特大桥部分桩基处于岩溶区，岩溶地区岩石孔隙发达，采用冲孔灌注桩施工时常遇到如漏浆、塌陷、卡锤、斜岩、堵管、钢筋笼上浮、断桩等问题，加大了施工难度。在桩基施工过程中需要尽量保证不漏浆或者不塌孔，保证桩基施工质量及人员、钻机的安全，顺利成孔。

（2）解决方案

技贸特大桥 8 号～ 18 号墩、27 号墩处于岩溶区域，在桩基施工过程中进行护筒跟进措施，保证桩基的质量。

首先对溶洞进行处理：对于小型溶洞，先在溶洞顶部成孔，然后利用钢护筒跟进至粉砂层底部基岩，用小冲程凿穿溶洞，然后抛填片石、黏土块或混凝土充填挤实后再进行桩基的进一步施工；对较小溶洞，在封堵材料中掺加速凝材料，以此降低钻进过程中泥浆的损失；对于大溶洞，用片石、C20 混凝土、黏土块封堵后再进行钢护筒跟进钻孔。

采用与需要下放的钢护筒相同直径的钻头进行桩基成孔，距溶洞上方 1 m 停止钻进，利用振动锤分节将内钢护筒打入土层中至岩面。钢护筒打入岩面后，利用冲锤成孔，内钢护筒利用汽车吊和振动锤跟进施工，防止贯通溶槽漏浆而造成沙质覆土层塌孔。

四、取得的创新成果

杭黄高铁桥梁工程取得的创新成果包括千岛湖站道岔区长联梁板混合连续结构、悬灌连续梁上站台合建结构以及一种释放连续桥梁结构主梁温度轴力的构造。

（一）千岛湖站道岔区长联梁板混合连续结构

千岛湖站因地形条件的原因，车站部分设置于山体范围、部分设置于河谷范围，因此使得车站杭州端咽喉区部分道岔部分位于桥上、部分位于深挖方路堑。根据相关规范，道岔不应位于路桥过渡段上，如考虑桥梁部分按路基处理则无法满足路基沉降要求；如考虑路堑部分做桥梁，则需要在道岔范围内开挖 20 ～ 30 m 做连续梁桥梁，桥梁地段需加做高挡墙，既浪费投资、破坏生态环境，又带来施工运营期间的风险。因此寻找一种既安全、经济，同时又满足道岔设置要求的结构显得十分必要。

针对山区地形起伏大，需在路桥过渡段铺设道岔的复杂建设条件，杭黄高铁首创长联梁板混合连续结构——（32+32+20）m 梁 +97 m 板混合结构，其中梁高 2.6 m，板高 0.56 m，板与梁通过圆弧变高过渡段相连，组成整体结构，且在板端设置嵌入岩石的地锚，协调梁、板之间的受力和变形，实现了梁板间刚度平顺过渡，满足了道岔区轨道结构设置要求，解决了山区铁路路桥过渡段道岔布置难题，避免了挖山设桥。长联梁板混合连续结构立面如图 2–66 所示。

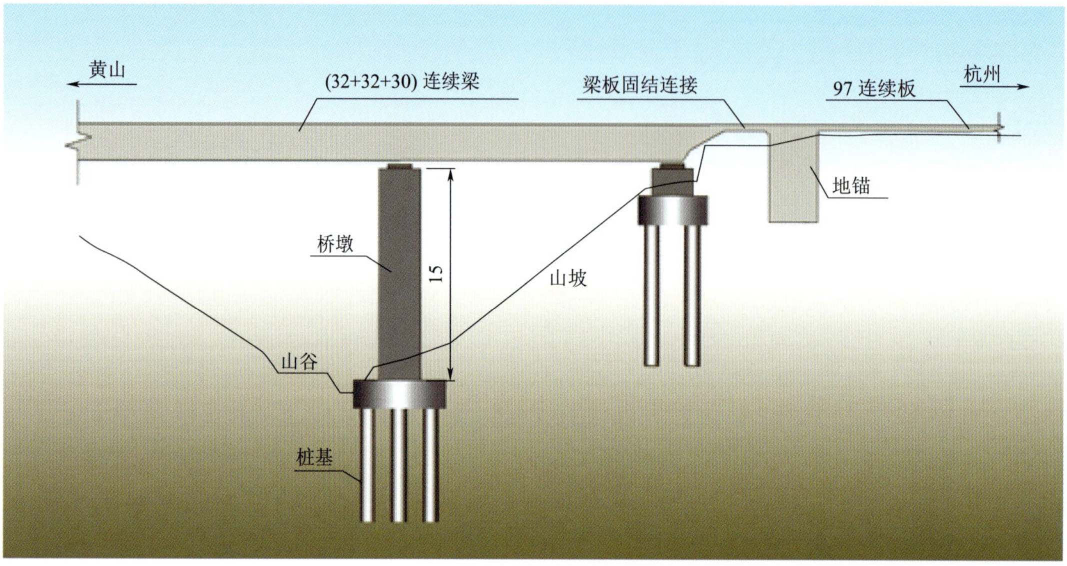

图 2–66　长联梁板混合连续结构立面示意图（单位：m）

杭黄高铁通过对桥梁结构进行特殊处理，设计出满足铺设无缝道岔要求的桥式结构，为以后类似工点提供可行的处理方案。

长联梁板混合连续结构还成功应用于杭黄高铁宋畈 1 号大桥和宋畈 2 号大桥工点，节省工程投资约 2 000 万元。该结构自建成通车以来运营情况良好，取得了良好的经济、社会和生态效益。

（二）悬灌连续梁上站台合建结构

三阳站特大桥为 250 km/h 的无砟多线高架站桥梁，桥长 642.0 m。该桥设计时为国内最高的高架车站桥梁，最大墩高 40.5 m，跨越杭徽高速部分采用（48+72+42.5）m 道岔连续梁，由于地形限制，1、2 站台采取错位布置，与常规的站台梁与股道梁分开建设不同，跨越高速公路的站台梁采用了与股道梁合建的方案。三阳站特大桥采用悬灌连续梁上站台合建结构，有效解决了高架站复杂边界条件下站台合建问题。三阳站悬灌连续梁上站台合建结构如图 2–67 所示。

图 2–67　三阳站悬灌连续梁上站台合建

（三）释放连续桥梁结构主梁温度轴力的构造

一般超静定的连续桥梁结构在体系升降温作用下，由于结构伸缩受到纵向约束而产生梁体轴力，当桥梁温度跨度较大时，由温度产生的拉压交替轴力将难以克服。

我国在郧阳大桥、嘉绍大桥已采用了具有释放轴力功能的刚性铰构造（也称为剪力梁），它具有能在桥梁跨中部位释放轴向力但又能传递剪力、弯矩的功能，使跨中活载挠度增加量在可控范围内。该构造就是在主梁断缝处的一侧梁体上伸出一段小梁插入另一侧梁体内，插入的梁称为小内梁，在小内梁与主梁内壁之间设滑动支座保证纵向可以滑动，通过支座反力构成的抵抗力矩来传递主梁弯矩和剪力，这种方法虽然可以实现技术目标，但构造比较复杂，用钢量较大，成本较高。杭黄高铁连续梁数量多，若采用传统的方式必然增加大量成本。

因此，杭黄高铁设计人员设计了一种新构造：在梁体上均匀布置若干纵缝，纵缝内有与梁体结合的凹凸齿槽副结构。当此段梁体承受正弯矩时，两组凹凸齿槽副里的滑动磨损耗材构成多对力偶矩以平衡梁体所受正弯矩；当此段梁体承受负弯矩时，两组凹凸齿槽副里的滑动磨损耗材构成多对力偶矩以平衡梁体所受负弯矩，而温度伸缩仅需克服较小滑动摩阻力。

这种设计方案通过沿纵向布置的凹凸齿槽副相互“咬合”传递主梁弯矩、剪力，通过其间设置的滑动磨损耗材释放轴力，不仅释放了由温度作用所产生的不利的梁体拉压轴力，而且保留了该构造传递剪力和弯矩的能力，桥梁的使用性能接近连续梁体结构，且梁体受力条件更好，尤其是可以大幅度改善桥梁下部结构受力条件，降低桥梁下部结构工程造价，产生较好经济效益。

这种构造设计简单巧妙，受力合理，工程量较小，并获得了2016年发明专利（申请公布号CN105625162A）。

五、桥梁工程小结

铁路桥梁结构设计是提高线路整体稳定性和水平精度，保障高速铁路高平顺、高稳定、安全运行的关键。杭黄高铁全线桥梁占比较高，在桥梁重难点工程设计过程中，采用创新的结构设计和施工工艺，取得多项创新成果，为山区铁路桥梁建设积累了宝贵经验。

（一）创新桥式结构，满足功能需求

近年来高铁桥梁快速发展，具有中国自主知识产权的铁路桥梁标准体系为铁路桥梁设计提供成套完善的理论和技术支撑。杭黄高铁桥梁面对复杂多变的建设环境和地理条件，因地制宜灵活设计，创新桥梁结构形式，使之满足结构要求和功能需求。如潭头溪特大桥路桥过渡段首创长联梁板混合连续结构，既安全经济，又满足道岔设置要求；采用墩身内缩、托盘外挑的结构形式，避免拆迁何氏祠堂，满足对古建筑的保护需求。三阳站特大桥采用在悬灌连续梁上站台合建结构，解决了高架站复杂边界条件下站台合建问题。这些设计创新为山区困难地段高速铁路桥梁设计提供了宝贵的经验。

（二）注重环境保护，保障施工安全

杭黄高铁桥梁穿越名江、名湖，跨越既有铁路、省道高速公路，施工时不可避免会污染水体，破坏生态环境，给既有交通运行带来安全风险。杭黄高铁桥梁建设

过程中注重环境保护和施工安全，全方位、全过程采取措施，避免或尽量降低对生态环境和既有交通的影响。如进贤溪大桥采用吊箱围堰+钢钻孔平台施工方案，运用“清水成孔”施工工艺，最大限度减小对千岛湖水质的影响；富春江特大桥采用挂篮悬臂现浇施工方案，应用塔式起重机安全监控管理系统，有效保障了省道通行安全。

（三）推进桥梁绿化，实现景观协调

杭黄高铁沿线及周边地区是我国高品质旅游景点富集区，桥梁设计过程中注重桥梁绿化与景观设计，实现“一桥一景”。区分重点地段和一般地段，根据不同的桥梁高度进行绿化设计，科学合理选择植物种类及配置方式。在景观设计方面，结合周边自然、人文环境对桥梁结构、造型、颜色等方面综合考量，尽量实现与周边山峦、河流、农田、村庄等环境协调相融。

第四节 隧道工程

铁路隧道是修建在地下或水下并铺设轨道供列车通行的建筑物。在铁路穿越山岭地区时，开挖隧道能有效缩短线路里程、减小坡度、改善运营条件、提高牵引能力。杭黄高铁隧道建设面临突水突泥、冒顶、半明半暗偏压隧道等难题，采取超前注浆封堵、优化设计等措施，攻克了一系列技术难题。

一、工程概况及设计理念

（一）隧道分布概况

杭黄高铁全线新建隧道共计 87 座 139.4 km，隧道占比为 52.7%，在全国已开通高铁项目中名列前茅。最长隧道为天目山隧道，全长 12 013 m，为华东高铁第一长隧。全线明挖隧道采用整体式衬砌，明洞设计断面分对称路堑式、偏压路堑式、单压式等。暗挖隧道采用曲墙复合式衬砌。Ⅲ～Ⅴ级围岩隧道采用曲墙带仰拱衬砌结构形式，Ⅱ级围岩采用曲墙带钢筋混凝土底板及曲墙带仰拱两种衬砌结构形式。杭黄高铁隧道分布见表 2–3。

表 2–3 杭黄高铁隧道分布表

序号	按长度划分	合 计		备 注
		数量（座）	长度（m）	
1	$L \leq 1\,000$	54	21 138.9	含杭长既有隧道 144 m
2	$1\,000 < L \leq 2\,000$	11	16 467.3	
3	$2\,000 < L \leq 3\,000$	9	22 332	
4	$3\,000 < L \leq 4\,000$	4	14 553	
5	$4\,000 < L \leq 5\,000$	2	8 220.3	不含毛蓬岗右线单线段 4 128.8 m
6	$5\,000 < L \leq 10\,000$	6	44 724	
7	$L > 10\,000$	1	12 013	
合 计		87	139 448.5	

（二）工程特点

1. 绿化、环保设计要求高

杭黄高铁沿线部分隧道靠近旅游景区、车站，对洞口绿化、环保要求更为严格。桐庐隧道上方存在一片古树林，隧道建设需尽最大可能不影响其生长环境，给设计工作带来一定挑战。

2. 隧道断面多样化

本线有单线、双线和三线隧道，其中毛蓬岗隧道为燕尾式隧道，由两个单线合为一个双线隧道，峰高岭隧道进口为车站三线隧道，车站到发线伸入隧道，设计施工难度较大。

3. 地质构造复杂

杭黄高铁所经地区大地构造属扬子准地台地块，区域内地质构造作用强烈。特别是天目山隧道，区域构造作用强烈，形成一系列线形、紧密、同斜倒转褶皱及逆冲和斜冲断层；峰高岭隧道断层发育，共穿越 6 条断裂破碎带；场口隧道（原名深奥隧道）进出口发育 F1、F2 断层，断层宽度较大，属强富水断层，复杂的地质构造提高了沿线隧道整体设计难度。

（三）设计理念

1. 一洞一景

杭黄高铁将邻近车站、风景区等景观要求较高路段的隧道洞口作为重点绿化隧道，洞门按“一洞一景”设计，将隧道进出口与连接隧道的路基、路堑段进行整体设计，采用园林式绿化模式，充分考虑层次性、立体感，因地制宜进行景观设计，力求实现与周边自然景观的融合。

2. 预防为主

全面把握各种可能发生的不良情况，针对性地逐一进行设计。将明挖部分套拱与隧道内拱架合为一体，在暗挖之前就将护拱及护拱侧的初期支护完成，保证后续暗挖施工安全；在隧道开挖和钻爆结合的情况下，提前优化对炸药量的控制以及炮眼的布置设计，以保障作业过程安全。

3. 信息化协同设计

杭黄高铁隧道重难点工程多，安全风险大，与其他专业设计接口多，设计工作量大，为提高设计质量和效率，对主要专业 BIM 的数据交流与模型集成进行研究，有效实现各专业间的协同设计；设计开发的施工协同管理平台通过 WEB 端、移动端实现工程信息的采集、传递和共享，以高效协同实现高水平的设计与管控。

二、重难点工程及解决方案

（一）天目山隧道

1. 隧道概况

天目山隧道位于浙皖两省交界处，隧址起于浙江省淳安县临岐镇徐家庄村，止于安徽省歙县三阳乡黄坞村，正洞隧道设计为单洞双线隧道，隧道实景如图 2–68 所示，隧道全长 12 013 m，其中浙江段约 7 000 m，安徽段 5 013 m。隧道地处中低山区，位于天目山山脉西南，隧道经过区域最高山峰标高 1 141 m，隧道进口标高为 400 m，出口标高为 360 m，最大埋深约 740 m，自然山坡坡度一般 10°～ 70°不等。隧道进、出口均有乡村公路经过，交通较为便利。

图 2–68　天目山隧道

2. 工程难题及解决方案

天目山隧道属于Ⅰ级风险隧道，是杭黄高铁全线控制性工程。线路在隧址区虽与断层、褶皱的走向呈较大角度相交，但褶皱轴面扭曲、歪斜不对称，断层面波状起伏、宽度倾向变化复杂，给隧道各项设计带来挑战。隧道沿线森林覆盖率高，环境条件良好，附近风景旅游区众多，对环境保护、生态水土保持要求高，给隧道废渣处理提出更高要求。

天目山隧道利用BIM技术实现各专业间设计工作高效协同，对隧道弃渣场、防灾通风进行优化设计，采取超前帷幕注浆、超前支护等一系列针对性措施综合处理隧道建设面临的各项难题，避免了作业人员伤害事故的发生。

（1）隧道BIM云平台

为保证天目山BIM项目的顺利开展，采用铁四院BIM云平台进行设计。云平台物理架构及逻辑架构如图2–69所示。

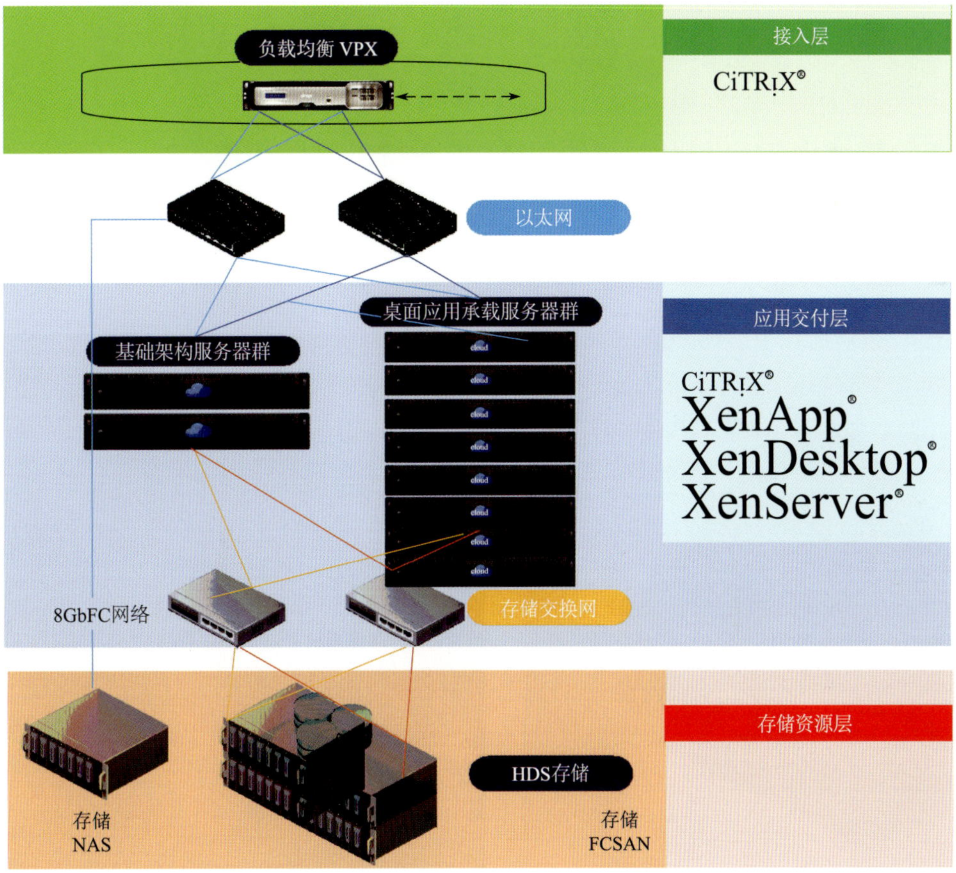

图2–69 云平台物理架构层示意图

云平台可将BIM应用所需要的图形工作站、高性能计算资源、高性能存储以及

BIM 软件部署在云端，对所有资源进行统一分配与调度，满足了运行速率、扩充性的需要。同时，相关设计数据均存储在BIM云平台范围内，其安全性得到很好的保障。通过对各专业应用软件的建模适用性、建立统一协同平台需求性、方案及技术可行性进行研究，最终确定基于 VAULT 进行协同设计。

为将中国铁路 BIM 联盟标准与模型相结合，在铁路 BIM 联盟提出的构件几何属性和非几何属性的基础上进行扩展，并依此建立参数化构件库；在铁路 BIM 联盟提出的 EBS 标准和 IFD 标准的基础上进行扩展，将 EBS 和 IFD 编码应用于 BIM 模型中。参考 CBIMS 中 BIM 实施的过程模型，建立铁四院隧道 BIM 实施标准，并从资源标准、行为标准、交付标准三个方面对实施标准进行定义。制定了天目山隧道 BIM 设计 IDM（信息交付手册）。以 VAULT 作为协同平台的技术路线，制定了航测、线路、地质、隧道等专业的设计流程。

天目山隧道 BIM 设计建立了达到施工图精度的 BIM 模型，利用软件及已有的平纵断面资料完成整个隧道地质建模，完成全长 12 013 m 隧道模型的创建，并打通了地质与隧道的接口，实现了隧道与地质模型的无缝结合（图 2–70）。高效完成了特殊工点的精细化 BIM 设计、隧道 BIM 出图与工程量计算，建立了天目山隧道工程管理平台（图 2–71），实现了数字化平台移交，从而实现多个参与方的模型共享和对隧道安全、质量、进度的协同管理。隧址区整体地质模型如图 2–72 所示。

图 2–70　地质模型与隧道模型无缝结合

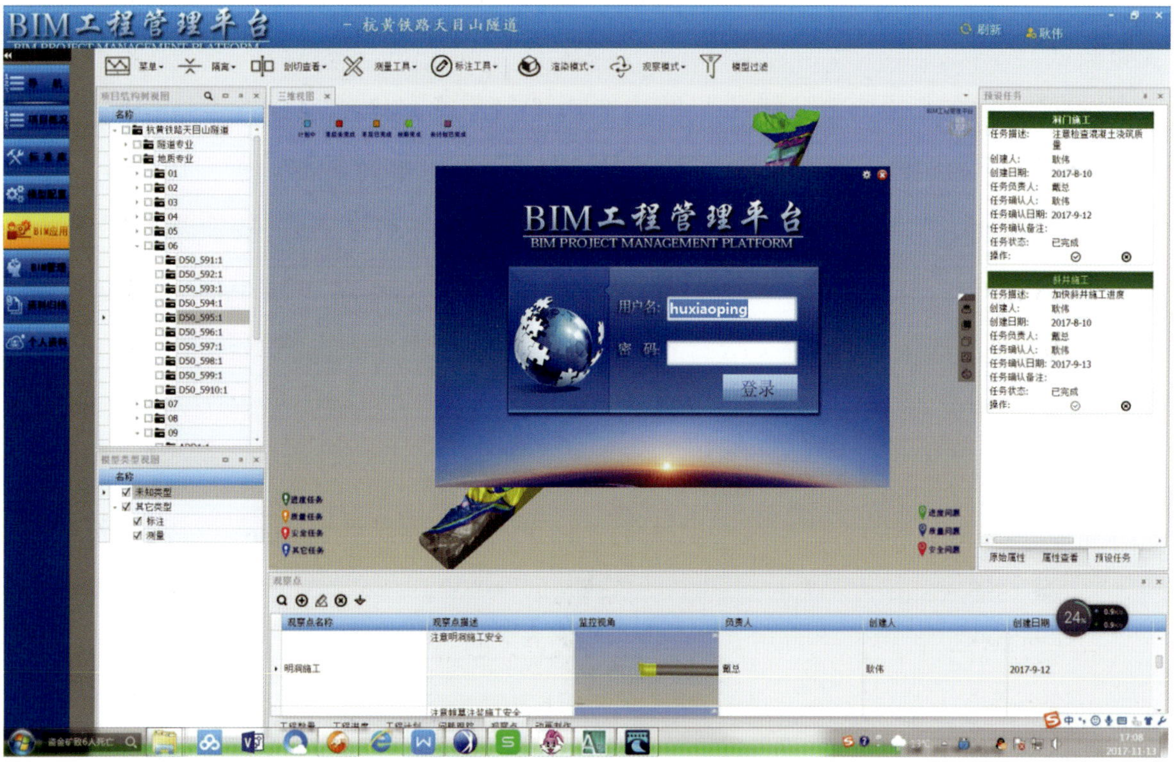

图 2–71　天目山工程管理平台

图 2–72　隧址区整体地质模型

（2）隧道弃渣处理

对隧道弃渣场进行优化设计，系统提出铁路建设项目弃渣场选址原则，并将选址原则贯彻落实到弃渣场设计过程中，打破了以往铁路建设项目弃渣场设计相对滞后的传统思路，在铁路行业得到推广应用。

根据天目山隧道中弃渣所含物质的特点，设置独立的弃渣场，弃渣场远离村民住宅、农田及水源等敏感构筑物。由于弃渣场填渣量相对较大，填筑高度较高，弃渣场设计采用 C20 片石混凝土挡墙护脚，堑顶平台宽度不小于 2 m；挡墙基底埋深不小于 1.5 m，基底换填 0.5 m 的碎石垫层。为防止墙趾被水冲刷，在墙趾外 5 m 范围内用 M7.5 浆砌片石铺砌，铺砌厚 35 cm，避免了渣土滑坡导致的严重危害，保证弃渣场安全。

在降雨量较大的阶段，为防止挡渣墙后大量积水对墙的稳定性造成影响，对渣场整体造成危害，对挡渣墙的排水措施进行优化设计。在背底部设置一层 30 cm 砂夹卵石反滤排水层，墙体上间距 1.5 m × 1.5 m 设置一个 15 cm × 20 cm 泄水孔；挡渣墙每隔 10 m 设一道伸缩缝，以便及时将挡渣墙的墙后积水排除，减小挡土墙的受力，避免造成破坏。

在弃渣场填筑方面，设计采用分层进行的方式，分层厚度不大于 2 m，每 2 m 铺砌一层 50 cm 厚的黏土层，弃渣场剖面如图 2–73 所示。

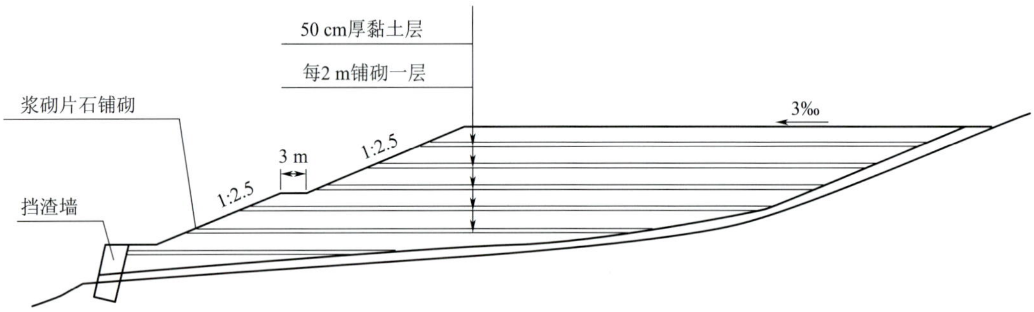

图 2–73　弃渣场剖面示意图

根据渣场所在地区的气候以及水文等条件对渣场坡面来水最大流量进行预测，参考预计流量的大小对弃渣场排水进行设计。弃渣场顶部排水沟及坡度设计为弃渣场顶向外作 3‰ 的排水坡，并设纵向排水沟一道，沟宽 3 m、高 1.5 m，用 C25 混凝土预制块铺砌以利排水。弃渣场横断面如图 2–74 所示。

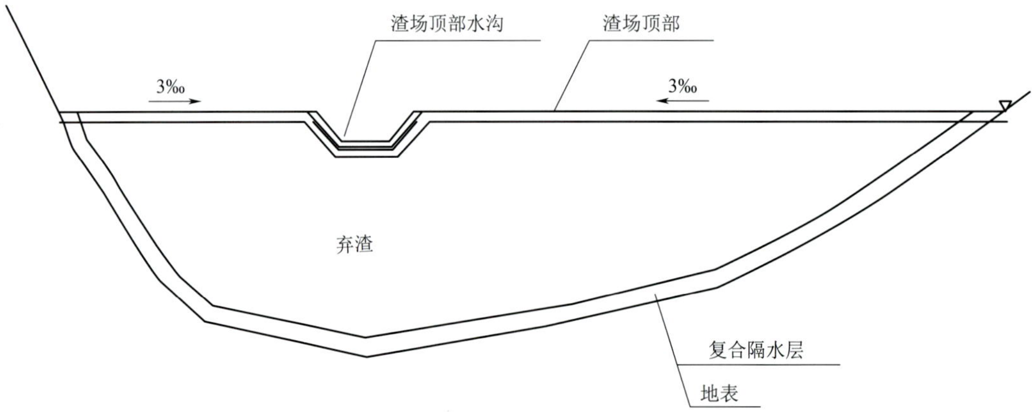

图 2–74　弃渣场横断面示意图

为保证弃渣场的环境及美观，对渣场表面进行处理及植被覆盖，对其绿化措施进行了合理的布置。弃渣场表面和边坡采用清淤弃土或清除的地表种植土等覆盖，覆土厚度不小于 0.5 m，整地采用穴状整地的方式，规格为 30 cm × 30 cm（直径 × 坑深）。绿化采用混合播撒方式，行株距为 1 m，同时林下撒籽，对迹地进行绿化。播撒比例为 1∶1，播种量为 60 kg/km^2。绿化措施设计如图 2–75 所示。

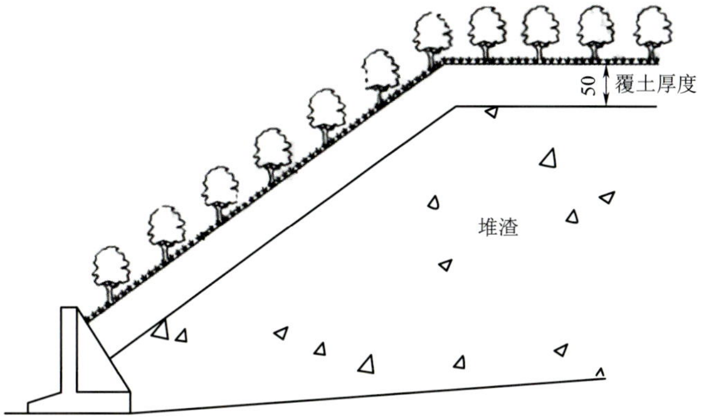

图 2–75　绿化措施设计示意（单位：cm）

（3）隧道防灾通风设计

天目山隧道在徐家斜井设置紧急出口一处，在闻家斜井、金川斜井设置避难所两处，紧急出口和避难所设置防烟通风系统。

紧急出口、避难所分隔为与正洞连接处的气闸间和连通地面出口的疏散通道（避难所底部设等待区）。隔墙上设置 2 台 AF-S800 轴流加压风机，单台风机风量 33 000 m^3/h，全压 160 Pa，功率 3.0 kW，从疏散通道取风向气闸间加压送风。疏散通道地面出口设置单向射流风机，从斜井外引入新鲜的空气，并在疏散通道内造成一定的迎面风速。其中，徐家斜井设置两台 ADF-S63 射流风机，出口风速 33.4 m/s；闻家斜井设置三台 ADF-S71 射流风机，出口风速 35.9 m/s；金川斜井设置三台 ADF-S71 射流风机，出口风速 38.4 m/s。隔墙上设置余压阀控制气闸间余压值为 40 ～ 50 Pa。天目山隧道防灾通风平面布置如图 2–76 所示。

（4）不良地质处理措施

①断层破碎带、向斜核部

隧道穿越 7 条断裂破碎带，在断层及其影响带附近，洞身围岩多破碎呈块状，

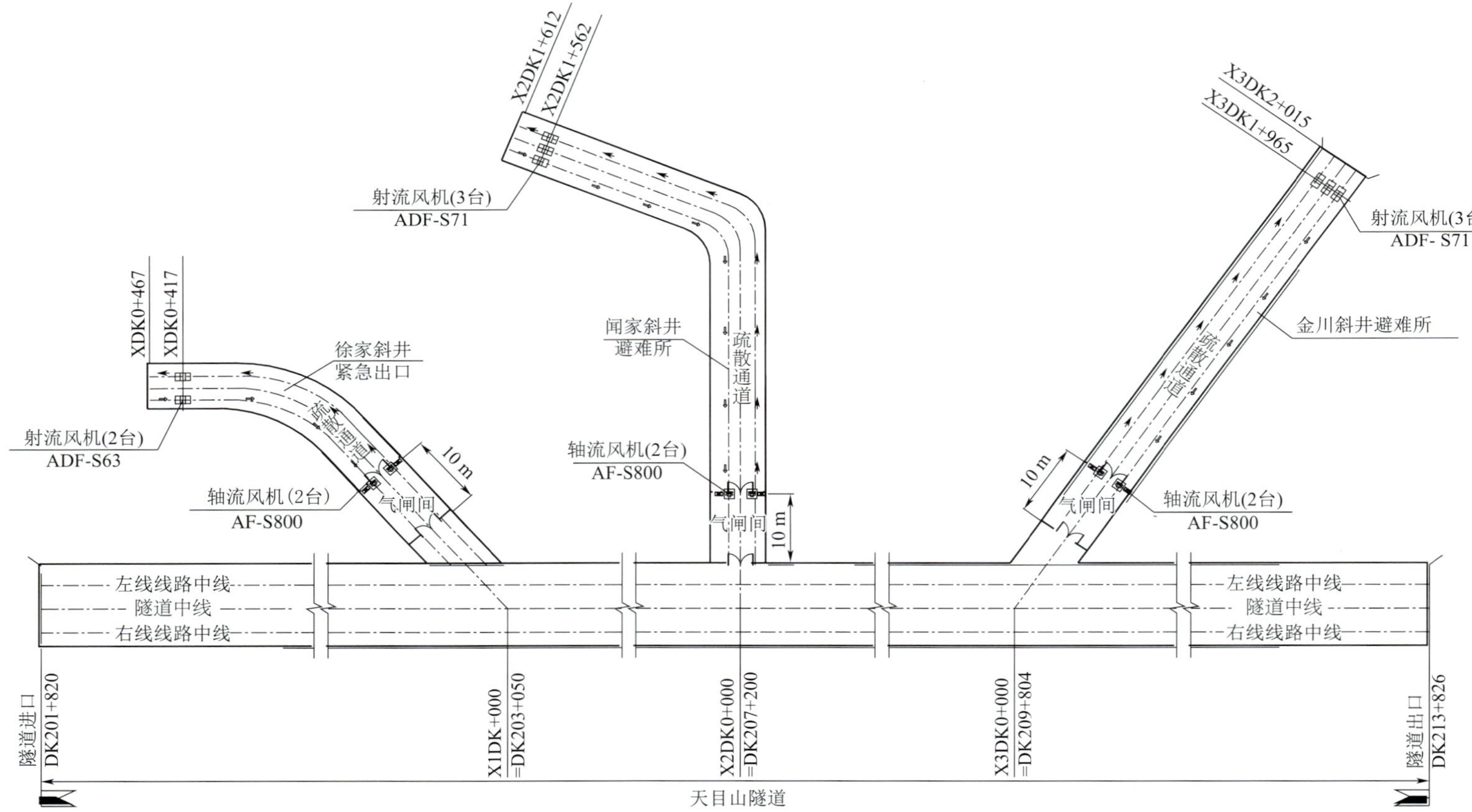

图 2–76　天目山隧道防灾通风平面布置示意图

岩土体力学性质和整体稳定性较差，其中 F2、F4、F5 及 F6 为区域性强富水断层，顺地表冲沟和溪流发育，与地表水力联系密切，施工过程中易造成突水、突泥现象；隧道穿越 5 处向斜，向斜核部隧道围岩破碎，地下水较丰富。针对后期施工可能遭遇的不良情况，设计对隧道强富水断层采取超前帷幕注浆堵水，对中等富水断层及向斜核部采取径向注浆堵水；超前支护及衬砌结构考虑不良地质影响，适当加强，确保施工作业过程的安全。

②软岩大变形

隧道洞身部位围岩有大量地段为泥岩，属软质岩，存在极高应力区，其中部分地段埋深 500 ~ 740 m，发生大变形的可能性较高。上述地段开挖过程中洞壁岩体易剥离，构造（断裂）发育地段极高应力可能释放，引起洞壁岩块脱落，产生变形。设计采取三台阶法开挖，初期支护设计采用格栅（或型钢）钢架加强，二次衬砌采用钢筋混凝土衬砌等措施作为预设计，采用数码成像技术进行洞壁变形实时监测，对软岩的矿物组成、含水率、自由膨胀率、单轴抗压强度及围岩应力等进行系统测试与分析。此外，在设计时加大预留变形量，以允许初期支护后有较大变形；严格落实短开挖、密支撑的原则，实现环环封闭；在喷混凝土层设纵向槽缝并采用可缩式钢架，在掌子面设置玻璃纤维锚杆加固，实现对施工过程中围岩变形的有效控制。

（二）毛蓬岗隧道

1. 隧道概况

毛蓬岗隧道位于浙江省杭州市境内，进口位于浙江省萧山区所前镇传芳村，出口位于萧山区临浦镇化家村，全长 5 755 m，隧道实景如图 2-77 所示。隧道为燕尾式隧道，分为单线部分和双线部分，左线单线隧道全长 4 046 m，右线单线隧道全长 4 129 m，双线段长 1 709 m。隧道单线段（轨面以上）断面有效面积为 60 m^2；隧道双线段起始里程为大跨结构加宽段，左右线间距由 11.2 m 至 4.6 m 变化，线间距为 11.2 m 时隧道内净空面积（轨面以上）为 167.2 m^2，出口为双线 0 加宽段，断面有效面积为 92 m^2。隧道除明洞段（含倒切式缓冲结构洞门段）采用整体式衬砌外，其余均采用复合式衬砌。

2. 工程难题及解决方案

隧道右线共 40 m 位于地方石料厂，由于石料厂开采导致线路右侧部分洞身裸露。

图 2-77　毛蓬岗隧道

该段位于 F1 断层破碎带，断面面积较大，地表形态起伏较大，围岩定义为Ⅴ级围岩，且处于陡峭的一面山坡坡底，节理裂隙发育。表面裸露风化岩石，松散破碎散落于边坡面，洞身左侧覆盖层达到 60 m 以上，右侧则全部外露，属于典型的半明半暗偏压隧道。

隧道洞身左侧边坡陡峭，拱部明挖易造成山体滑坡，对洞身易产生偏压，影响隧道结构安全。由于此段临山，山体陡峭且风化严重，给洞口土石方施工安全带来极大挑战。同时，作为半明半暗偏压隧道，断面只有一半为实际可爆破部分，钻爆过程中必须对炸药量以及钻眼布置控制到位，否则会对施工完成的套拱产生损坏。因此，在隧道开挖和钻爆结合的情况下，对炸药量的控制以及炮眼的布置方式是最关键的技术难点。通过对设计施工方案不断优化，有效解决了面临的工程难题。

为保证施工安全，毛蓬岗隧道在套拱施工前排除危石，搭设管棚，上方铺设竹胶板，用来遮挡部分小块落石，对洞口处的边坡进行喷锚网防护，然后进行反压回填段地基和套拱施工。

半面暗洞开挖阶段，基于隧道进洞口处于高边坡半明半暗的特殊工况，隧道内设计采用挖机配合对风化严重的山体进行开挖，其余部分采用钻爆开挖（台阶法），衬砌类型为 Vb 一般单线衬砌。由于隧道内实际可以钻爆的断面为隧道断面的一半，导致施工危险系数过高，施工过程中要保证每循环开挖不超过 0.8 m，因此钻爆中采用多钻眼、少装药的弱爆破原则，减少飞石以及对高边坡的影响。上台阶根据现场情况进行两次爆破开挖法，先装药爆破掏槽孔和底板孔，后根据爆破后的情况进行装药，装药爆破辅助孔和周边孔；下台阶为一次爆破法。爆破需先按设计参数进行试爆，试爆后根据现场岩层发育情况及时调整爆破参数及炮孔位置，尽可能减小隧道爆破施工对周边环境的影响。

隧道开挖支护完成后，立即施作仰拱，仰拱设计采用栈桥施工以不影响隧道内开挖施工，当仰拱施作完并达到设计强度，立即施作二次衬砌，对明洞段进行封闭，减小偏压。最后，在正洞二次衬砌达到设计强度后进行洞顶回填。

与一般的半明半暗隧道开挖方法不同，毛蓬岗隧道半明半暗段设计方案将明挖部分套拱与隧道内拱架合为一体，在暗挖之前就将护拱完成，并且护拱侧的初期支护也完成，保证了后续暗挖的施工安全。该设计有效减少了暗挖施工中边坡落石造成的危险，护拱保证了暗挖施工的安全，总工期缩短了两个月，对保证高边坡半明半暗隧道的施工安全有一定的借鉴意义。

（三）桐庐隧道

1. 隧道概况

桐庐隧道位于浙江省杭州市桐庐县境内，隧址区起于桐庐县西南石珠新移民村，止于桐庐县巴比松度假村，全长 1 836 m，双线隧道，隧道实景如图 2-78 所示。隧道为浅埋隧道，最大埋深约 21.5 m，穿越富水卵石地层。隧址位于岗地夹丘陵区，地势起伏不大，地形坡度 10°～25°，植被不发育，山前冲积平原区，地势平坦开阔。隧址区临近杭新景高速公路及乡间小路，交通较便利。

2. 工程难题及解决方案

桐庐隧道为明挖和暗挖相结合的暗埋隧道，隧道明挖段基坑开挖深度为 15～26.5 m，开挖地层较差，在水、土压力作用下，围护结构可能发生破坏，作为全线控制性工程，工期较紧，如何解决多工点、多工种同步作业风险管理成为一大难题。此外，隧道周边生态环境良好，上方有一片 100 余棵古树组成的古树林，品种丰富且长势良好，其中有树龄超过 800 年的古桑树，如何处理隧道施工与古树林之间的关系、实现隧道景观设计与自然环境有效融合也成为设计工作的重难点。

通过对难点进行针对性的设计优化，研发了基于 BIM 技术的项目施工协同管理

图 2-78　桐庐隧道

平台，实现对进度风险、质量风险、安全风险与风险预警信息动态综合集成化管理；改明挖方式为暗挖，最大程度减小对古树林产生的影响；隧道洞口边仰坡防护采取因地制宜的景观设计，使隧道洞口绿色设计与周边环境融为一体。

（1）隧道 BIM 施工协同管理平台

针对隧道建设条件复杂、工法种类多、施工风险高及质量控制难度大的特点，基于 BIM 技术，设计开发了以风险动态跟踪与监控为主要功能的施工协同管理平台（图 2-79），主要包含项目总览、设计管理、施工组织、进度管理、质量管理、安全管理及风险管理 7 个主要功能模块。平台以 B/S 架构搭载 3DGIS 技术，通过 WEB 端、移动端（图 2-80）实现工程信息的采集、传递和共享。平台集成工程进度、质量、安全、风险等相关信息，借助 BIM+ 物联网等辅助技术手段，为工程建造阶段基于 BIM 的项目管理提供实践基础。

其中，风险管理模块包含监控量测和评估预警两大功能。监控量测功能通过整合施工中所采集的几何测量、物理测量、环境测量等信息，快速查询测点位置以及测点的实时信息和历史信息。通过预设监控阈值，系统自动判断超限测点，同时短信分级群组推送给相关人员。评估预警功能是在监控量测信息的基础上，结合安全

图 2–79 桐庐隧道项目施工协同平台示意图

图 2–80 移动端示意图

布局信息、人工巡视信息和地质预报，集成辅助隧道工区风险等级评估，并动态发布风险评估报告。

平台集施工进度、虚拟施工、设计交底、质量管理、安全管理、人员定位监控量测、风险评估、预警发布等多种功能于一体，实现对桐庐隧道设计、建造的全过程管理。通过现场信息扁平化传递和共享，提升了桐庐隧道信息化管理水平，实现了数字化建造、智能化监控和可视化管理。

（2）暗挖法保护古树林

桐庐隧道下穿古树群，隧道所处范围表层为 2 ～ 4 m 素填土，下伏卵石土，最大埋深约 11 m。直接采用明挖法，施工方便，节省工期与投资。采用暗挖法，将带来几百万元的投资增长，延长建设工期一个月，且设计采用暗挖法施工的 300 余米施工带表层多为冲洪积粉质黏土、卵石土层、下伏基岩，加上竖井施工工作断面小、施工设备多、施工条件差等因素，将隧道的施工风险从二级提升到一级。为给古树林留下自由生长空间，将施工对古树影响降至最小，确保古树不枯死，最终决定采取暗挖法通过。即在古树林 30 m 外增设一处竖井作为工作井，然后在井底（距离地面约 20 m）横向开挖隧道，待穿过整片古树林后，再采取明挖的方式开挖隧道。

考虑到暗挖极有可能造成地层沉降、地下水位下降等问题，隧道设计采用上半断面 3 m 超前帷幕注浆，拱部采用 ϕ51 mm 自进式双层锚杆超前支护，采用三台阶四步法进行开挖，有效避免了地表出现大的沉降，进而引起塌方，影响古树。此外，设计采取“三个步骤，十大保护”的措施：施工前，整形修剪、摘叶避阳、安装土壤张力计、加固古树；施工中，设置水位孔、设置滴灌及喷雾设备、合理施肥、防治病虫害、定期浇洒营养液；施工后，延期养护古树 2 ～ 3 年。设计采取的一系列针对性措施，有效保护了古树的生长环境不受破坏，实现了隧道与周边自然环境的和谐统一，如图 2–81 所示。

图 2–81　桐庐隧道顶古树林

（3）因地制宜进行洞口景观设计

桐庐隧道进口邻近桐庐车站，为实现绿化设计与洞口周边山体自然景观的有效融合，在洞脸边仰坡拱形骨架上栽植红叶石楠、红花檵木、金森女贞小灌木；洞顶骨架内栽植麦冬，每个骨架内栽植海桐球；洞顶平台栽植一排红叶石楠球和一排桂花，排水沟外侧与防护栅栏之间种植一排夹竹桃。通过因地制宜的景观设计，使隧道洞口边仰坡季节性色彩变化明显、整齐美观，并达到四季常青的绿化效果。

（四）峰高岭隧道

1. 隧道概况

峰高岭隧道进口位于安徽省黄山歙县叶村附近，出口位于绩溪县平银附近，隧道全长 9 087 m。进口段为三线隧道，其他为双线隧道，最大埋深 380 m。隧道进出口附近均有乡村公路及县道，交通较为便利，如图 2–82、图 2–83 所示。

图 2-82　峰高岭隧道进口实景

图 2-83　峰高岭隧道出口实景

2. 工程难题及解决方案

峰高岭隧道地质构造的主要特点是断层发育，区域断层有 6 条与线路相交，断层及其影响带附近，洞身围岩多破碎呈块状，岩土体力学性质和整体稳定性较差。此外，隧道进口段布置了三阳站咽喉区，车站到发线伸入隧道内 236 m，属于双线变三线，最大加宽 5.5 m，隧道开挖断面约 242.7 m^2，施工存在风险，给隧道设计提出更高要求。综合分析以上各种因素，通过设计大断面多线隧道方案，采用双侧壁导坑法，为山区高铁车站布置提供了更多选择。

峰高岭隧道大跨段设计采用双侧壁导坑法，利用洞口导向措施或洞身上一循环架立的钢架施作隧道洞身、侧壁导坑纵向超前支护，每进尺 1.2 m，掌子面喷 8 cm 厚混凝土封闭。在施作导坑周边的初期支护和临时支护时，架立钢架（包括设置底部临时横撑），设置长度为 6 m 的锁脚钢管，台阶底部和竖向临时钢架间及时喷射 10 cm 混凝土封闭，并要求钻设径向锚杆后复喷混凝土至设计厚度。双侧壁导坑法正面如图 2—84 所示。

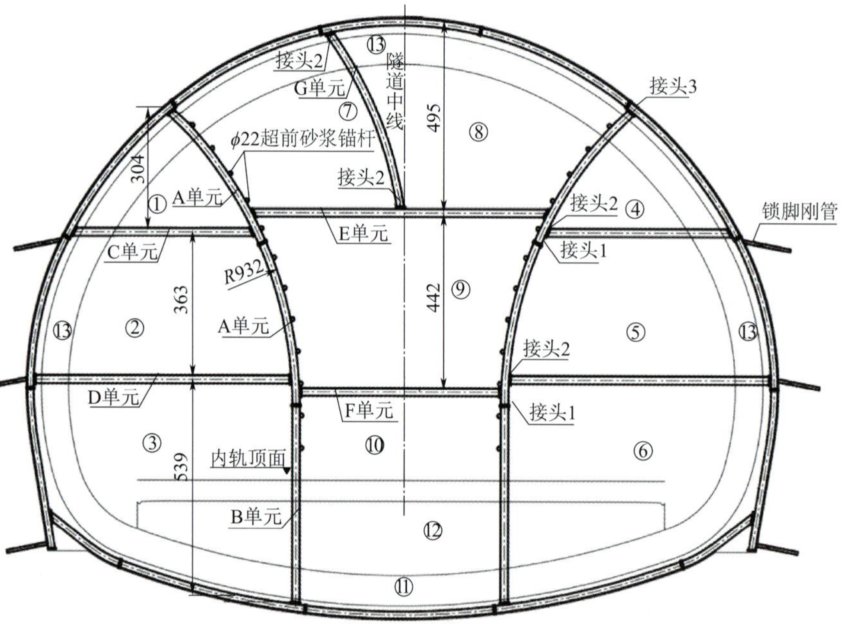

图 2—84　双侧壁导坑法正面示意图（单位：cm）

在导坑底部设计安设钢架封闭成环，复喷混凝土至设计厚度，施作仰拱，灌注隧底填充。根据监控量测结果分析，待变形收敛后或根据需要，利用衬砌模板台车一次性浇筑二次衬砌（拱墙衬砌一次施作）。双侧壁导坑法纵断面如图 2—85 所示。

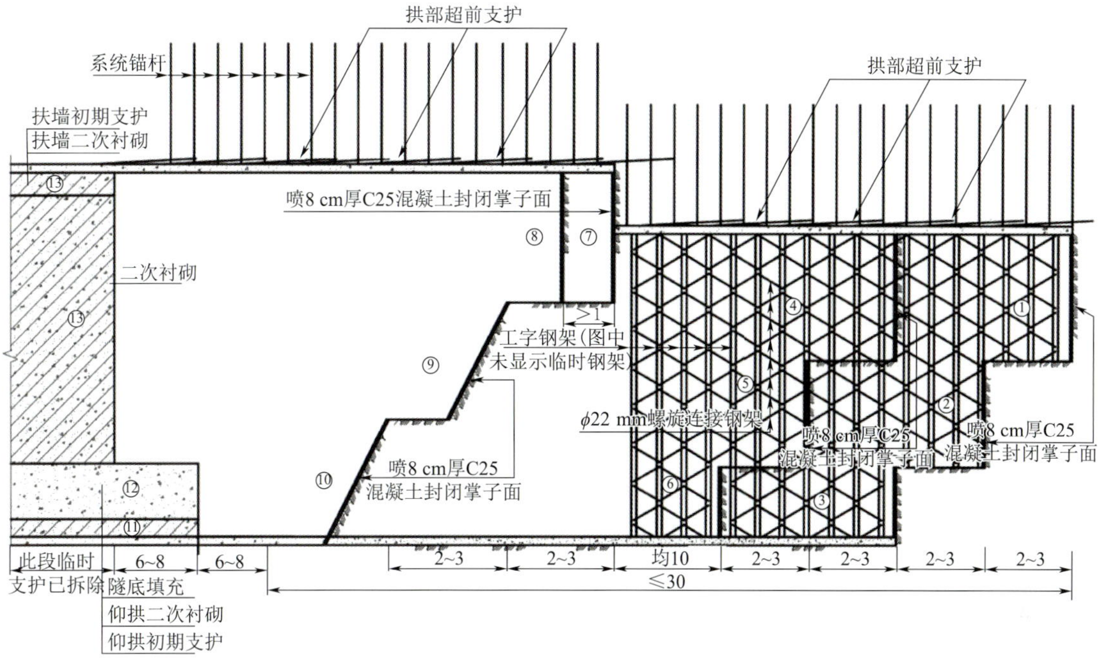

图 2–85 侧壁导坑法纵断面示意图（单位：m）

（五）场口隧道

1. 隧道概况

场口隧道位于浙江省杭州市富阳区境内，进口位于场口镇西山湾村，出口位于场口镇技贸村，隧道全长 999 m。隧道进出口发育 F1、F2 断层，断层宽度 40～50 m，岩体破碎，地下水发育，属强富水断层。

2. 工程难题及解决方案

场口隧道为一级高风险隧道。F1 断层最大埋深约 109 m，断层内为构造角砾充填，为张性断裂，影响带岩体破碎，呈砂砾状，构造裂隙水发育，且与灰岩岩溶水有水力联系，最大涌水量为 9 230.6 m^3/d，施工期间有极高的突水突泥、冒顶风险。F2 断层最大埋深 42 m，最大涌水量为 18 244 m^3/d，地下水有承压性，施工期间突水风险极高。如何在埋深浅、断层范围宽、断层破碎、强富水地段保证隧道不出现突水突泥、冒顶的不良情况，是该隧道设计施工面临的重点问题。针对场口隧道的特点与难点，对 F1、F2 断层的超前支护及二次衬砌进行设计加强，对设计采用的施工工法进行优化，确保隧道作业安全可靠。

（1）加强超前支护

对隧道穿越 F1、F2 断层的地段进行 5 m 超前帷幕注浆加固（图 2–86），将隧道开挖线以外 5 m 范围内的土体进行注浆加固等措施，以减小岩体的抗渗系数，降低突水、突泥风险。在超前帷幕注浆完成后，隧道拱部设计采用 ϕ 89 mm 超前管棚 + ϕ 42 mm 小导管进行超前预支护，ϕ 89 mm 超前管棚主要是对拱部土体进行超前支护，ϕ 42 mm 小导管是对拱部土体进行补注浆加固。

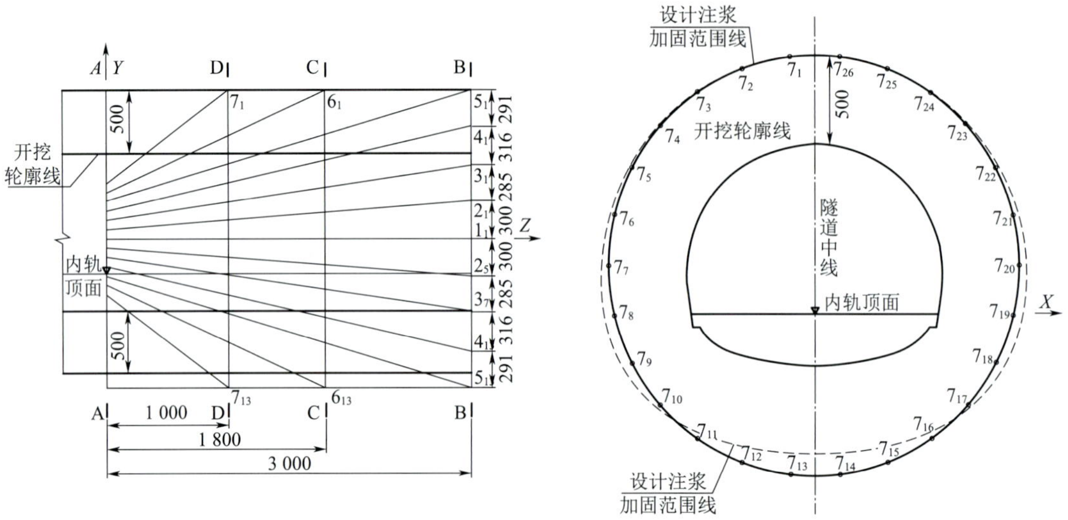

图 2–86　5 m 超前帷幕注浆示意图（单位：mm）

（2）优化施工工法

在 F1、F2 断层地段，通过优化设计，对隧道采用四步 CD 法进行施工（图 2–87）。设计采用“弱爆破、短进尺、强支护、早封闭、勤量测”的原则，通过设置 I18 工字钢作为中隔壁，15 cm 厚的 C25 喷混凝土作为临时仰拱，依次施作①～④部开挖、初期支护和临时支护。通过对大断面设计采取分部开挖的形式，最大限度地降低隧道开挖变形，确保隧道施工安全。

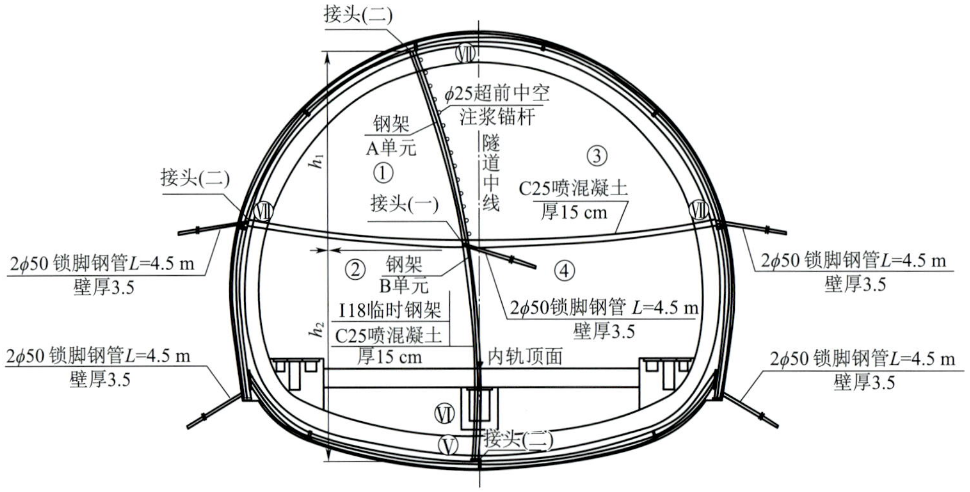

图 2–87　四步 CD 法示意图（单位：mm）

（3）强化二次衬砌

在隧道初期支护拱墙设计采用 28 cm 厚 C25 网喷混凝土，仰拱采用 28 cm 厚 C25 素喷混凝土的基础上，对隧道二次衬砌进行强化，拱墙设计采用 50 cm 厚 C35 钢筋混凝土，仰拱采用 60 cm 厚 C35 钢筋混凝土，仰拱填充则设计采用 C20 混凝土。二次衬砌如图 2-88 所示。

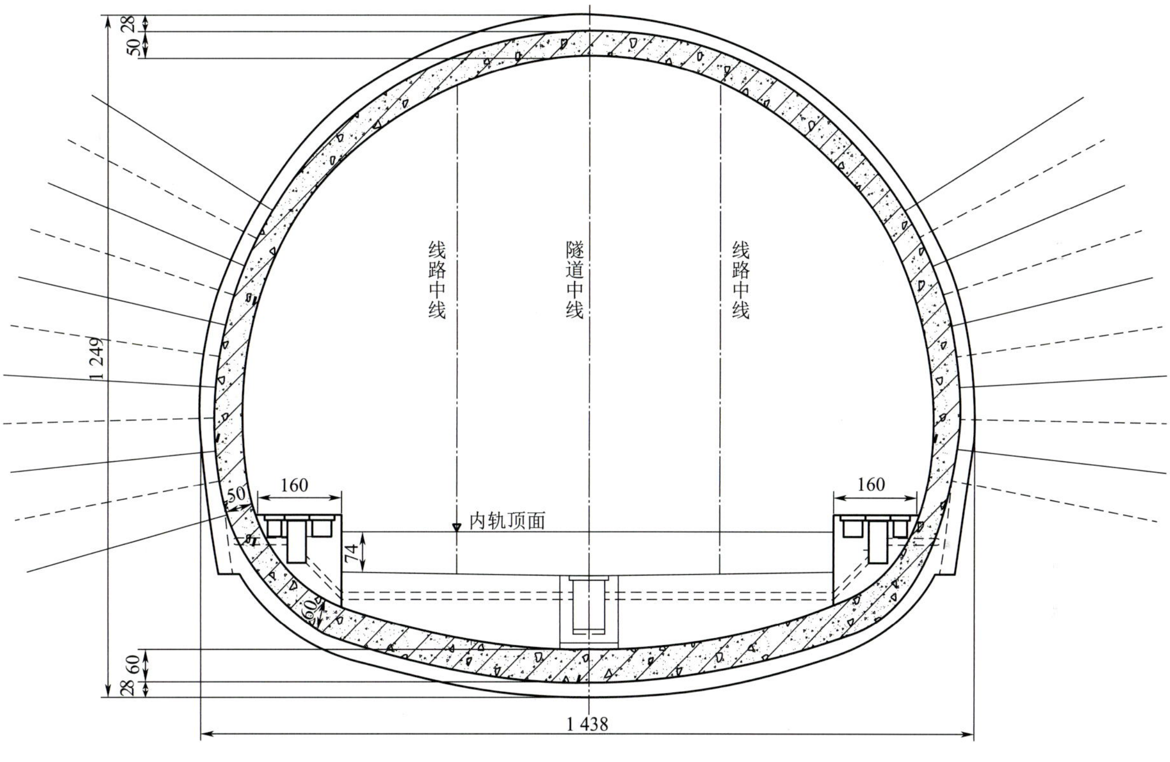

图 2-88　二次衬砌示意图（单位：cm）

三、隧道工程小结

由于隧道工程处于地质体中，地质体的赋存环境、地应力、地温、地下水、地质结构等都会对隧道产生不良影响，但隧道拥有道桥无法比拟的优势，隧道不占土地面积、对地面影响少、不受地面的恶劣天气影响，而且可穿山取直、缩短线路长度，使其在高速铁路建设中广受青睐。杭黄高铁全线隧道占比高达 52.7%，沿线地质复杂多变，建设面临极大挑战，通过对重难点工程的精心设计，解决了面临的难题，丰富了铁路隧道设计实践。

（一）引入多专业信息化协同设计

铁路信息化是我国铁路的发展方向，隧道建造信息化是隧道工程建设的必然趋势。杭黄高铁天目山隧道基于 VAULT 进行协同设计，使得隧道 BIM 设计工作更加便捷高效；设计开发的桐庐隧道施工协同管理平台提升了项目全过程管理的信息化水平，实现了数字化建造、智能化监控和可视化管理。同时，建立的参数化构件库和铁四院隧道 BIM 实施标准也对铁路隧道 BIM 设计的实践操作具有一定的借鉴作用。

（二）强化全方位安全风险控制

随着山区高铁建设增多，高铁隧道占比越来越高，而隧道施工的高风险性要求必须在规划设计阶段高度重视隧道施工安全风险控制。杭黄高铁在设计阶段全方位做好隧道工程各项安全设计，从开挖方式选择与开挖施工技术优化、超前支护、初期支护和二次衬砌施作等方面综合采取措施，尽量规避安全风险。例如，毛蓬岗隧道通过优化设计保障了隧道内半断面爆破开挖的安全性；峰高岭隧道针对大断面施工，设计采用双侧壁导坑法，确保隧道作业安全可靠；场口隧道设计时，通过加强超前支护、强化隧道二次衬砌等措施预防突水突泥、冒顶等危险情况的发生。

（三）景观设计与生态环境相融合

“绿水青山就是金山银山”，在探索铁路建设高质量发展的道路上，隧道设计要积极寻求绿色防护的景观效果与周围生态环境的有效协调与统一。杭黄高铁隧道洞口绿化设计时，充分考虑洞门视角的聚焦性和连续性，将隧道进出口与连接隧道的路基段、路堑进行整体设计。在满足铁路隧道洞门仰坡和周边山体自然景观充分融合的基础上，力求使隧道仰坡面色彩具有层次感、立体感。其中，桐庐隧道、汤青山隧道、金锅岭隧道等重点绿化地段的“一洞一景”设计为打造绿色、环保的生态铁路提供了高质量的样板工程。

第五节　轨道工程

轨道是承受列车荷载、引导列车走向、保障列车安全平稳运行及旅客乘车舒适度的重要工程结构物。杭黄高铁通过建立轨道质量控制体系、采取路桥过渡段梁–板–岔协同设计、优化无砟轨道防排水设计、优化有砟轨道道床断面和应用60N新廓形钢轨等手段，使轨道结构更为合理，大大提高了轨道工程质量，有效减少了后期养护维修工作量，打造了轨道工程新标杆。

一、工程概况及设计理念

（一）铺轨概况

杭黄高铁正线以铺设有砟轨道为主，在长度超过1 km隧道及隧道群地段集中铺设3段无砟轨道，全线正线524.1铺轨千米，其中有砟轨道274.8铺轨千米，无砟轨道249.3铺轨千米。正线铺设道岔102组、伸缩调节器4组，其中道岔包括：有砟18号道岔74组、无砟18号道岔18组、有砟42号道岔10组。正线有砟轨道（图2–89）采用Ⅲc型混凝土枕及配套弹条Ⅴ型扣件；无砟轨道地段（含千岛湖和三阳站正线及到发线），一般地段采用CRTS型双块式无砟轨道，道岔区采用轨枕埋入式无砟轨道。无砟轨道采用SK-2型双块式轨枕及WJ-8型扣件，路基、隧道地段采用连续双块式结构，桥梁地段采用单元双块式结构。桥梁地段CRTS双块式无砟轨道如图2–90所示。

（二）工程特点

1. 有砟轨道TQI值达到2.0 mm难度大

杭黄高铁设计速度为250 km/h，正线以铺设有砟轨道为主。相比于无砟轨道，有砟轨道道床密实度较低，道床稳定性较差，线路平顺性较难保持，实现高速铁路有砟

图 2–89　正线有砟轨道

图 2–90　桥梁地段 CRTS 双块式无砟轨道

轨道不平顺质量指数（TQI）2.0 mm 的目标难度大。因此，通过优化设计提升道床密实度是保证杭黄高铁正线有砟轨道平顺性与稳定性的关键。

2. *在路桥过渡段铺设道岔设计难度大*

杭黄高铁千岛湖站为高架车站，因环保选线及车站布置的原因，道岔区位于陡峭山谷的路桥结合部前后，在路桥过渡段铺设道岔，设计难度大。

3. 降雨时间长、雨量大，轨道防排水难度大

杭黄高铁沿线处于亚热带季风气候区，具有云雾多、湿度大、降水多的气候特点。其中黄山全年降水量为 2 395 mm，号称“一年里 80% 的时间都在下雨”。沿线降雨时间长、雨量大的特点提高了轨道防排水设计的难度。

（三）设计理念

1. 应用智能化系统，打造高平顺性有砟轨道

将与线路开通平顺性密切相关的钢轨、道床等轨道设计核心要素作为重点对象，轨道精调阶段应用系列机械化和信息化创新等手段，提高轨道几何状态的测量精度，保障铁路开通运营的安全、稳定、平顺。

2. 轨道—桥梁协同设计，创新过渡段道岔设计

针对山区地形起伏大、路桥过渡段铺设道岔的复杂建设条件，创新设计，在长联梁板混合连续结构上铺设无缝道岔，既满足了道岔区轨道结构设置要求，又避免了山体大开挖和生态环境破坏。

3. 防排结合，优化轨道排水设计

设计时高度重视防水防渗漏处理，做好与相关专业防排水系统的衔接，依据工程实际情况对路基无砟轨道线间排水进行科学设计，线间封闭层设计硅酮嵌缝封闭以防止水体的侵入，减少运营线路路基病害，延长轨道的使用寿命。

二、重难点工程及解决方案

高速铁路的轨道比普通线路具有更高的强度需求，轨道各个部件的力学性能、使用性能需求也比普通轨道部件高很多，这对轨道结构提出了更高的技术要求。为实现全线列车运行更加安全可靠，进一步提升旅客乘车舒适感，杭黄高铁在轨道设计广泛吸取国内外类似工程的设计、施工及运营经验，吸纳国内最新科研成果，通过设计创新、技术优化，取得了多项突破。

（一）高平顺有砟轨道设计

1. 工程重难点

TQI 是衡量列车运行舒适平稳度的一个重要参数，TQI 数值越小，说明列车运行越平稳，给旅客带来的直观体验就是乘坐舒适度更高。杭黄高铁正线以铺设有砟轨道为主，而有砟轨道道床稳定性较无砟轨道差，线路平顺性较难保持，给设计团队追求 TQI 值低于 2.0 mm 的目标带来挑战。

2. 解决方案

（1）坚持首件制度，推进样板引路

杭黄铁路严格执行高铁建设首件制，以首件工程的高标准引领整体工程高质量。杭黄铁路全线有砟轨道首件工程，认真按规范落实分层上砟整道、轨道精调等每个重要卡控点，确保任何一道工序部位的施工都符合设计、规范要求，任何一项检验数据指标都满足验收标准。首件工程通过合格认证评估后，大规模“量产”用于项目施工建设阶段，有效提升轨道工程整体水平。

（2）坚持工艺试验，明确作业指标

在杭黄高铁铺轨中，通过试验先行，掌握各项工序工艺标准。为保证长钢轨铺设质量和道床稳定性，通过道砟摊铺碾压工艺性试验，获取道砟摊铺厚度、静碾次数等技术指标；作业过程中设计专业化标准流程，通过采取专业化流程控制措施保障轨道铺设质量。

（3）推动设备创新，提高铺轨效率

铺轨工程采用了国内最先进的 CPG500 型有砟轨道长钢轨铺轨机组，实施单枕连续法铺轨工艺，实现轨枕布设和长轨推送同步进行，满足了新建铁路一次铺设跨区间无缝线路的技术质量要求。根据杭黄高铁有砟、无砟轨道相互交替情况，设计研制了铁路有砟、无砟轨道铺设一体式长钢轨牵引车（TYWZ500），该车集成了履带与轮胎两种走行方式，具有有砟、无砟线路 500 m 长钢轨牵引铺设作业及轨道转场能力，实现了一机多用，创造了铁路铺设的新模式，工效得到显著提升。

（4）应用智能化系统，提高轨道测量精度

在分层上砟整道阶段，应用测量控制与大型养路机械一体化智能系统，利用轨道测量小车在前方采集轨道相关数据，并实时将数据通过无线传输至大型养路机械，数据经运算处理后用以控制轨道起、拨、捣作业。该系统的应用提高了轨道几何状态的测量精度，减少了捣固作业的遍数，确保了轨道养护作业质量。

通过轨道质量控制体系的运用，在杭黄高铁管内TQI指数为1.95 mm，实现了我国高速铁路有砟轨道TQI值2.0 mm的目标，使杭黄高铁跻身轨道动态平顺性优良的线路行列，确保了高速行车的安全性和旅客舒适度。此外，有砟轨道工程施工主要技术与施工工艺要求纳入《时速250公里高速铁路有砟轨道工程施工技术规程》（Q/CR 9620—2019）。

（二）路桥过渡段长联梁板混合连续结构无缝道岔设计

1. 工程重难点

无缝道岔是指跨区间无缝线路中，把道岔中所有钢轨接头都焊接或胶结起来，道岔两端与区间无缝线路的长轨条焊接或胶结在一起，使道岔成为跨区间无缝线路的一部分。由于路基与桥梁（涵洞）、路基与隧道、桥梁与隧道的刚度、变形相差较大，线下基础刚度、变形不均匀不仅会影响行车平稳性，还将增加养护维修工作量，降低道岔的使用寿命。因此，《铁路轨道设计规范》明确规定，道岔不应跨越路基与桥台分界处，不宜设在路桥（涵）、路隧、桥隧等过渡段上。千岛湖站为高架车站，两端为路基地段，为避免将千岛湖站两处单渡线道岔铺设在路桥过渡段上，必须对过渡段结构进行创新设计。

2. 解决方案

高速铁路道岔需要布置在联长不小于181 m连续结构上，常规技术方案需要挖山设桥，需对山体进行大范围开挖，不仅工程造价高，施工难度大，且破坏生态环境。针对千岛湖站复杂的建设条件，首创在路桥过渡段长联梁板混合连续结构[（32+32+20）m梁+97 m板]上铺设单渡线无缝道岔，其中梁高2.6 m，板高约0.6 m，板—梁通过圆弧变高过渡段相连组成整体结构，且在板端设置嵌入岩石的地锚，协调梁—板—岔之间的受力和变形，实现了梁板间刚度平顺过渡。轨道—桥梁协同设计，满足了道岔区轨道结构设置要求，解决了复杂山区路桥过渡段铺设高速道岔的技术难题，避免了山体大开挖和生态环境破坏，降低了施工难度和工程造价。千岛湖站桥上地段无砟轨道如图2—91所示。

图 2-91　千岛湖站路桥过渡段道岔区无砟轨道

（三）无砟轨道防排水优化设计

1. 工程重难点

无砟轨道因其整体性强，纵向、横向稳定性较好，在我国高速铁路工程中的应用范围越来越广，也是现阶段高速铁路发展的主流趋势。虽然其所需工程投资较高，但能大幅度减少维修工作量和维修成本，综合经济效益较好。杭黄高铁行车密度大，每天运行时段（白天）除特殊故障外，不允许进行维修作业，无砟轨道对这一运输特点和要求的适应性较强。

无砟轨道的缺点在于可修复性较差，对下部结构的设计和施工标准要求较高。如果路基无砟轨道线间出现排水不畅的情况，地表水将留滞在两线之间，而在两线之间及路基封闭层往往又有大量横、纵向伸缩缝，易导致雨水沿着封闭层伸缩缝渗入到混凝土底座下部的级配碎石层中。在高速列车的振动作用下，级配碎石层中自由水产生较高的压力，引起承压水从伸缩缝消散的同时，也造成了级配碎石层中细颗粒的流失。随着泵吸作用的加剧，细颗粒不断流失，最终造成级配碎石层翻浆冒泥的不利情况。杭黄高铁沿线处于亚热带季风气候区，具有降雨时间长、雨量大的特点，对无砟轨道防排水设计提出了更高要求。

2. 解决方案

线间路基无砟轨道基床表层采用 C25 素混凝土填充，线路纵向按顺坡并增设 2‰ 纵向排水坡，线间设 R=150 mm 圆形明沟，同时线间封闭层沿线路纵、横向设纵、横向硅酮嵌缝封闭，可将雨水集中引排并防止水体侵入路基本体，减少了运营线路路基病害。路基直线平坡地段线间封闭层设计如图 2–92 所示。

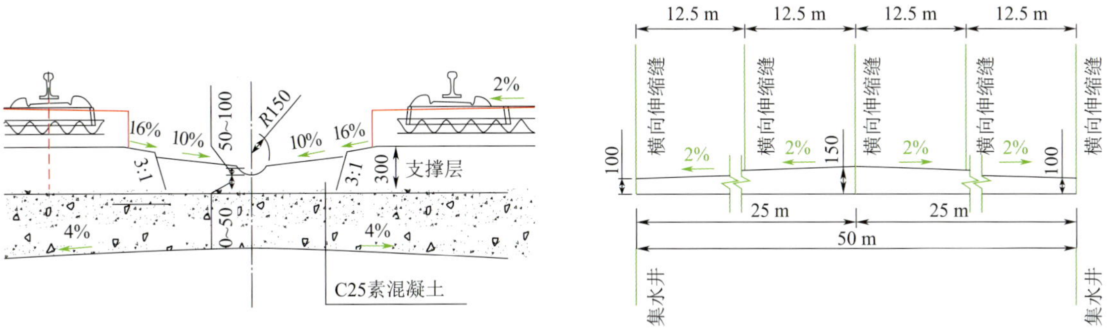

图 2–92　路基直线平坡地段线间封闭层横、纵断面设计示意图（单位：mm）

路基防水及封闭层施工工艺流程：基床表层验收→基床表层处理→测量放样→模板安装→洒水湿润→混凝土浇筑抹面→伸缩缝处理→硅酮填缝密封材料→养护。路基地段圆形排水沟如图 2–93 所示。

图 2–93　路基地段圆形排水沟

杭黄高铁路基地段无砟轨道线间增设圆形明沟排水，有效避免了路基地段无砟轨道线间积水，提高了排水通畅性，减少了运营线路路基病害，可以为多雨地区铁路路基排水创新设计提供参考，目前在多条线路上得到推广采用。

（四）优化有砟轨道道床断面

1. 工程重难点

机车车辆的荷载通过钢轨、轨枕传递给道床，道床将荷载扩散后传给路基，从而减小路基面上的荷载压强，起到保护路基顶面的作用。高速铁路道床的外形与一般普速线路的道床差别不大，但高速铁路车辆轴重较轻，钢轨质量又较大，所以轮轨的高频冲击荷载基本上不传给道床，道床受到的只是准静态荷载，所以高速铁路道床厚度一般不超过普通线路的道床厚度。随着铁路运行速度的逐步提高，对有砟轨道施工技术和过程控制都有了更高的要求。杭黄高铁铺设有砟轨道里程较长，道床稳定性和线路平顺性是决定线路能否满足设计行驶速度、保证行车安全和舒适度的关键因素，也是施工过程控制的难点、重点。

2. 解决方案

杭黄高铁有砟轨道在区间两线间 4.6 m 线间距及以下地段、站内两线间 5.0 m 线间距及以下地段、区间正线与站内正线线间距由 4.6 ～ 5.0 m 过渡地段两线间用道碎填平，形成龟背状，中心处高于轨枕面 0.15 m。路基地段线间填平龟背状如图 2–94 所示。桥梁地段线间填平龟背状如图 2–95 所示。

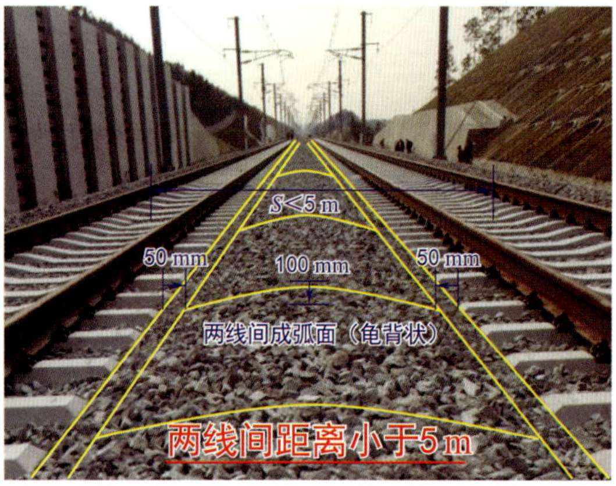

图 2–94　路基地段线间填平龟背状示意图

图 2–95　桥梁地段线间填平龟背状示意图

通过对有砟轨道道床断面的创新设计，达到了“横看成面纵看成线”的效果，不仅满足了杭黄高铁运营后线上道砟储备及道床美观的需要，更重要的是在提升轨道整体性、稳定性的同时还减少了养护维修工作量。

（五）应用60N新廓形钢轨

1．工程重难点

杭黄高铁作为“黄金旅游高铁线”，旅客对其舒适度的要求必然更高，而引导和保障列车运行安全、稳定、平顺的核心部件之一便是钢轨。钢轨作为承上启下的轨道结构，可为车轮提供连续、平顺和阻力最小的滚动表面，引导列车前进，承受车轮的压力。如何减少车轮高阶多边形磨耗、钢轨波磨，减少两者匹配产生的轮轨高频振动与动车组转向架固有频率共振造成的动车转向架轴端设备破损，进一步提升列车行车的平稳性、舒适性是杭黄高铁轨道工程设计面临的难点。

2．解决方案

杭黄高铁全线采用60N新廓形钢轨，有效提高了全线行车的平稳性、舒适性和安全性。60N钢轨是针对我国铁路多种型面的车轮在线路上混跑的实际情况，为改善轮轨接触关系，以60 kg/m钢轨为原形，研究设计的具有新轨头廓形的钢轨。60N钢轨与60 kg/m钢轨轨头轮廓对比情况如图2–96所示，主要不同在于：

（1）钢轨轨顶圆弧宽度保持70.8 mm、高度为14.2 mm不变，钢轨轨顶圆弧由5段增加为7段。

（2）钢轨轨顶圆弧半径由3个依次调整为4个：200 mm、60 mm、16 mm和8 mm，其整体效果在轨顶小幅范围与60 kg/m钢轨一致，而两侧轮廓相比60 kg/m钢轨收得更窄，减少了轮轨接触面。

（3）60N钢轨的踏面呈锥形，光带比60 kg/m钢轨窄，一般在20～30 mm以内，摩擦阻力小，后期养护维修工作量较少，便于应急抢修，更适合高速铁路。

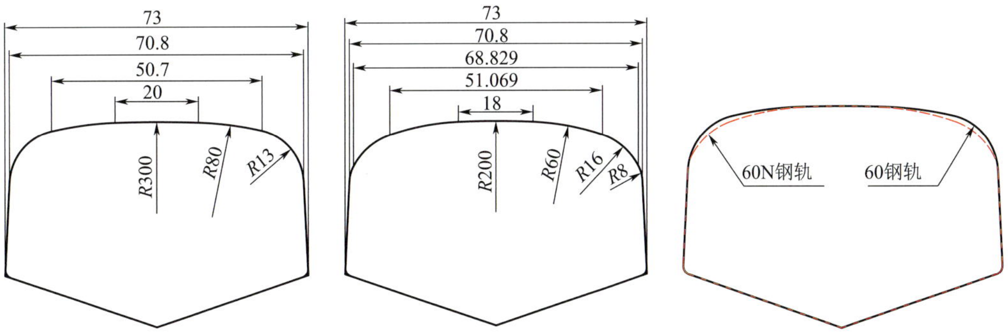

（a）60钢轨　（b）60N钢轨　（c）外轮廓对比

图2–96　60钢轨与60N钢轨轮廓比较示意图（单位：mm）

此外，60N 钢轨的轨头两侧廓形向内收的更多，能更好地与动车组 LM 型面车轮的轮轨匹配，以减少行车时轮轨接触应力、改善车辆动力学性能；在轨头顶面 24 mm 范围内，两种钢轨轨头尺寸基本保持一致，以满足直线线路上轮轨接触更好、在 1:40 轨底坡时钢轨顶面光带居中的要求。

从杭黄高铁 60N 新廓形钢轨实际使用情况来看，钢轨轨顶接触光带更居中，直线地段使用可有效避免在钢轨的轨距角部位出现飞边和剥离掉块病害；曲线地段使用可有效避免或抑制轨距角剥离掉块及疲劳核伤，延缓钢轨打磨时间，大幅减少钢轨打磨的工作量，且无需进行钢轨预打磨廓形设计，可有效降低钢轨的打磨难度。钢轨使用寿命得到延长的同时也大大提高了车辆动力学性能，能够有效保证高速运行动车组列车的高平顺性和高舒适度。

通过对铺设 60N 廓形钢轨的多条高速铁路线路开展长期跟踪测试，综合考量钢轨服役性能、轮轨形面匹配状态、钢轨维修养护经济性等方面，发现 60N 廓形钢轨对高速铁路具备良好的适应性。

三、轨道工程小结

轨道工程作为保障铁路运输安全、畅通的基础工程，其设计、施工质量的提高对于提升高铁整体质量具有重要意义。为全面提升轨道工程的技术水平，杭黄高铁建设者发扬追求卓越、勇于创新的精神，不断突破难关，树立了全路轨道工程新标杆。

（一）树立标杆意识，强化工艺创新

高品质工程必须由先进可靠的工艺来实现。杭黄高铁轨道工程设计施工过程中坚持高标准，通过不断优化完善无砟轨道防排水设计和有砟轨道道床断面设计，为提升轨道工程排水通畅性和稳定性作出了有益探索；坚持工艺创新，实现多项突破，建立轨道质量控制体系，实现了我国高速铁路有砟轨道动态不平顺质量指数（TQI）2.0 mm 的目标，树立了时速 250 km 有砟轨道新标杆。

（二）应用先进技术，助力高质量建设

随着各项先进技术被广泛应用于铁路建设中，铁路整体建设水平得到有效提升。

杭黄高铁轨道工程建设过程中积极运用先进科学技术，在铺轨阶段采用国内最先进的 CPG500 型有砟轨道长钢轨铺轨机组，实现轨枕布设和长轨推送同步进行；在分层上砟整道时，利用测量控制与大型养路机械一体化智能系统，实现数据实时传输与处理，提高信息传递的准确性。此外，根据实际需求研制新设备，严格选定工艺参数，创造了轨道铺设的新模式，显著提升工效的同时确保了工程质量的安全可靠。

第六节　精密测量网布设

精密工程测量技术已经成为高速铁路建设的一项核心技术，在高速铁路建设过程中具有至关重要的作用。高速铁路对线路的平顺性和几何参数提出更高要求，需要对各级平面、高程控制网进行科学布设，对整个工程设计、施工过程、轨道铺设进行严密测量，保证各环节测量数据精确。高速铁路精密测量控制网是勘察设计、施工建设、运营维护等阶段的工作基准，对保障列车安全、平稳运行意义重大。杭黄高铁测量控制网采用分级布设的方式，可使后续施工及运营阶段控制网维护更为便捷有效。同时，针对杭黄高铁因地形复杂、交叉项目多、测量精度要求高等带来的挑战，设计者在现有测量方法的基础上创新设计，使测量精度大幅提升，为项目顺利实施提供了有力保障。

一、工程概况及设计理念

（一）工程概况

1. 坐标系系统建立

任何投影变换都会产生投影变形，在高斯投影中除了中央子午线投影后长度无变形外，其余任何位置上的线段均会在投影后发生不同程度的变形，且距离中央子午线越远，长度变形越大。为控制长度变形，使投影对测图和工程测量的影响限制到最小，将地球椭球面按一定经差进行投影分带是最有效的解决方法。

国家坐标系是按照 6°或 3°经差等分自西向东的规律分布，因此相对于每个测区，中央子午线未必刚好为该特定区域的中央。若测区控制网仍使用国家统一坐标系统的测量成果做起算数据，将导致实际测量长度与坐标反算长度出现偏差，对大范围测量的影响则更大。

高铁线路工程测量要求施工中坐标反算的边长值与现场实测值一致，对边长投影形变值的要求很高（≤ 10 mm/km），但通过国家投影坐标系计算远不能达到实际工程需要，因此必须分段设立工程独立坐标系。建系方法一是建立抵偿高程面作为高斯投影面；二是建立任意投影带，并将中央子午线移至测区中央。

杭黄高铁结合武广、京沪等高速铁路设计的经验，综合考虑不同坐标系现有资料情况，结合项目实际，采用 WGS84 椭球参数投影到相应高程抵偿面上的高斯分带投影工程独立坐标系。为了保证后续项目无砟轨道施工的需求，全线按 30 分带宽分带（与杭长连接区间为了保证与杭长坐标系一致，按 25 分带宽分带），具体分带情况见表 2–4。

表 2–4　投影分带情况

中央子午线	投影面大地高（m）	起始里程	最大投影变形值（mm/km）
120–25–00	030	DK23 ～ DK51+400	6.4
120–00–00	085	DK51+400 ～ DK59+200	9.5
120–00–00	030	DK59+200 ～ DK99+800	3.6
119–30–00	060	DK99+800 ～ DK135+700	-7.8
119–30–00	150	DK135+700 ～ DK161+700	8.0
119–00–00	150	DK161+700 ～ DK189+950	-5.9
119–00–00	230	DK189+950 ～ DK194+600	4.3
119–00–00	270	DK194+600 ～ DK197+600	-7.1
119–00–00	360	DK197+600 ～ DK213+920	-8.0
118–30–00	220	DK213+920 ～ DK237+420	-6.8
118–30–00	160	DK237+420 ～ DK285+200	-9.1
118–00–00	130	DK285+200 ～终点	6.0

由于国家二期 1985 高程系统资料较为完善，因此杭黄高铁高程系统采用 1985 国家高程基准，在杭黄高铁勘察过程中，全线统一布设了二等水准高程控制网。

2. 精测网建设分级布网、逐级控制

杭黄高铁平面控制网按分级布网的原则分四级布设，第一级为框架控制网，简称为 CP0 控制网，是高速铁路工程勘测、施工和运营维护平面控制测量的坐标基准，是采用卫星定位测量方法建立的三维控制网；第二级为基础平面控制网，简称为 CPI控制网，主要是线路平面控制网（CPⅡ）测量平面坐标起闭的基准，是采用卫星定位测量方法建立的二维平面控制网；第三级为线路平面控制网，简称CPⅡ控制网，是线路勘测和线下工程施工阶段的平面控制网，也是轨道控制网（CPⅢ）测量平面坐标起闭的基准，CPⅡ要求采用卫星定位测量的方法测量，在隧道洞内采用导线环网的方法测量；第四级为轨道控制网，简称CPⅢ控制网，是轨道施工和运营维护的平面坐标和高程基准，其平面测量采用智能型全站仪以自由测站边角交会网的方法进行，其高程测量采用电子水准仪以水准测量的方法进行。

杭黄高铁精密控制测量在精密控制网的实施阶段，优化了作业模式。项目初测阶段，布设CP0控制点用于初测作业；在定测工作开展前，布设CPⅠ控制网，并完成线路水准基点测量工作，将CPⅠ控制网及线路水准基点控制网用于定测作业；定测工作结束后布设CPⅡ控制网。该作业模式避免了不同设计阶段由于方案调整导致的大量控制网点位置无法满足后续施工需求的情况。

3. 精测网测设及工程数量

杭黄高铁精密控制网建设时，框架控制点（CP0）按平均50 km间距进行布设，基础平面控制点（CPⅠ）按4 km间距进行布设，对于大于800 m隧道洞口均布设1对控制点，线路平面控制网（CPⅡ）按600～800 m间距进行布设，轨道控制网（CPⅢ）按50～70 m间距在线路两侧按点对进行布设。

杭黄高铁精密控制测量完成框架控制网测量（CP0）7点，基础平面控制网（CPⅠ）选点、埋石及测量367点，线路平面控制网（CPⅡ）选点、埋石及测量225点，二等水准测量860 km，轨道控制网（CPⅢ）测量264.5 km。

（二）工程特点

1. 交叉项目多，控制网衔接要求高

杭黄高铁衔接杭长高铁、合福高铁等长大干线铁路，且在设计阶段与宣绩铁路存在衔接，为满足不同线路轨道搭接的平顺性要求，要尽量减少与规避不同线路相同坐标系之间的搭接误差，保证衔接区域控制网无缝衔接。

2. 地形复杂，精度要求高

杭黄高铁是典型的山区铁路，桥隧密集，隧道以小隧道群的形式出现，点多线长，工作量大，精度要求高，同时山区植被茂密，通视条件差，水准控制点起算点密度不足，增加了精密测量工作的难度。

（三）设计理念

1. 三网合一

为保证杭黄高铁测量成果同时符合勘测、施工、运营维护三阶段的要求，构建和保持轨道空间几何形位的一致性，满足高速铁路工程建设和运营维护的需要，在精密测量网布时，将勘测控制网、施工控制网和运营维护控制网三个网严密统一起来，包括高程系统的统一、坐标起算基准的统一以及精度的协调一致，即“三网合一”。“三网合一”可以避免因缺乏高精度、长效统一的测量控制基准，在建设和运营期间产生控制不足及基准误导的问题。

2. 分级布设

精密测量网既要满足轨道铺设的精度要求，也要满足线下工程施工控制测量要求，缩减设计目标位置与轨道几何参数的偏差。杭黄高铁精测网布设设计时，充分践行了分级布设，逐级控制的理念。为实现路基、站台、隧道、桥梁等线下工程与轨道铺设施工的高程、空间位置坐标相匹配，精测网在框架控制网基础上分三级布设，通过各级平面高程控制网组成的测量系统，实现线下工程与轨道铺设施工的施工放样。

二、重难点工程及解决方案

（一）控制网衔接处理

1. 工程重难点

精密测量控制网的衔接处理，会直接影响控制网的精度，影响后续施工。东西走向的杭黄高铁由于线路跨度较长而需要建立多个独立坐标系统，同时由于交叉项目过多，在控制网维护过程中需考虑不同线路的建设情况，进行差异化处理，因此需要处理好控制网的衔接问题。杭黄高铁控制网衔接处理主要涉及不同设计阶段坐标系之间的衔接、不同线路坐标系之间的衔接以及坐标系不同投影度带之间的衔接。

2. 解决方案

（1）不同设计阶段坐标系之间的衔接

杭黄高铁控制网的建立以 WGS84 椭球下铁路工程独立坐标系为框架，充分利用北京 54 及西安 80 坐标系下已有的基础地理测绘成果，通过现场实际联测求取杭黄高铁沿线不同坐标之间七参数模式转换参数，以保证初测成果与施工设计测绘成果的衔接。

（2）不同线路坐标系之间的衔接

与杭黄高铁衔接的杭长高铁、合福高铁均采用 WGS84 坐标系。考虑到 WGS84 坐标系下不同历元 IGS 站（国际 GNSS 服务）成果的多值性，杭黄高铁起算 IGS 控制点坐标均采用 2009 年 9 月 7 日同一历元瞬时坐标进行起算，并使用同一坐标系统投影参数，使得控制网坐标系统一致。

在杭黄高铁控制网实施过程中，在控制网起点将杭长高铁控制点纳入整网进行观测，在终点将合福高铁控制点纳入控制网进行观测，并在数据处理时，先对既有控制点进行精度分析，精度满足要求的既有控制点作为起算点采用平差计算，在与相邻铁路坐标系基准一致的基础上，保证了衔接区域控制网无缝衔接。

在控制网维护过程中，杭黄高铁及相邻线路控制网进行复测后，将公共控制点全部同步更新，避免了不同线路间的公共控制点因复测时间不同而出现多套成果的情况，使得施工过程中不同线路间公共控制点成果始终保持统一。

在杭黄高铁黄山北站区间，杭黄高铁周边线下控制点全部与合福高铁既有控制点采用共点方式进行布设。杭黄高铁与杭长高铁衔接区域，线下控制网布设采取相同方式，即在杭黄高铁线路起点附近，将杭长高铁已有线下控制点全部纳入杭黄高铁控制网进行同步测量。控制网数据处理时，将合福高铁及杭长高铁满足起算要求的控制点作为起算点参与杭黄高铁控制网的平差计算。黄山北站线下控制点分布如图 2-97 所示。

杭黄高铁通过以上控制网设计方法实现了与合福高铁、杭长高铁线下构筑物的顺利搭接。

（3）坐标系不同投影度带之间的衔接

为保证后续无砟轨道施工的需求，在与合福高铁、杭长高铁衔接区域，杭黄高铁工程独立坐标系保持与需要衔接铁路完全一致；考虑投影变形、高程抵偿面，在求得测区高程异常值后，结合线路纵断面设计标高进行划分，保证每个工程独立坐标系内投影面变形值小于 10 mm/km；此外，在不同度带衔接处，预留设计线位搭接段，确保设计线位搭接的零误差；并在搭接处综合考虑构筑物情况，确保长大隧道、特大桥等构筑物坐标系统的完整性。

图 2-97　黄山北站线下控制点分布图

（二）任意中央子午线、轨道高程面的分段投影技术

1. 工程重难点

我国高铁提出了投影变形值不大于 10 mm/km 的要求，而传统采用的 3 度带高斯投影存在较大的投影变形，难以满足高速铁路建设的精度要求。因此合理设计选定坐标系和投影技术，有效控制投影变形对工程建设的影响，是保证杭黄高铁设计、施工顺利实施和确保工程质量的重要前提。

2. 解决方案

杭黄高铁精密控制测量坐标系统采用 WGS84 椭球参数、多个中央子午线、不同高程面的分段投影技术对线路进行投影，克服了传统采用 3 度带高斯投影所导致的投影精度不够的缺陷。根据线路通过地区的具体情况和要求，选择任意中央子午线、抵偿高程投影面的窄宽度带坐标系统。

在导线测量中，观测边长 D 归化至参考椭球体面上时，其长度将会缩短 ΔD。设归化投影面大地高为 H_m，某一点的大地高为 H，地球平均曲率半径为 R，其近似

关系式为

$$\frac{\Delta D}{D}=\frac{H-H_m}{R+H_m}$$

即高程归化变形比与归化高程成正比。

归化到参考椭球体面上的边长 S，再投影至高斯平面时，其长度将会放长 ΔS。设该边两端点的平均横坐标为 y_m，则其近似关系式为

$$\frac{\Delta S}{S}=\frac{(y_m-500\ 000)^2}{2R^2}$$

即高斯正投影变形比与该边距中央子午线的距离的平方成正比。

由于高程归化时导线边长缩短，高斯正投影时导线边长伸长，两者变形符号具有相反的特性，就存在着一定的抵偿地带。通过选取不同的中央子午线、轨道高程投影面可使高程归化变形比与高斯正投影变形比的差值不大于 1/100 000，即

$$\frac{(y_m-500\ 000)^2}{2R^2}-\frac{H-H_m}{R+H_m}\leqslant\frac{1}{1\ 000\ 000}$$

通过水准测量，得到各个水准点的 1985 高程，再根据 WGS84 椭球查找出各处的高程异常值，计算出大地高后选择合适的高程抵偿面，让整个控制网的变形控制值不大于 10 mm/km。

运用这种方法，使得杭黄高铁进行测量时可确保仪器现场测量的距离量不需要任何改正就可以使用，大幅度提高测量工效。

（三）隧道群控制网的建立

1. 工程重难点

杭黄高铁作为典型的山区铁路，水准控制点起算点密度不足，同时受地形条件影响，隧道工程集中以小隧道群的形式出现，为保证隧道特别是连续隧道群的顺利贯通，控制测量是关键一环。

2. 解决方案

（1）隧道群控制测量技术设计

杭黄高铁将隧道群整体归化为长大隧道，坐标系的建立不片面考虑单个隧道平均高程面，而以隧道群平均高程面作为基准面，在投影变形满足 10 mm/km 要求的前

提下简化隧道群的控制网划分。

在进行平面控制网测量精度设计时，依据归化的长大隧道洞外控制测量允许的横向和高程贯通误差，结合实际地形布网条件进行精度设计，提高控制网的等级。在完成洞外控制测量后，采用控制网平差后的实际测量精度进行贯通误差估算，检算洞外控制测量误差产生的隧道横向及高程贯通误差。将满足小隧道施工要求的三等导线精度提升至长大隧道导线中隧道二等精度，使得洞外测量的贯通影响富余量用于洞内测量设计，提高施工精度。

（2）隧道群洞外控制测量

杭黄高铁采用GNSS（卫星导航定位技术）测量方法进行隧道群洞外控制测量工作，洞外控制点布设时删除小隧道间定向边，以增加定向点的方法减少埋点的工作量，克服了洞口较难选择通视边的不利条件，较长大隧道增加了定向条件，保证了归化为长大隧道后隧道群的贯通精度。

杭黄高铁洞外高程控制网在满足二等水准闭合差条件的前提下，减少每个洞口线下水准控制点联测数量，进而规避山区水准控制点起算点密度不足的不利条件。

三、取得的创新成果

在精密测量工程中，由于部分传统的测量方式或数据处理方法已经不能满足杭黄高铁测量精度的要求，杭黄高铁设计人员提出了隧道导线控制网新的测量方式以及高程控制网差异化处理新的定权法。

（一）隧道导线控制网测量方式的优化

传统铁路隧道导线控制网测设过程中，为了后续控制点使用及维护的方便，布设位置都选择在隧道两侧电缆槽或排水沟上，导致导线控制点距离隧道侧壁非常近。

隧道建成后，其内部通风条件相对较差，使得从隧道壁至隧道中间会存在一定的温度差异，导致隧道内部大气密度分布不均匀，在测量过程中观测视线会产生一定的弯曲，进而形成一个相对稳定的区域性折光场。因此在隧道内进行导线测量时，沿隧道壁一侧的附合导线测量路线中角度闭合差会受到这类区域性折光的影响，所产生的误差有着很强的系统性。

为减轻上述误差的影响，杭黄高铁隧道实际作业过程中，对隧道内导线控制网测量模式进行了重新设计，如图 2-98 所示。

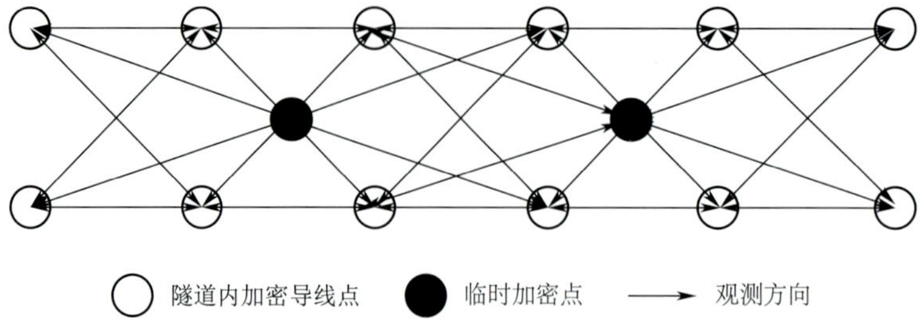

图 2-98　杭黄高铁隧道内导线测量模式示意图

在数据处理过程中，将靠近隧道一侧的角度观测值剔除，仅保留边长观测值参与平差计算，依然能保证隧道内导线测量数据处理过程中构成较强的图形结构，且内部形成了 4 ～ 5 条边组成的导线环，满足相关规范要求。隧道侧边的距离观测值受折光影响基本可以忽略不计，将隧道一侧距离纳入整网平差处理，获得了更多的多余观测，同时有效消除了大型隧道内区域性折光对导线控制网中测角的影响。重新设计后的隧道导线控制网测量方式相比于传统方式，虽然外业测量工作量增加了 15% 左右，但大大提高了导线测量的数据质量和成果精度，同时显著降低了因区域性折光引起的导线控制网测量误差所产生的大量返工。

以天目山隧道为例，按传统导线测量模式选取隧道左右两侧导线点构建附合导线路线，左右侧附合导线角度闭合差出现了明显的系统性偏差，角度闭合差呈现一正一负的现象，一侧附合导线角度闭合差为 −18.35″，而另一侧附合导线角度闭合差为 16.22″，限差 16.03″，无法满足规范要求。采用改进后的方式进行数据处理时，不需要对外业测量数据进行补测，只需将隧道同侧角度观测值不纳入后续数据处理，通过隧道中间增设的临时加密点重新构建附合导线路线，其附合导线最大角度闭合差为 −9.21″，同时测角中误差由原来的 1.37″ 降低至 0.92″，各项精度指标有了明显提升。

在对杭黄高铁大型隧道内部测量方式进行改进的同时，结合杭黄高铁隧道特点，改进了隧道口联系测量方式，如图 2-99 所示。通过在隧道口增设控制点，用于隧道导线测量，保证每处大型隧道洞口有 3 处控制点，增加洞口联系测量的观测方向，使得洞口控制点以网传递的方式进行隧道联系测量。

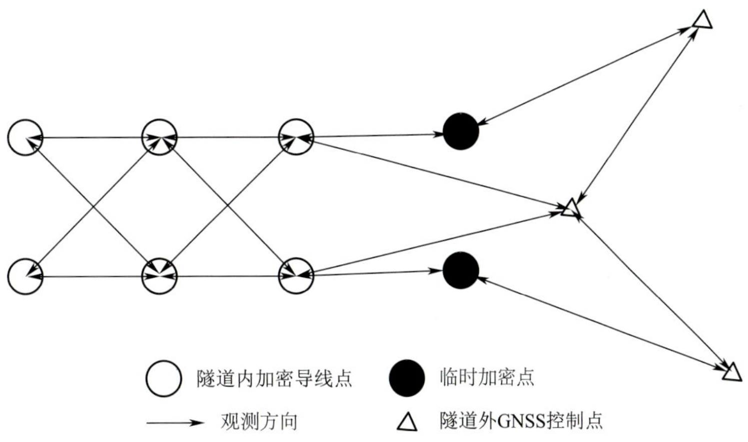

图 2-99　改进后的隧道口联系测量方式示意图

改进后的隧道口联系测量方式加强了洞口导线测量的图形强度，使得在隧道导线测量过程中，增加了洞口联系测量检核条件，大大提高了整个导线测量的质量。此外，改进后的测量方式在隧道口预留了加密 GNSS 控制点，后续在进行轨道控制网测设时，可以实现线路上加密的 CPⅡ 网与隧道导线控制网无缝衔接。

（二）高程控制网差异化处理地形因子定权法

杭黄高铁隧道占比高，且隧道段高程控制网测量过程中，水准路线绕行距离较长。采用传统的按路线长度或按测站数定权进行高程测量数据处理方式，未充分对复杂地区不同测段高差测量的精度差异进行分析处理，而单一认定了整网各测段的高差测量精度与线路长度或测站数的相关性，导致隧道高程贯通误差偏大，容易造成误差分配不合理，从而影响平差结果。为提高隧道绕行段高程控制网的精度，保证隧道高程贯通精度，需要寻找一种新的处理方法。杭黄高铁设计人员通过研究，得出一种新的高程控制网差异化处理法——地形因子定权法。

在高程控制网测量中，可根据测站数与线路长度的相关性反映受地形起伏影响情况。一般而言，地形起伏大，相同线路长度的测站数多，反之测站数少。

杭黄高铁高程控制网数据处理过程中，定义统计量 T（T= 总测站数 / 总路线长度）为整网的地形因子，反映整网的地形起伏状况，定义统计量 T_i 为水准网中任意测段的地形因子，反映各测段局部地形起伏状况。局部地形因子较小，则认为该测段高差变化趋势缓和，高差观测误差受路线长度累积的影响程度大于受测站数累积的影响程度。

再以整网的地形因子 T 作为临界值，将整网的高差观测值分为两类，一类高差观测误差受测站数影响显著；另一类则受路线长度影响显著。根据该高差分类定权的方法，将地形起伏差异显著的测段自动分成两类，并分别按相关性统计公式求定高差测量的中误差，再进行定权。

由于整个水准网小起伏的测段占多数，同时部分测段的起伏又特别剧烈，因此新方法的高差中误差的平均值偏向于路线长度方法，最大值却偏向于测站数方法。由此可见，地形因子新方法对传统定权方法精度评定的极端现象起到了一定中和作用，更能反映杭黄高铁控制网的实际状况。

（三）轨道控制网测量方式的改进

杭黄高铁在杭州南线路所与杭长高铁接轨，杭长高铁于 2014 年开通运营，预留有与杭黄高铁接轨的区域。杭黄高铁进行轨道铺设时为保证与杭长高铁轨道的无缝衔接，在轨道铺设前，需要对接轨区域前后 800 m 范围内轨道控制网（CPⅢ）进行复测，基于最新轨道控制网成果采集的线路参数进行接轨。

杭黄高铁接入杭长高铁时，采取左右线分开接入的方式，而传统的轨道控制网无法覆盖整个接轨区域，因此对传统轨道控制网测量方式进行了改进。改进后轨道控制网测量网形如图 2–100 所示。

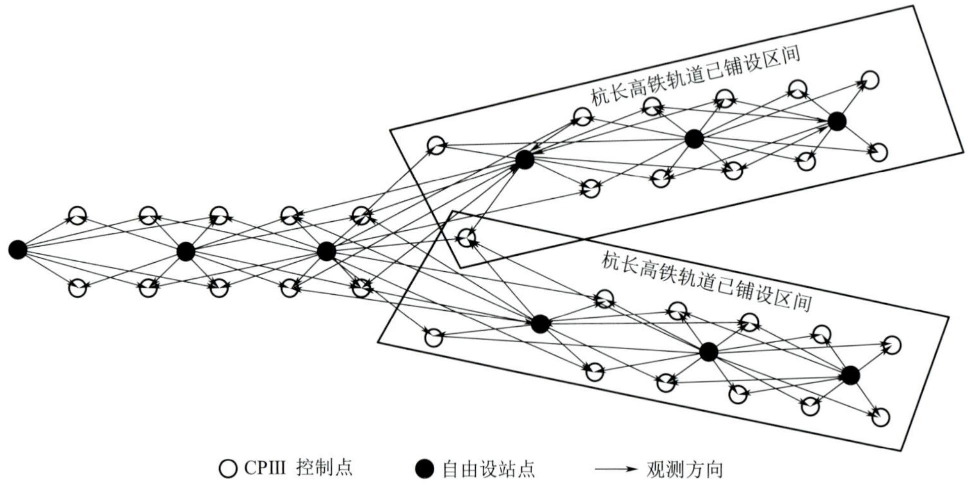

图 2–100　改进后轨道控制网测量网形示意图

改进后的轨道控制网测量方式可以实现对杭黄高铁、杭长高铁轨道衔接区域的整网测量，对杭长高铁左右线轨道控制网同时进行接边处理，使得杭黄高铁在与杭长高铁已完成轨道铺设区间轨道控制网进行衔接测量时，整个衔接区域成为一个完整的控制网。在进行轨道施工及精调过程中，特别是在线路分为左右线区域及与杭长高铁接轨区域，有效提高了控制点的设站精度，保证了轨道的无缝衔接。

改进后的轨道控制网测量方法被广泛应用于杭黄高铁与合福高铁、绩溪北站东南联络线及南东联络线等区域的轨道控制网测量，较好地解决了轨道控制网衔接测量的问题。

四、精密测量网布设工程小结

杭黄高铁精密测量网建设实行分级布网、逐级控制，设计人员积极改进和优化传统的测量方法，综合采取多种措施提高测量精度，降低误差，为杭黄高铁勘察设计、施工建设、运营维护等阶段的工作打下了良好的基础。

（一）精密测量，降低误差

杭黄高铁设计人员在测量过程中，从工程建设的实际情况出发，有针对性地开展精密测量网布设工作，科学设计各级平面控制网络体系。为减少误差，杭黄高铁测量人员采取了多方面措施：在线路平面控制网共用控制点，规避了不同线路相同坐标系之间的搭接误差；在不同度带衔接处，预留设计线位搭接段，确保设计线位搭接的零误差；重新设计隧道导线控制网测量方式，减少长大隧道导线附合路线角度闭合差的累积；提出新的定权方式对高程控制网进行数据处理，提高了隧道绕行段高程控制网的精度。

（二）基于传统，不断优化

我国高速铁路建设速度不断加快，为满足不断提高的工程勘测精度要求，需要改进传统控制测量方法，从根本上提升高速铁路勘测工程质量，确保高速铁路建设工程质量满足行车安全和舒适性要求。杭黄高铁测量人员为克服传统 3 度带高斯投影所导致的投影精度不够，采用 WGS84 椭球参数、多个中央子午线、不同高程面的分段投影技术对线路进行投影；在传统隧道群洞外控制测量方法基础上，采用增加定向点的方法，既减少了埋点的工作量、克服了洞口较难选择通视边的不利条件，又保证了归化为长大隧道后隧道群的贯通精度。测量人员根据工程实际情况，科学选择控制测量成果归算方法，对提高我国高速铁路建设工程整体质量，逐步完善高速铁路精密测量技术体系，保证高速铁路运行安全具有重大意义。

第三章
“四电”工程设计技术特点

高速铁路“四电”工程是指高速铁路的牵引供电工程、电力工程、通信工程、信号工程，是确保高速列车安全可靠运行的核心系统，是高铁建设的重要组成部分。杭黄高铁由于特殊的地形、地质、气候条件，牵引供电工程面临多线路引入接触网统筹设计、防雷设计等难题，电力工程面临部分地区电力设施薄弱、施工及维护难度大、环保要求高等问题，通信工程面临与既有高速铁路接轨无线系统设计要求高、基站布局设计难度大等难题，信号工程需要解决后续接入线路预留设计、列控等级转换等难题。铁四院大力开展专项研究，积极推进技术创新，解决了“四电”工程难题，打造了精品“四电”标杆，取得了多项创新成果，为后续高铁“四电”工程设计提供了宝贵的经验借鉴。

本章分别介绍牵引供电工程、电力工程、通信工程、信号工程的概况、特点及设计理念、重难点工程及解决方案、取得的创新成果等，为类似工程提供参考。

第一节　牵引供电工程

高铁动车组所需要的动力由专用的牵引供电系统提供，牵引供电系统是高铁列车安全、稳定、高效运行的重要基础设施和动力保障。杭黄高铁为典型的山区铁路，复杂的山区地形给牵引供电工程施工及维护带来诸多挑战，铁四院以打造“精品杭黄”为目标，根据线路特点创新设计、优化设计工艺，提高了施工效率，增强了接触网可靠性，实现了电力牵引供电智能巡检，取得的创新成果已在其他项目中推广应用。

一、工程概况及设计理念

（一）工程概况

1. 牵引供电

正线牵引网供电方式采用 AT 供电方式；跨线车联络线、动车出入段线采用带回流线的直接供电方式；动车存车线采用直接供电方式。

2. 牵引变电

新建富阳、建德、王阜 AT 牵引变电所 3 座；新建山联、塔堰、沙湾、文昌、三阳、大牛山（原名：金锅岭 2 号）AT 分区所 6 座；新建昇光、下坞、上喻、乾潭、廷章、溪口、徐家庄、水村、潘东宅、汪家岭 AT 所 10 座。利用杭长高铁的临浦牵引变电所、合福高铁的绩溪北、黄山北牵引变电所。

3. 接触网

接触网工程包括线路挂网工程和附加导线工程，附加导线工程包括牵引所亭馈线至接触网上网段的供电线工程。6 座牵引变电所（含 3 座既有牵引变电所）、6 座分区所、10 座 AT 所馈出的上网供电线。全线新架设承力索、接触线各 728 km，正馈线保护线 529.6 km，供电线 225.1 km，高压电缆 58.5 km，避雷线 214 km。

4. SCADA 系统

杭黄高铁新建电力、牵引供电远动设备分别纳入中国铁路上海局集团有限公司调度所内的既有合福高铁、宁杭甬高铁和杭长高铁供电调度台管辖。

5. 供电维修

杭黄高铁牵引供电工程采用综合维修模式，在富阳、桐庐、千岛湖、绩溪北设置供电工区。在桐庐、绩溪北设置供电管理车间，承担管辖范围内的牵引供电及电力设施的运营管理和维护、检修工作。

（二）工程特点

1. 防雷保护要求高

杭黄高铁沿线城市属江南地区，多雷暴天气，特别是建德、淳安地区年平均雷暴日高达 70 天以上。雷电容易造成接触网短路跳闸故障，严重危害高铁行车安全和运行稳定，因此对杭黄高铁牵引供电线路防雷保护要求高。

2. 多线引入，设计接口多

在杭黄高铁建设的同时，也有其他高铁正在规划建设，如金建、建衢铁路引入建德站，皖赣铁路与杭黄高路交叉并行，湖杭铁路连接线引入桐庐站，昌景黄铁路引入黄山北站，多条线路的引入，造成杭黄高铁牵引供电工程设计接口多。

3. 接触网景观设计需要与环境协调

杭黄高铁是一条山区旅游高铁线，沿线风景秀丽，这对牵引供电工程接触网的景观设计提出了较高要求。接触网支柱形式、支柱高度、车站接触网景观设计要达到与沿线优美环境相协调的效果。

（三）设计理念

1. 安全可靠

正线接触网采用弹性链型悬挂，满足动车组双弓运行条件下 250 km/h 的速度目标值；优化高速道岔区接触网布置，满足正线高速通过要求；采用高设计标准和冗余措施，确保接触网系统的可靠性。

2. 打造精品

落实细部设计、优化提升现场施工工艺；提高牵引供电专业与外部电源、所亭征地的工程接口配合，完善与铁路内部站前站后各专业工程接口设计；根据工程特点进行差异化设计；注重红线管理，加强细部设计、细部工艺的表达。

3. 环境友好

合理选择所亭位置，选用节能、低噪设备；接触网系统在满足系统功能及技术要求前提下，结合线路、车站、建筑结构设计条件，从支柱形式、高度、肩架结构以及与车站雨棚的结合等方面，注重接触网景观设计。

4. 强化协同

接触网接口设计中，对接触网与桥梁、隧道、路基、站场、声屏障、信号、行车等专业开展协同设计和碰撞检查，以减少接口问题，避免接触网与其他专业发生冲突。

二、重难点工程及解决方案

（一）四线并行区段牵引供电设施及多线路引入接触网统筹设计

1. 工程重难点

杭黄高铁在杭州地区和绩溪至黄山段分别与杭长高铁、合福高铁四线并行，如图 3–1 所示。如果杭黄高铁建立一套独立的牵引供电系统，必然增加工程投资，如何处理后期过渡工程也是一项难题。此外，在杭黄高铁建设过程中，多条线路接入本线，有金建铁路、建衢铁路引入建德站同步实施工程，皖赣铁路与杭黄高铁交叉并行段先行工程，湖杭铁路连接线引入桐庐站同步实施工程，昌景黄铁路引入黄山北站同步实施工程等。接触网需结合接入线路实施范围在接触网基础预留、供电分段等方面统筹设计。

2. 解决方案

为解决四线并行区段牵引供电设施实施难题，杭黄高铁供电方案充分利用杭长高铁的临浦牵引变电所，合福高铁的绩溪北、黄山北牵引变电所。为避免后期增加主变及馈线的施工改造对既有线运营的影响，在初步设计中统筹兼顾，在杭长高铁、合福高铁建设期间，配合沪昆铁路客运专线浙江有限公司、京福铁路客运专线安徽有限责任公司完成杭黄供电设施同步实施，为后期杭黄高铁建设节约了过渡工程投资，也缩短了工程建设周期。

图 3–1 杭黄高铁四线并行区段

针对多线引入接触网统筹设计难题，通过采取以下措施避免或减小后期线路接触网引入时对本线既有接触网的改造：

（1）在实施前，做好现场调查，包括施工进度、设备材料订货情况等，结合调查情况开展设计。

（2）理清接入线路的设计标准，比如供电方式、是否有正馈线、避雷线等，做好接口预留设计工作。

（3）充分考虑后期线路接入后对既有接触网供电分段的影响，在设计中提前做好供电分段预留设计。

（二）接触网电分相设计

1. 工程重难点

杭黄高铁全线为山区地形，桥隧比 87.6%，隧道占比大（隧道占比 52.7%），坡道大（最大坡道 20‰），给接触网电分相的布局选址、结构设计以及后期维护带来困难。

2. 解决方案

在接触网电分相设计中，根据牵引供电方案及所亭布置，从列车过分相运行需求出发，以分相关节位置避免设置在隧道内、大坡道上为原则，兼顾接触网后期运营维护和供电线实施，会同牵引供电、行车、信号、线路等专业，通过列车过分相能力检算、技术经济比较，合理选取了杭黄高铁全线接触网电分相位置。经比选和多次优化，全线共计20处电分相，10处电分相设置在两隧道间，仅有2处电分相设置在隧道内，大大减少了分相设置在隧道内的工点。

在电分相结构设计中，其结构应满足不同型号动车组双弓运行条件。通过综合比选各种分相结构优缺点，结合本线线路条件，并充分征求中国铁路上海局集团有限公司供电部门意见，最终确定采用中性区段小于双弓最小间距的六跨关节式电分相结构。

图3–2　供电线电缆沿支柱上桥敷设

在供电线电缆上桥处，为便于后期对供电线电缆维护，采取在桥下设立格构式钢柱，电缆沿支柱敷设上桥的安装方式（图3–2）。该安装方式既保证了电缆顺直敷设，也便于后期维护人员登杆维护。

为解决后期维护困难的问题，便于供电维护部门对接触网电分相关节及对应供电线上网点等关键设备的状态监控，在全线接触网电分相关节处设置了综合视频监控系统，有助于供电维护部门对电分相关节、腕臂结构、开关等设备的工作状态进行实时监测，提高维护效率和维护质量。在接触网电分相关节处设置视频监控的设计，已在高速铁路接触网设计中推广。

（三）接触网防雷设计

1. 工程重难点

杭黄高铁沿线主要城市及地区年平均雷暴日统计见表3–1，可见杭黄高铁全线年平均雷暴日大于40天，所经地区属于多雷区，雷电容易对接触网正常工作产生影响，严重危害高铁的运行安全。因此，做好牵引供电接触网的防雷保护十分关键。

表 3-1 杭黄高铁沿线主要城市及地区年平均雷暴日

地　区	杭州市	建德市、淳安县	黄山地区
年平均雷暴日（天）	46	70	48

2. 解决方案

在设计中，根据接触网设备重要程度、所处工点位置，结合线路敷设形式，对接触网防雷方案进行差异化设计。考虑到本线所处地区年均雷暴日高，经调研，采取了以接触网上方架设独立避雷线为主、在接触网关键设备处设置避雷器为辅的防雷方案，具体方案如下。

（1）在露天敞开区段（如高路堤、高架桥区段），在接触网上方架设独立避雷线。避雷线安装在柱顶，采用增高肩架安装方式。利用电气几何模型法计算，避雷线设置在柱顶上方 1.2 m 处，保护其下方的接触网和附加导线。

（2）在隧道外接触网电分相和绝缘锚段关节处、供电线上网开关处、隧道口、供电线电缆头等接触网关键设备处设置氧化锌避雷器。

（3）在牵引所亭架空供电线上方，将架空地线升高至柱顶安装，兼作避雷线，保护其下方的供电线。

（4）防雷接地采用双引下接地方式，接地电阻不大于 10 Ω。充分利用综合接地系统，接触网防雷接地点与通信、信号及其他电子信息系统在综合地线上接入点间的距离大于 15 m。

（四）山区铁路供电线设计

1. 工程重难点

杭黄高铁为山区铁路，既有绩溪北牵引变电所和既有临浦牵引变电所架空供电线径路长，架空通道位于多山区段，山陡林密。既有绩溪北牵引变电所供电线临近既有合福高铁和预留的皖赣宣绩段高铁，既有临浦牵引变电所供电线穿过临浦镇，征地困难。按常规设计，因其架空供电线导线多、支柱高度不足、支柱跨距较小、支柱数量大，导致支柱基础占地多、砍伐树木多、个别工点无法跨越，且现场实施困难。

此外三阳站为高架车站，位于两隧道间。三阳分区所位于高架车站下方，经行车检算，其对应分相关节需设置在黄山侧隧道内。分区所距远端上网点距离约 2.1 km，距隧道口约 0.5 km。三阳分区所黄山侧供电线架设至隧道口后，转电缆沿隧道侧壁敷设至上网点。供电线敷设径路如图 3–3 所示，现场鸟瞰如图 3–4 所示。远端供电线若采用在铁路桥下方敷设，供电线需跨越昌源河（河宽约 100 m）和杭瑞高速公路，现场实施和后期维护都困难；在峰高岭隧道口，供电线电缆需由桥面沿隧道侧壁向上敷设，不可避免与通信漏缆相交，在交叉点为保证与通信漏缆的安全距离，需进行局部开挖。

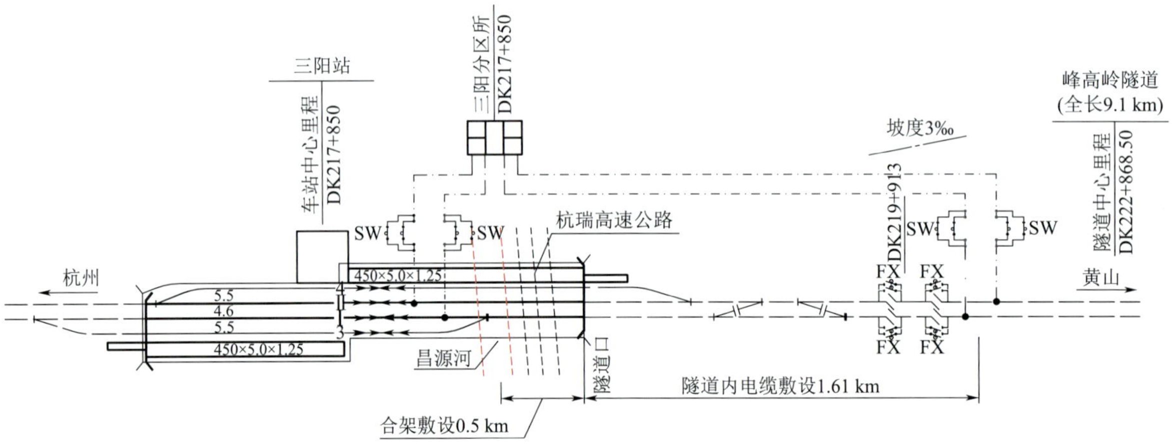

图 3–3　三阳分区所供电线示意图（单位：m）

图 3–4　三阳站鸟瞰

2. 解决方案

（1）大跨距输电线路铁塔设计

为保证供电线顺利实施，经现场多次测量，并与地方政府多次协调，在绩溪变电所、临浦变电所局部区段设计采用了 110 kV 双分裂高压输电线路铁塔架设接触网供电线，增高供电线架设高度，加大跨距，如图 3–5、图 3–6 所示。输电线路铁塔的设计，不仅减少了征地、减少了对供电线通道上树木的砍伐，而且有利于山区供电线杆塔的施工和后期运营维护。

图 3–5 绩溪北牵引变电所架空供电线

图 3–6 临浦牵引变电所架空供电线

（2）供电线与接触网合架设计

在三阳分区所供电线设计中，设计师结合三阳站平面图和雨棚结构，综合布置车站接触网平面，利用线间（线间距 5.5 m）设立上网柱，远端供电线采取电缆上桥后在上网柱上方转为架空供电线，然后沿硬横梁顶架空敷设至隧道口，最后在隧道口漏缆上方敷设方式由架空转为电缆安装，从而避免了接触网电缆与漏缆的交叉问题，且便于运营维护，如图 3–7、图 3–8 所示。

图 3–7　三阳分区所供电线与接触网硬横梁合架安装

图 3–8　三阳分区所合架供电线在隧道口安装

（五）接触网景观设计

1. 工程重难点

杭黄高铁沿线风景秀丽、车站结构造型独特，为打造“最美高铁”，接触网设计在满足其功能要求的基础上，又要注重与周围景观环境相协调。因此，接触网景观设计成为一项富有挑战性的工作。

2. 解决方案

针对上述工程难点，设计者对接触网的支柱形式、支柱高度进行研究，选取了合适的支柱形式及支柱高度，并结合各站的特点进行差异化设计，实现接触网景观设计效果最优。

（1）支柱形式

在满足相关设计技术标准要求的前提下，全线路基及箱梁桥上采用轻型、美观的热浸镀锌 H 形钢柱。在车站，跨越多股道且线间距不能立腕臂柱时采用硬横跨结构，硬横跨支柱采用直径为 350 mm 的等径圆钢管柱，横梁采用结构轻型的倒三角圆钢管梁。

（2）支柱高度选择

在满足接触网安装需要的前提下，将接触网支柱高度进行统一，做到视觉上支柱高度保持一致。在区间敞开段，柱顶需安装避雷线，关节内六根支柱高度统一为 8.5 m，非关节支柱高度统一为 8.2 m。在车站内，柱顶无避雷线，支柱高度，按水平腕臂至柱顶 300 mm 设计，严格控制支柱露头。区间接触网安装如图 3–9 所示。

图 3–9　区间接触网

（3）车站接触网景观设计

在车站接触网设计中，特别是在千岛湖站、三阳站、黄山北站、绩溪北站，接触网设计结合车站雨棚柱位置、雨棚形式、车站平面布置等，采取支柱与雨棚柱对齐，在雨棚上预留吊柱底座、优化接触网安装形式，统一控制腕臂管、定位管露头尺寸，细化支柱高度，避免坠砣设置在站台区段范围内等措施，开展接触网平面布置与雨棚结构协调设计，使站区在视觉上空旷、简洁、美观。

①千岛湖站接触网设计

千岛湖站两台夹四线，外侧各设一条到发线，为六股道高架桥车站。在该站，接触网主要采取线间立柱方案。在支柱定位时，结合雨棚柱、桥墩位置综合布置，并让接触网支柱与雨棚柱对齐。在雨棚造型段，由于外侧股道无法单独立柱，采取在雨棚结构上预留接触网吊柱底座，安装吊柱悬挂接触网，并使得吊柱位置与正线立柱对齐，如图 3-10 所示。

图 3-10　千岛湖站接触网

②三阳站接触网景观设计

三阳站为高架车站，站台错开布置，且三阳站下方设有三阳分区所，存在接触网供电线上网，导致接触网安装复杂。在设计中，与桥梁、站场、雨棚结构等专业密切配合，协同设计。在站台区段，采用与雨棚柱合架横梁的方式悬挂接触网，如

图 3–11 所示。其中，在站台错开段，一侧有雨棚柱另一侧无雨棚柱时，接触网在雨棚柱对侧单立硬横跨支柱，合架硬横梁。采用横梁后，也便于合架供电线的安装。

图 3–11 三阳站接触网与雨棚合架横梁安装

③绩溪北站、黄山北站接触网景观设计

杭黄高铁与合福高铁在绩溪北站和黄山北站共站，分场设置。在雨棚区段，接触网采用线间立柱方案，在支柱定位时，除与雨棚柱对齐外，还需与合福场的接触网支柱对齐。正馈线安装形式与合福场保持一致，均采用柱顶合成绝缘子的固定方式。黄山北站接触网实景如图 3–12 所示。

图 3–12 黄山北站接触网

三、取得的创新成果

（一）供电系统采用多维状态辅助监控创新设计

根据牵引变电所配电设备安装区域不同，将场区划分为所亭外围、室外高压区、室内二次设备区。传统高铁牵引变电所围墙顶部采用滚刺进行围护，滚刺一般由热镀锌钢板或不锈钢薄板冲压出的尖锐刀片和高张力镀锌钢丝或者不锈钢丝组合而成，由于刺网造型独特而不易触摸，能达到较好的防护隔离效果，但无法实现自动报警，不能有效阻止非法入侵，且尖锐的刀片在安装和正常工作时容易造成误伤。因此，为解决这些弊端，富阳牵引变电所将围墙顶部滚刺优化为电子围栏，如图 3–13 所示。通过电子脉冲发生装置和周界围栏，辅以传输控制系统，使得牵引变电所在有非法人员入侵时发出高压脉冲进行阻止，并自动报警上传至监控中心，有效震慑和阻止非法入侵人员，为运营所亭环境安全保驾护航。室外高压区配置高杆安装带云台多角度高清摄像机，用于柱上安装的高压设备上、中、下三个关键部位自动视频巡检及故障联动；室内中压区和二次设备区利用智能巡检机器人保持动态巡视，如图 3–14 所示，同时智能巡检机器人还执行室外设备区的日常巡检，如图 3–15 所示，具有红

图 3–13　富阳牵引变电所电子围栏

图 3–14 富阳牵引变电所机器人室内巡检

图 3–15 富阳牵引变电所机器人室外巡检

外摄像监测、高压设备控制箱信息监测等功能，实现所亭全面多维的动态与静态、高处与低处、所内与所外的视频监控。与此同时，将所亭的环境信息监测、安全防范、火灾报警、动力照明控制等信息纳入辅助监控系统平台，多状态监控数据在后台交互，及时服务于设备故障报警、诊断等功能。

多维状态辅助监控系统释放了值班人力，减轻了人工劳动强度，比人工巡检效率提升了 2 ～ 4 倍；采用机器人巡检 + 固定摄像头组合，量化巡检参数，排除了人为因素的影响（如：人员身体状况、巡检态度、从业经验等），提高了巡检的质量和稳定性。

杭黄高铁供电系统采用的辅助监控系统在验收过程中多次接受中国国家铁路集团有限公司、中国铁路上海局集团有限公司领导的巡视指导，开通运营后，多次接受国内铁路局集团公司、设计院参观学习，为全路实施电力牵引供电无人值守建设提供了可靠经验。

（二）接触网柱顶正馈线肩架、避雷线肩架协调安装设计

杭黄高铁位于多雷区，沿线每根 H 形钢柱的柱顶均需安装正馈线和避雷线，为兼顾避雷线安装，设计人员对柱顶正馈线肩架安装形式进行了优化设计。常规设计的正馈线肩架和避雷线肩架安装结构如图 3–16 所示。原正馈线肩架设计采用 2 根 L100 mm × 100 mm × 10 mm 的背角钢，安装中需采用 2 块连接角钢和 8 根联结螺栓，在安装避雷线柱顶肩架时，需在 H 形钢柱腹部与肩架间增加垫块，结构复杂，现场高空作业安装不便。

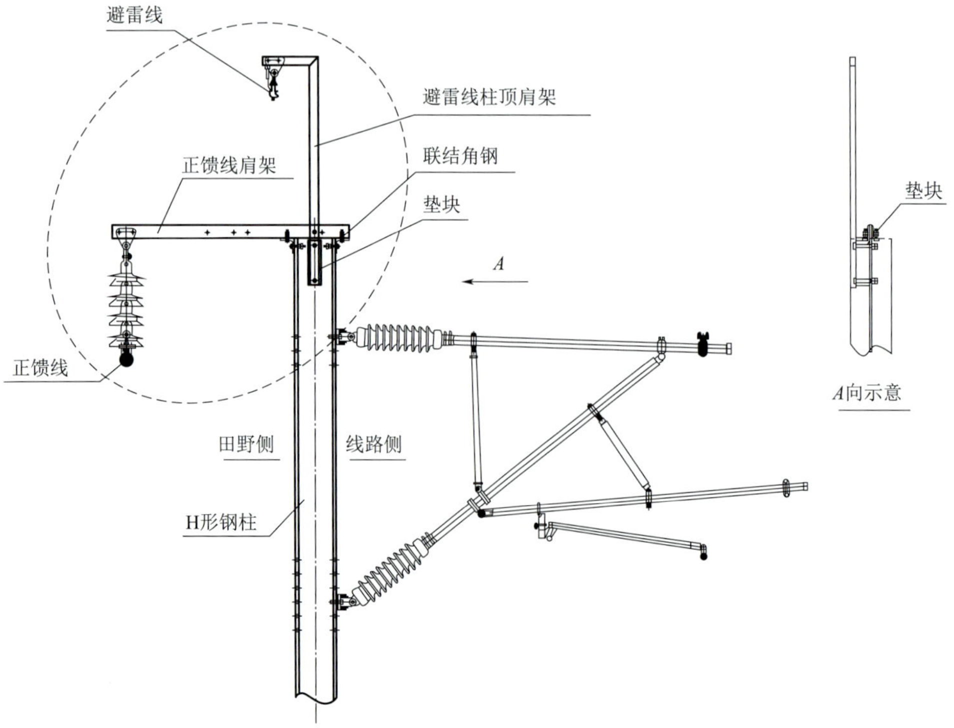

图 3–16　优化前正馈线肩架示意图

经设计优化，正馈线肩架安装采用如图 3–17 所示的结构。

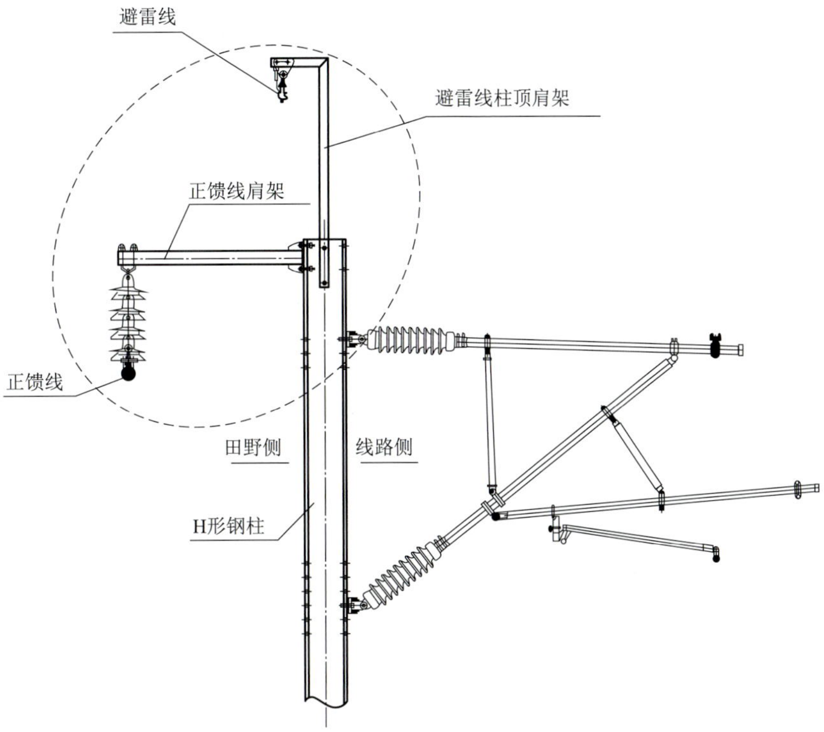

图 3–17 优化后正馈线肩架示意图

杭黄高铁接触网安装设计将柱顶正馈线肩架改为矩形管结构，移至支柱侧面安装，留出柱顶腹板空间，用于安装避雷线肩架。优化后，正馈线肩架采用一根口径为 80 mm × 60 mm × 5 mm 的矩形管结构，用 4 个联结螺栓与 H 形钢柱联结。安装柱顶避雷线肩架时，直接用 2 根联结螺栓即可，不需垫块，安装实景如图 3–18 所示。优化后正馈线肩架由两块角钢优化为一根矩形管，减轻了正馈线肩架重量约 20 kg，减少了联结件，安装更方便，提高了工作效率。安装避雷线肩架时，取消了垫块，安装更加简洁，且整体美观。这种安装方式已被纳入标准图设计，并在后续铁路接触网设计中推广应用。

（三）整体吊弦压接工艺改进创新

接触网整体吊弦是接触网关键零部件之一，其服役状态、性能优劣直接影响接触网系统的可靠性，一旦出现故障，则势必影响行车安全。接触网整体吊弦一般采用传统的三点式犬牙压接工艺。该工艺在压接点近似点接触，易对接触点表面产生损伤，在运营期受到反复拉伸松弛、反复弯曲等作用下，压接处出现疲劳。在已开

图 3–18　正馈线避雷线在支柱上安装

通项目中，发现吊弦压接处存在断丝、断股和明显压痕，增大了吊弦脱落风险。

杭黄高铁充分吸取了已开通线路的经验，研究优化了吊弦钳压管压接工艺，由三点式犬牙压接工艺改为同管环形椭圆压接工艺，在钳压管管口处进行倒角工艺处理，避免在吊弦装置运动过程中造成磨线。同时适当加长钳压管长度，增强握紧力。

该工艺采用一次压接、三道压痕、宽度适中、收缩量小的对称截面压接形式，压接的有效接触面积增大，摩擦力提高，应力分散。工艺的改进，减少了由于压接而对吊弦线产生的损伤，且增大了轴向阻力，提高了吊弦可靠性。改进前后整体吊弦压接形状如图 3–19 所示。改进后的压接工艺在杭黄高铁全线应用，至今运营状态良好。目前该工艺已被纳入中国国家铁路集团有限公司企业标准，并在高速铁路接触网工程中推广应用。

（a）改进前传统三点式压接　（b）改进后现场压接完成后的整体吊弦

图 3–19　整体吊弦压接工艺改进前后对照

四、牵引供电工程小结

杭黄高铁牵引供电工程通过精心规划，统筹设计，推广应用高科技手段，采用成熟可靠的技术方案，保障了牵引供电工程顺利实施和长期可靠运行。在建设过程中取得了多项创新成果，为类似工程提供了宝贵的经验借鉴。

（一）精心规划设计，加强项目统筹

杭黄高铁牵引供电工程统筹规划杭州枢纽、绩溪黄山地区既有工程与在建、规划工程的关系，合理利用预留设施，避免重复建设浪费投资，缩短了建设周期。为避免后期引入线对本线接触网的改造，对牵引供电工程进行精心规划，统筹设计。在长距离供电线设计中，特别是在城市郊区，在初步设计时与地方规划部门充分对接，明确好供电线径路和敷设方式，避免后期实施时发生较大的变更，保障施工进度，节省工程投资。

（二）开展协同设计，减少接口问题

牵引供电工程接口繁多，必须提高专业与外部电源、所亭征地的工程接口配合，完善与铁路内部站前站后各专业工程接口设计。如接触网与桥梁、隧道、路基、站场、声屏障、信号、行车等专业存在复杂精细的接口工程，杭黄高铁牵引供电工程设计从系统工程出发，各专业开展协同设计，做好接触网基础预留接口设计、电分相设计等，避免接触网基础与电缆槽、声屏障、CPⅢ桩等发生冲突，减少工程实施过程中的接口问题。

（三）运用科技手段，创新维护模式

杭黄高铁在全线接触网电分相关节处设置综合视频监控系统，方便供电维护部门对电分相关节、腕臂结构、开关等工作状态进行实时监测，提高维护效率和维护质量。富阳牵引变电所用电子围栏替换传统围墙顶部的滚刺，能够实现对非法入侵自动报警并上传，保障了所亭运营安全；通过设置智能巡检机器人，提升变电所巡检工作的时效性和便利性。杭黄高铁牵引供电工程通过运用科技手段，使牵引供电工程后期管理维护工作更为便捷、高效，为后续高铁牵引供电工程管理维护工作提供借鉴。

第二节 电力工程

电力工程是高速铁路供电工程的一部分，从前期地方电力输电线路迁改、施工临时用电到铁路运营时期各类机电设施供电、各类人员生产、生活用电等，电力提供了基本的生产、生活保障。杭黄高铁沿线分布有浙江省、安徽省电网 10 ～ 220 kV 变配电设施，可基本满足铁路沿线电力供电要求，但建德东至绩溪北段两省交界处为大山区，电力设施薄弱。通过施工供电永久和临时工程结合，解决了电网欠发达地区供电问题，确定了信号独立接地装置接地电阻值，经深入研究，取得了不接地系统长距离电缆线路过电压保护等四项创新成果。

一、工程概况及设计理念

（一）工程概况

杭黄高铁新建 35/10 kV 变配电所 1 座，10 kV 配电所 4 座，改造 10 kV 配电所 2 座；新建 10/0.4 kV 室内变电所 17 座，改造 10/0.4 kV 室内变电所 6 座；新建箱式变电站、开关站 166 座；新敷设高低压架空、电缆线路 1 023 km；新建灯桥、投光灯塔、道路灯等 359 座；新建动车所 1 座；新建站房 5 座，改造站房 3 座；新建约 60 000 m^2 “四电”及生产生活房屋的动力配线、室内照明、火灾自动报警系统、机电设备监控系统等；建立全线长度 500 m 及以上共 49 座隧道照明系统；建立全线长度 5 000 m 及以上共 7 座隧道的防灾救援设备配电系统、防灾救援机电设备监控系统；新建 2 座照明及防灾救援设备监控主站。

（二）工程特点

1. 部分地区电网薄弱

杭黄高铁建德站至芦山湾隧道出口段线路桥隧占比高达97.8%，桥隧分布密集，施工点多，施工用电量大。该段线路位于浙江省和安徽省两省交界处，地方电网薄弱，施工电源接引困难。因此电力工程设计需制定合理的供电方案，保证其施工用电容量及供电可靠性。

2. 施工及维护难度大

杭黄高铁电力工程涉及新建电力工程和多处电力线迁改工程，由于山区地形复杂、受天气影响大以及电力线迁改工程需要多方协调等因素，电力施工中不确定因素多。此外，山区复杂的地形地理条件也会给供电线路故障监测和维修带来很大困难。

（三）设计理念

1. 统筹规划

针对杭黄高铁沿线部分地方电网欠发达、供电能力不足的困难，在电力工程设计中，将铁路运营永久用电与施工期临时用电统筹设计，结合施工用电负荷和接引地方电源难易情况确定永临结合电压等级。同时对沿线公共电网进行适应性改造，改善当地供电条件，支持地方经济发展。

2. 运维智能化

为保障杭黄高铁电力工程运行安全可靠、电力设备维修简单快捷，解决复杂山区地形带来的故障监测与维修困难，积极采用智能化手段，实现长距离高压架空线路智能化巡检、故障快速定位及电力设备故障自动报警。

3. 优化投资

针对铁路电力工程建设中常遇到的问题，如信号独立接地装置接地方式、低压谐波治理等，采用不同的技术方法会造成工程投资差异较大，因此应积极开展研究，寻找经济合理的解决方案，实现投资优化。

二、重难点工程及解决方案

（一）施工供电永久和临时结合工程

杭黄高铁部分区段线路需要穿越著名风景名胜区、生态环境保护区，山峰陡峭、河谷深切、桥隧密布，且地方电网欠发达，供电能力不足，施工临时电源接引难度大。因此深入研究施工临时供电与永久供电工程相结合的供电方案对于更好地控制施工进度、节省投资和确保施工质量都具有十分重要的现实意义。

1. 永临结合的技术优点

施工供电永久和临时结合工程在大范围内自成供电系统，与大临供电工程相比，有如下优点：

（1）便于电力的统一管理、统一调度，减少建设单位大量协调工作，为站前和站后各专业施工提供可靠的施工及调试电源。

（2）有利于缩短施工准备周期，节约站前土建工程施工时间，避免施工单位之间的重复工作，节省人力、物力。

（3）由大电网接引电源，供电容量足、质量高、可靠性强，避免土建工程施工使用柴油发电机，节约能源，降低环境污染。

（4）部分永临结合供电线路可在正式工程中应用，节省大量投资。

2. 沿线地方电网电源情况

根据收集的地方电网资料，施工用电沿线有可靠施工电源的点主要集中在沿线的市、县、镇等地。根据线路、车站、桥梁、隧道等有关专业提供的资料，结合沿线调查收集的地方电源资料，可利用的电源包括建德供电公司、淳安供电公司、地方小水电、歙县供电公司、绩溪供电公司等 35 ～ 220 kV 变电站，总体来看，电网欠发达，供电能力不足。

3. 施工用电负荷分布和特点

（1）用电负荷分布

建德站（DK137+000）至芦山湾隧道出口（DK239+781）段线路长度约 103 km，桥隧占比极高，其中 3 km 以上的长大隧道 9 座。施工负荷主要分布在沿线桥、隧施工点以及制梁场、临时材料厂、填料集中拌和站、混凝土集中拌和站等大型临时设施处。

（2）施工供电负荷特点

①日负荷率（日平均负荷 / 日最大负荷）约为50%，适当调整各用电点上下班时间，日负荷率可达70%。

②功率因数变化大：系统功率因数在0.5～0.9之间变化，有条件时可采用动态无功补偿装置。

③负荷变迁较大，供配电的变电站迁移变化多。

④同时系数较大，一般在0.5～0.7。

（3）施工用电负荷计算

经统计分析，在DK137+000～DK239+781范围内施工供电变压器装机容量为44 175 kV·A，计算负荷为22 920 kW。

4. 永临结合主要方案

（1）根据施工负荷分布特点以及沿线电网情况，杭州东站至建德站，芦山湾隧道出口至黄山北站区段地势相对平坦，靠近城市的地区供电网络较发达，施工单位能够方便接取临时施工电源，不采用永临结合方案。而建德站至芦山湾隧道出口段线路长度约103 km，其中隧道31座，总长89.7 km；桥梁38座，总长11 km，桥隧长度占该段线路的97.8%。桥隧分布密集，施工用电接引点多，施工用电量较大，而此段线路主要位于浙江省和安徽省两省交界处，地方电网薄弱，施工电源接引困难。该区段采用施工供电永久和临时工程结合的设计方案，可为工程节约大量投资，取得显著的经济效益。

（2）永临结合电压等级在施工用电量较大且接引地方电源困难的地段按35 kV设计，施工用电量较小且接引地方电源相对容易的地段按10 kV设计。

（3）对于正式工程中有电源线的车站、配电所，其电源线在临时施工用电工程中考虑先期建设，后期正式工程利用。

（4）地方变电站或电源线路不能满足施工用电容量要求的，进行适应性改造，改善沿线公共电网的供电条件，支持地方经济发展。

（二）信号独立接地装置接地电阻值确定

1. 独立接地体与综合接地相连之前的设计标准问题

电力专业在杭黄高铁沿线布设有35 kV及以下变配电所、箱式变电所、电缆接头等电力设施，按规定需要接地。防雷接地、工作接地、保护接地共用一套综合接地系统，但与综合接地相连前的接地电阻值没有明确规定，造成验收时标准不统一以及较大的工程造价差异。尤其是在高土壤电阻率地段，如隧道、桥梁，是否需要各系统达到最小接地值要求后再与综合接地系统相连接，两者投资相差甚大。如果要求箱变独立接地体接地电阻小于 4 Ω，在技术上难以实现，经济上极不合理。

目前隧道洞室接地网主要有以下两种做法：

（1）在隧道洞室狭小的空间里，采取深埋垂直接地极、换土等多种降阻抗措施，以满足接地电阻 4 Ω 甚至 1 Ω 要求，实现难度大，平均一处需要花费投资 1.5 万～ 2 万元。

（2）直接将工作接地、保护接地与综合接地系统相连，几乎不花费工程费用。

可见，不同做法投资相差很大。因此，重难点在于研究杭黄高铁沿线变配电所、箱式变电所、电力电缆接头等电力设施的独立接地装置在与综合接地系统连接之前的接地设计标准。

2. 解决方案

技术人员通过调研，梳理国内外规范、标准等相关文献，并通过理论研究、仿真计算和现场测试等多种手段，成功解决了独立接地体与综合接地相连之前的设计标准问题，并得出了以下研究成果：

（1）接入综合接地系统的高速铁路电力变配电所的工作接地、防雷（雷电保护）接地及保护接地组成的共用接地装置与综合接地系统相连前满足雷电保护接地设计要求即可，在非高土壤电阻率地区，接地电阻不宜超过 10 Ω。目前一般设计做法是，电气装置的工作接地、防雷（雷电保护）接地及保护接地组成的共用接地装置与综合接地系统相连前一般按满足 4 Ω 或 1 Ω 设计。杭黄高铁电力工程设计中有效利用了单个接地体与综合接地体之间的工频接地特性和雷电冲击特性关系，成功解决了单个接地体在高土壤电阻率地区接地电阻值难以降到 4 Ω 甚至 1 Ω 以下难题，每处节约工程投资 1.3 万元。

（2）接入综合接地系统的高速铁路高压电缆线路接地、隧道内电力独立接地装置与综合地线相连前的接地电阻值可不作要求。国内一般做法是在隧道洞室狭小的空间里，采取深埋垂直接地极、换土等多种降阻抗措施，以满足接地电阻 4 Ω 甚至 1 Ω 要求，平均一处需要花费投资 1.5 万～ 2 万元。杭黄高铁电力工程设计中提出隧道内单个接地体不用独立设置接地网，直接与综合接地系统相连的方案，解决了隧道洞室空间狭小、土壤电阻率高、接地电阻难以实现 4 Ω 或 1 Ω 的技术难题，经济效益明显。

三、取得的创新成果

（一）不接地系统长距离电缆线路过电压保护

高速铁路的供电主要采取电缆线路供电，与架空线相比，其单位长度对地电容电流一般是架空线的几十倍。特别是对于长距离电力电缆线路的对地电容电流可能大到致使单相接地电弧不能自熄的程度，尤其是在系统单相接地故障运行时，电弧反复重燃或稳定燃烧，导致瞬间接地发展为永久接地，引发电缆线路铁磁谐振过电压、电缆线路间歇电弧接地过电压等不同类型的过电压事故，导致电压互感器等设备损坏。在严重的情况下甚至会引发 PT 烧毁或爆炸，对系统运行和维护人员的人身安全造成威胁。

为减少接地故障对电网的影响，相关规程明确规定铁路全电缆贯通线路宜采用并联电阻接地方式，相应的继电保护主要采用电流速断、过流保护及零序电流速断、零序过流保护的方式，快速切除接地短路，避免发生因电缆单相接地故障引起变配电设备烧坏的现象。但杭黄高铁部分车站的站馈回路由于供电距离长，采用了长距离电缆线路供电，由配电所内 10 kV 主母线直接馈出，其接地形式与地方电网电源变电站保持一致，仍采用中性点不接地系统，因此极易出现谐振过电压引起的电气设备损坏。设计单位通过对现有长距离电缆运行线路现状进行调研总结，分析故障原因，结合理论研究、仿真计算、实验室实验或现场验证等手段，针对 10 kV 系统中性点不接地系统，优化具有高铁长电缆线路的变配电所过电压保护措施，提出不接地系统长距离电缆线路过电压保护设置标准，为杭黄高铁电力设计提供解决方案。

1. 不接地系统长距离电缆线路过电压保护措施

（1）宜选用励磁特性饱和点较高的电磁式电压互感器，电压互感器额定电压因数宜大于 2.2。

（2）电压互感器宜采用高压绕组中性点接入消谐装置的防谐振措施。

（3）当采用消弧线圈接地系统时，宜选用消弧线圈并联小电阻接地方式。

（4）宜采用独立的零序 CT 和小电流接地选线装置。

（5）零序过电压报警信号应纳入远动系统，上传至有人值班的场所。

（6）当从电网接引中性点为不接地系统的 20 kV、35 kV 电源对铁路贯通（环网）电缆线路供电时，宜在电源侧设隔离变压器并经小电阻接地，将接地电流限制在 400 A 以内。

2. 站馈长距离电缆线路过电压保护

杭黄高铁各变、配电所 10 kV 主母线接地形式与地方电网电源变电站保持一致，其站馈长距离电缆线路采用以下过电压保护措施。

（1）各变、配电所 10 kV 主母互及联络高压柜选用环氧树脂浇注式全绝缘型电压互感器，一次侧加装消谐装置。电压互感器的一次熔断器，其允许开断电流不小于真空断路器的开断电流。

（2）10 kV 主母线各站馈回路加装 LXKB-1050/1A 型独立的零序电流互感器。

（3）各变、配电所设置独立的小电流接地选线装置，10 kV 主母线各站馈回路具备小电流接地选线功能。

（4）各变、配电所微机继电保护增设主母线零序过电压告警整定值，并将零序过电压报警信号纳入电力远动系统，上传至 SCADA 主站。

（二）低压谐波治理设计方法

高速铁路电力负荷大多数为电力电子整流类及电子照明类感性负荷装置，主要包括铁路通信、信号、客运信息、照明光源及灯具、空调通风、给排水、电扶梯等各类负荷，在运行过程中都可能产生不同程度的谐波含量，导致电流和电压波形畸变。谐波会对铁路电力配电网络造成污染，除了增大网损、降低功率因数和电能利用效率外，还可能对铁路用电设备造成危害，干扰铁路通信信号和保护控制系统的安全运行，使敏感性负载受干扰，计算机出错或死机，照明设备和显示器产生闪烁等。

目前我国高速铁路车站和区间变电所谐波治理设计方法不统一：既有有源滤波又有无源滤波，两者投资成本相差较多，甚至部分项目在设计中尚未考虑谐波治理措施。为此，设计单位对低压谐波治理设计方法开展研究，为杭黄高铁电力设计提供解决方案，主要研究结论及创新点如下。

1. 高铁电力变电所谐波治理应以 3 次、5 次、7 次谐波为主

高速铁路电力负荷为典型的非线性负荷，主要包括铁路通信、信号、客运信息、照明光源及灯具、空调通风、给排水、电扶梯等各类负荷。其中，信号负荷是主要谐波来源，其特征谐波为 5 次、7 次谐波；空调通风系统（包括空调、风冷机组、冷冻机水泵）谐波含量排在第二，特征谐波为 5 次、7 次；区间通信直放站的特征谐波主要是 3 次、5 次；隧道照明的特征谐波主要是 3 次、5 次；电扶梯等非线性负荷特征谐波为 5 次、7 次。

2. 高铁车站综合变电所宜采用无源滤波或无源滤波和有源滤波相结合的滤波方式

不同的滤波方式，滤波效果及投资成本相差很大，滤波方式见表 3–2。

表 3–2 国内外滤波方式对比

比较项目	无源滤波器（LC）	有源滤波器（APF）	混合滤波补偿装置（MSC+SVG/APF）
谐波滤除率	50% ～ 60%	>95%	>95%
滤波次数	固定次数，不能同时解决多次谐波补偿问题	同时可滤除 2 ～ 50 次谐波（可以设定滤除若干特定次数谐波）	同时可滤除 2 ～ 50 次谐波（可以设定滤除若干特定次数谐波）
体 积	大	小	适中
负载特性的适应性	弱	强	强
动态响应时间	5 s	<20 ms	<20 ms
系统谐振	容易产生	不发生	不发生
价格（元 / kvar）	<150（根据容量大小）	600 ～ 1 000（根据容量大小）	≈ 500（取决于二者比例）

从表 3–2 可看出，无源滤波造价低，但滤波精度不如有源滤波；有源滤波精度最高，但成本也最高，而有源和无源滤波相结合方式，则兼顾了两者的优点。通过理论分析和现场测试对比研究得出结论：高速铁路车站综合变电所宜采用无源滤波或无源滤波和有源滤波相结合的滤波方式。采用无源滤波方式，谐波为 5 次及以上时，电抗率宜取 4.5% ～ 5.0%；谐波为 3 次及以上时，电抗率宜取 12%。当采用无源滤波和有源滤波相结合的方式时，无源滤波器应滤除谐波中的主要谐波电流，有源滤波器提高总体谐波滤波效果。

3. 高铁车站综合变电所宜采用分相无功自动补偿方法

在高速铁路变电所中，有大量单相负荷，且其负荷变化随机性很大，容易造成

三相负载的不平衡，即使设计时尽量做到三相平衡，在运行时也会产生差异较大的三相不平衡。若采用传统的三相无功自动补偿做法（采样信号取自三相中的任意一相），对于三相不平衡系统，容易造成未检测的两相过补偿或欠补偿。而分相无功自动补偿的原理是：调节无功功率参数的信号取自三相中的每一相，补偿装置可根据每相的感性负载大小和功率因数的高低进行相应的补偿，对其他相不产生影响，故不会产生欠补偿或过补偿的情况。

杭黄高铁全线新建车站综合变电所5座、工区车间变电所5座、通信信号变电所10座、其他变电所2座、箱式变电站156座。在工程中针对铁路通信、信号、信息、电扶梯、动车、给排水、空调通风、照明等负荷的频率特性，在站、段变电所结合无功电容补偿设置要求，谐波治理采用了LC无源滤波方式或无源滤波和有源滤波相结合的滤波方式，主要滤除3次、5次、7次谐波电流，保证了电能质量。区间通信、信号、隧道照明等小容量箱变不专设滤波装置。该治理方法既保证了电能质量又节约了大量投资，平均每座综合变电所与有源滤波相比节约投资约30万元，箱变每台节约投资约2万元。

（三）复杂山区铁路长距离高压架空线路故障监测系统

千岛湖站35 kV电源线是杭黄高铁电力供电系统唯一的35 kV电压等级的长距离架空线路，共新建铁塔26基，其中单回直线铁塔6基，单回转角铁塔18基，单回耐张终端铁塔2基，其敷设路径经过的区域以山地为主，途中跨越了部分千岛湖水域，植被覆盖茂密，交通条件较差。目前铁路配电所外电源架空线路发生故障主要依靠铁路局集团公司供电段检修人员到现场寻找故障点，存在故障处理时间长、检修人员工作量大等问题，尤其是山区线路，发生故障后寻找故障点尤为困难。这些客观情况都将影响架空线路故障处理时间，降低铁路供电系统可用性和可维护性，对高铁安全高效运行带来不利影响。因此，杭黄高铁在千岛湖站35 kV电源架空线路上增设配电线路故障监测系统。

千岛湖站35 kV电源配电线路故障监测系统由通信式故障指示器、通信终端和工作主站等部分组成，其中工作主站由信号接收终端、主站软件、计算机和手机组成。在地方电网变电站的出线端、长距离线路的中段、电缆与架空线连接处、建筑物或树木茂密地带、铁路配电所进线端等各个地方安装通信式故障指示器及通信终端，在铁路局集团公司供电段安装主站。共设置通信式故障指示器26套，架空通信终端主机 26 套，数据转换器 1 套、前置机服务器 1 台。当线路发生短路、接地、停电和送电等运行状态变化时，故障指示器检测到变化的信号，通过短距离射频信号传输到通信终端，再经由通信终端通过 GSM/GPRS 将信息发送到工作主站。主站电脑通过线路颜色的变化闪烁直观显示故障所在区段，同时弹出对话框提示报警，并以短信息的形式发送故障信息到巡检员手机，使线路故障点的定位、查询变得更加快捷。系统构成及工作原理如图 3–20 所示，该系统实现了 35 kV 架空线路智能化巡检、故障快速定位，提高了铁路配电网的管理水平和供电可靠性。

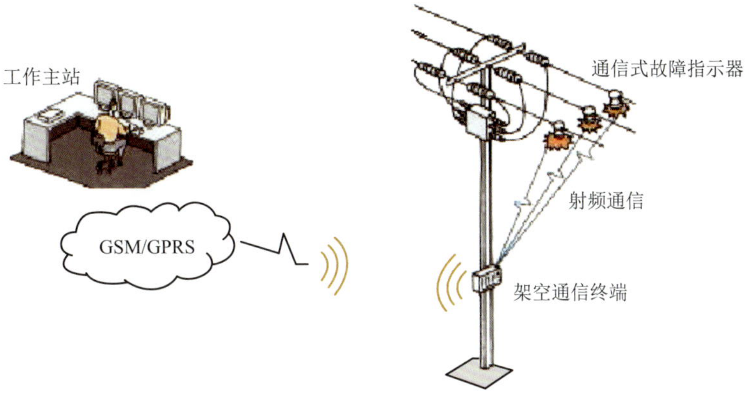

图 3–20　配电线路故障监测系统组成及工作原理示意图

（四）变配电所智能巡检系统

杭黄高铁全线 10 kV 及以上等级的变、配电所作为铁路供电系统运行的核心，对保障杭黄高铁安全高效运行起到关键作用。随着地方电网自动化技术的不断提高，无人值守、无人值班成为发展趋势。设计单位在杭黄高铁全线唯一一座 35 kV 电压等级的千岛湖变配电所试点智能机器人巡检系统，转变传统的巡检模式，利用智能机器人智能化技术及时发现电力设备的缺陷、异物悬挂等异常现象，自动报警或进行预先设置好的故障处理。

千岛湖变配电所智能机器人巡检系统包含巡检视频管理、环境监测（包含水浸、温湿度、气象、SF_6 等）、门禁、火灾报警（FAS）、照明控制、能源管理、电缆在线监测等子系统，各子系统可以根据实际需要灵活配置。系统采用分层架构，由间隔层和站控层组成，间隔层包括动力环境测控装置、视频服务器和辅助设备，站控层包括综合应用服务器、网络设备和值班员终端（可选）等，系统构成如图 3–21 所示。

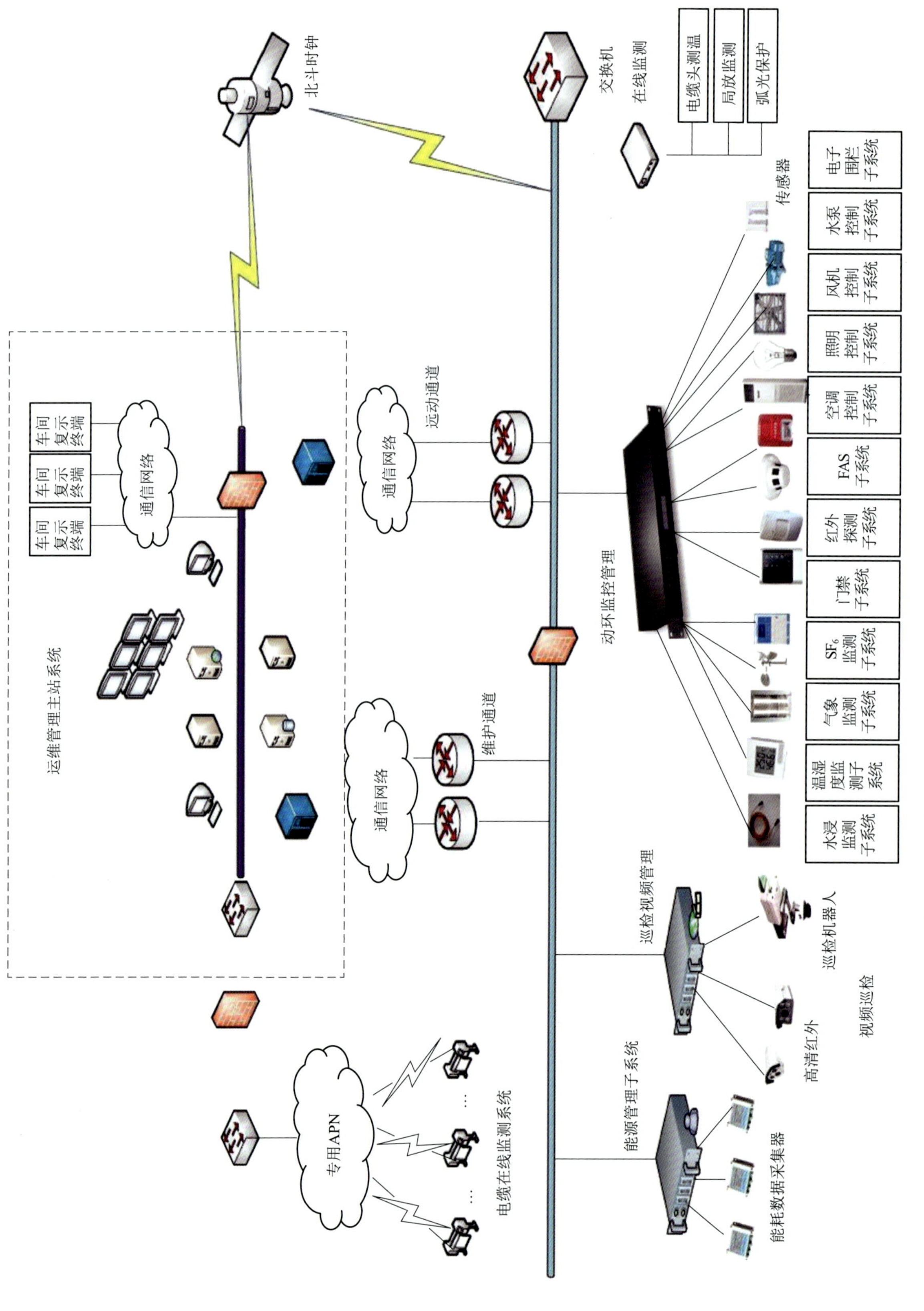

图 3-21 千岛湖变配电所智能机器人巡检系统构成示意图

智能机器人巡检系统可实现变配电所视频监视、环境信息监测、安全防范、火灾报警、动力照明控制、设备巡检运维等功能的高度集成和一体化监控，支持采集接入、数据存储、告警处理、传输通信、联动和监控等功能。该巡检系统能与其他系统进行信息交互，纵向上能与SCADA系统、综合视频管理系统等进行信息交互，横向上能与变配电所综合自动化系统进行信息交互。

1. 巡检系统主站

巡检系统分为局级主站和段级主站的方式，分别部署在上海局集团公司和杭州供电段的机房内，在车间、调度台等需要的地方设置复视终端。

2. 视频监控及巡检

采用固定视频监控与导轨视频巡检相结合，实现对铁路变配电所高压室、低压室、变压器室、无功补偿室等设备和环境的检测与巡检，及时发现设备故障、缺陷和异常，发现环境的异常变化，提高巡检效率和质量。支持自定义配置巡检线路、巡检时间、巡检步骤、巡检对象和巡检项目等，自动保存巡检记录和巡检图像。

3. 智能识别与诊断

采用综合图像识别技术，精准识别开关状态、报警灯指示、仪表数据、设备形状位置、非法入侵、有无明火、门窗是否破碎等状况，同时监测变压器和配电柜外壳、电缆套管等设备的实时温度。设备报警与视频摄录关联，并结合图像识别技术，诊断是否误报警，替代人工去现场巡检和确认。

4. 安全防范及门禁管理

通过各种探测和传感技术的综合应用，针对周界场所，实现在入侵破坏前的预警作用。对围墙、大门、窗户进行监视和入侵探测，对非法侵入进行提示警告，以保障场地及周边环境的安全。实时展示安防设备的工作状态、告警状态，可对安防设备进行布防和撤防。门禁支持远方控制及音频、视频对话、权限设定等功能，并能从内部手动解锁，支持应急情况下的解锁功能。

5. 运维管理

巡检系统提供专业运维管理方案，协助用户简化运维流程，提高运维效率。可具备对变配电所内各设备进行台账管理、制定运用计划、进行设备报警、故障维修管理、定期完成设备巡检、设备保养等功能，有条件时还具备实现设备运行状态的三维可视化功能。

6. 数据统计及诊断分析

巡检系统对采集到的所有数据提供日、月、年或任意时间周期的统计和查询功能，提供统计报表，对采集的数据进行诊断分析，及时发现问题和安全隐患，并提供专家级诊断分析报告。

四、电力工程小结

杭黄高铁电力工程设计充分考虑当地电力资源分布与供应能力，针对部分地方供电紧张、施工用电接引困难的情况，实行永临结合的供电方案，节约了投资；通过积极展开专项研究，取得了丰富的创新成果，对高铁电力工程运维智能化进行了有益的探索。

（一）实行永临结合，实现投资优化

永临结合是实现资源统筹综合利用的重要方法，杭黄高铁建德站至芦山湾隧道出口段，采用施工临时供电与永久供电工程结合的设计方案，并积极改善沿线公共电网的供电条件，不但避免了重复投入，降低了建设成本，还有效解决了当地电网欠发达、供电能力不足的困难，支持了当地经济发展。

（二）开展专项研究，推动技术创新

杭黄高铁电力工程设计过程中针对技术难题积极开展专项研究，大力推动技术创新，取得了丰富的创新成果。优化高铁长电缆线路的变配电所过电压保护措施，提出不接地系统长距离电缆线路过电压保护设置标准；提出综合变电所滤波方式及自动补偿方法；对千岛湖站 35 kV 长距离架空线路增设故障快速定位系统，利用无线网络通信传输故障信息，大大降低了维护人员日常巡线的工作强度，减少了故障查找时间，提高了供电可靠性；在千岛湖 35 kV 变配电所引入了智能机器人辅助巡检系统，大幅提升现场作业安全维护能力。

第三节　通信工程

通信工程是高铁的“神经中枢”，是保障铁路安全稳定、高效运营的重要基础设施，对铁路的指挥调度工作起着至关重要的作用。高速铁路通信系统各种管理工作均采用计算机操作，以数据、图像等多种媒体业务为主要形式，适应了现阶段高信息化、高自动化的趋势。杭黄高铁通信系统设计秉承“高效可靠，统筹设计”的理念，通过优化设计、采用先进技术手段，不仅进一步提升了通信网络安全性、灵活性及可靠性，也为旅客提供了舒适的乘车环境与方便快捷的服务。

一、工程概况及设计理念

（一）工程概况

1. 通信工程范围

杭黄高铁全线通信工程包括杭州东、杭州南、富阳、桐庐、建德、千岛湖、三阳、绩溪北、歙县北、黄山北 10 个车站的配套通信工程。

2. 通信系统构成及主要设备选型

通信系统工程设计包括传输系统、电话交换及接入系统、数据网、专用移动通信系统、调度通信系统、会议电视系统、应急救援指挥通信系统、同步及时钟分配系统、电源系统、综合视频监控系统、综合网管系统、通信电源及环境监控系统、隧道应急系统、防雷及接地系统、通信线路、段（所）综合布线系统等。

传输系统采用骨干层、接入层二层网络结构。骨干层采用 SDH10 Gbit/s 设备，车站接入层采用 SDH2.5 Gbit/s 设备、区间接入层采用 SDH622 Mbit/s 设备。沿线所有车站设置 SDH10 Gbit/s 和 SDH2.5 Gbit/s 设备，在沿线区间通信节点（除直放站外）和站内通信节点设 SDH622 Mbit/s 设备。在杭州东、黄山北各设置 OLT 设备一套，在沿线区间通信节点（除基站、直放站外）和站内通信节点设置 ONU 设备，接入 OLT 设备，构成杭黄高铁的接入网系统。按照属地化管理原则，全线自动电话用户通过接入网系统分段接入既有电话交换机。

全线采用 GSM-R 专用移动通信系统，数据网由汇聚层设备及接入层设备构成。沿铁路两侧电缆槽道各敷设 1 条 48 芯单模光缆，在公跨铁桥、铁路咽喉区、隧道口、设备机房、通信铁塔线路巡视段等重点地段设置视频监控点。

3. 主要工程数量

敷设各型通信光缆 1 207.7 km，敷设通信电缆 309.9 km（含漏缆），车站、线路所、区间基站、直放站、所亭、中继站、综合维修等设备安装 272 处。

（二）工程特点

1. 与既有线接轨区域 GSM-R 系统设计要求高

杭黄高铁为典型山区地形，与之接轨的杭长高铁、合福高铁均采用单层交织 GSM-R 网络，GSM-R 移动通信系统构成尤为复杂，杭黄高铁 GSM-R 系统设计时要避免对既有线路产生影响，对设计提出高要求。

2. 沿线地形地貌复杂，基站布局设计难度大

杭黄高铁沿线存在平原、山区、丘陵等地形，因此 GSM-R 无线通信系统建设时需要解决路堑、隧道等多种地形地貌的无线覆盖问题。此外，全线长大隧道多，GSM-R 系统组网基站布置的位置需进行优化设计，若置于隧道内，不利于管理维护。

3. 迁改工程多，干扰防护要求高

杭黄高铁沿线的杭州、富阳、桐庐境内，城乡一体化程度较高，各通信运营商的通信线路自成网络、四通八达，与铁路平行、交叉的线路多且规格高。铁路的建设会引起途经各市（县）的大量通信、广播电视线路、设施的迁改，同时电气化铁路产生的电磁耦合影响也可能对铁路附近的通信电缆、设施造成一定的危害和干扰，需采取措施进行有效防护。

4. 存在 C2/C3 转换、RBC 切换、MSC 局内及跨局切换等特殊场景

杭黄铁路 C3 线路在局界处出现单 RBC 跨多 MSC 辖区的场景，易导致单电台交接和无线超时故障，设计时需对各场景下的数据制作需求进行仔细分析、全面考虑。

（三）设计理念

1. 高效可靠

全线设计采用不同物理路径的2条光缆，传输系统分段组成保护环，重要的设备、板件采用冗余配置，以提高通信系统可靠性；对沿线重点设施、重点地段实时监控，远程监视通信设备的状态，提高故障处理的及时性和准确性；采用专用调度系统，确保各种信息实时、准确、可靠处理和传送。

2. 统筹设计

针对与多条既有线路交叉并行、MSC局内及跨局切换等情况，通信工程设计时立足全局，统筹设计，满足自身施工、运营和使用需求的同时，依靠前期设计对接、优化设计方案避免对既有线产生影响。

二、重难点工程及解决方案

（一）与既有高速铁路接轨无线系统设计

1. 工程重难点

杭黄高铁在引入杭州、绩溪等铁路枢纽地区时面临着多条铁路线汇合的情况，区域内线路纵横交错、线路等级各不相同。特别是两端接轨的杭长高铁、合福高铁均为正在运营的设计速度350 km/h的CTCS-3级线路，无线通信子系统均采用高冗余的交织单网覆盖方案，使得铁路GSM-R系统的建设面临网络容量需求大、业务需求种类丰富但频率资源有限的问题，此类区域的无线小区规划、频率分配、切换设置成为难题。

2. 解决方案

在建设前期与杭长高铁、合福高铁提前进行设计对接，杭黄高铁GSM-R系统施工图设计时有效利用计算机辅助设计软件、电子地图等手段，结合现场勘测情况，对交叉并行段进行统筹规划设计，充分考虑复杂山区的地形因素，使得GSM-R系统设计满足本线覆盖和技术指标的同时，有效避免对杭长高铁、合福高铁既有GSM-R系统的影响，顺利通过了联调联试的各项检测。

（二）山区基站直放站选址及布局设计

1. 工程重难点

杭黄高铁穿越复杂山区，地形陡峭，区间基站、直放站选址既要满足自身使用要求，又要节约工程投资及用地、注意环保节能、绿色生态。

2. 解决方案

结合线路山区铁路的地形特点和条件，通过与相关专业协调配合，对区间通信场坪内的各类设施采取不同布局，尽量减少场坪占地面积，有效减少了挖填土石方数量和土地的占用，降低了工程投资。

三、取得的创新成果

（一）单 RBC 跨多 MSC 场景数据制作技术

杭黄高铁正线为 CTCS-3 级列控系统，新设 2 套 RBC（hanghuangRBC01 和 hanghuangRBC02），黄山北动车线为 CTCS-2 级列控系统，调度及维护均归属上海局集团公司。杭黄高铁接入上海局集团公司核心网时正值上海局集团公司新建核心网（shMGW2）入网时期，杭黄高铁为第一条接入的线路，新设基站（除黄山北动车场基站）接入 shMGW2，但是其还利用了上海局集团公司杭长、杭甬和合福既有基站以及南昌局合福既有基站。上海局集团公司杭长、杭甬和合福既有基站接入上海既有核心网（shMSC），南昌局集团公司合福既有基站接入南昌局集团公司核心网（ncMSC）。根据 RBC 应答器组设置方案，hanghuangRBC02 管辖范围涉及 shMGW2、shMSC 和 ncMSC 三个 MSC，是典型的单 RBC 跨多 MSC 的场景。

由于杭黄高铁仅利用南昌局集团公司合福既有基站，无建安工程，工程中容易忽略在 ncMSC 中制作 hanghuangRBC02 的数据及在 shMGW2 和 ncMSC 中制作相互间 LAC 邻区数据。前者将导致 C3 中断后，跨 MSC 切换时，出现 C3 车载电台无法发起呼叫的故障；后者将导致列车在 shMGW2 管辖基站下起呼，切换至 shMSC 后需切换至 ncMSC 时，由于 3GPP 协议规定，所有跨 MSC 切换，需要由最初发起呼叫的 MSC 来管理，若 ncMSC 不在 shMGW2 的列表范围，则切换被拒绝，导致切换失败，引起 C3 无线超时，反向运行时情况与此一致。

针对该情况，在通信工程设计时，对杭黄高铁GSM-R系统设计方案和RBC管辖范围进行全面分析，得到RBC与MSC对应关系，见表3-3，如图3-22所示。在此基础上提出MSC制作RBC和LAC邻区数据建议并运用到杭黄通信工程具体实施过程中，避免了与其他客专类似的C3单电台交接及无线超时故障的发生，为杭黄高铁顺利通过联调联试和动态检测提供了有力保障。

由于RBC起呼位置为RBC切换执行应答器组【ZX-R】前4 500 m，故RBC下行连接MSC起点为小里程方向RBC切换执行应答器组【ZX-R】（下行）-4 500 m，终点为大里程方向RBC切换执行应答器组【ZX-R】（下行）；上行连接MSC起点为小里程方向RBC切换执行应答器组【ZX-R】（上行），终点为大里程方向RBC切换执行应答器组【ZX-R】（上行）+4 500 m。当C2转C3时，起点为RBC连接应答器组【RL】位置；C3转C2时，终点为C3→C2等级转换执行应答器组【ZX-3/2】位置。

虽然除黄山北动车存车场新设基站HuangShanBeiCCC接入shMSC外，杭黄高铁新设基站均接入shMGW2，但杭黄高铁GSM-R无线子系统利用了既有杭甬、杭长、合福（上海局集团公司）和合福（南昌局集团公司）基站进行覆盖，结合信号专业应答器的设置位置，hyRBC01和hanghuangRBC02所对应的小区归属于多个MSC。因此，数据制作时对hanghuangRBC02予以重点关注，对其进行细致分析，避免发生切换失败，导致C3无线超时。

1. MSC中RBC数据制作

由于在C3线路中，需考虑C3中断、C3兼容C2，因此C3区段的任何位置均应满足可以重新发起C3呼叫。否则，在C3中断后，跨MSC切换时，将出现C3车载电台无法发起呼叫的情形，造成C3连接中断、C3单电台交接或C3降级。因此，RBC连接MSC范围内所有基站所归属MSC均需制作该RBC数据。

由于杭甬工程中已在shMSC中制作hyRBC01的数据，故杭黄高铁需在shMSC中制作hanghuangRBC02的数据；在shMGW2中制作hyRBC01、hanghuangRBC01和hanghuangRBC02的数据；在ncMSC中制作hanghuangRBC02的数据。

2. MSC中LAC邻区数据制作

由于3GPP中规定，所有跨MSC切换，需要由最初发起呼叫的MSC来管理，若目标小区所在的MSC不在原MSC列表范围，则切换将被拒绝。经分析，杭黄高

表 3-3　RBC 连接 MSC 范围及其与 MSC 对应关系

RBC 名称	上下行	枢纽 C3 开通前		枢纽 C3 开通后		合计		归属 MSC 及小区 LAC		
		起　点	终　点	起　点	终　点	起　点	终　点			
hyRBC01	下行	——	——	杭州南	DK40+048	杭州南	DK40+048	shMSC（410E、410F）	shMGW2（411A）	
	上行	——	——	杭州南	DK45+138	杭州南	DK45+138	shMGW2（411A）	shMSC（410E、410F）	
hanghuangRBC01	下行	DK41+734	DK223+761	DK35+548	DK223+761	DK35+548	DK223+761	shMGW2（411A）		
	上行	DK51+964	DK228+969	DK40+638	DK228+969	DK40+638	DK228+969	shMGW2（411A）		
hanghuangRBC02	下行	DK219+261	D2DK1+351	DK219+261	D2DK1+351	DK219+261	D2DK1+351	shMGW2（411A）	shMSC（4110）	ncMSC（1812）
	上行	DK223+761	DK285+225	DK224+469	DK285+225	DK224+469	DK285+225	ncMSC*（1812）	shMSC（4110）	shMGW2（411A）

注：杭黄高铁杭州枢纽开通 C3 前，全线分别由 hanghuangRBC01 和 hanghuangRBC02 管辖；C3 开通后，全线分别由 hyRBC01、hanghuangRBC01 和 hanghuangRBC02 管辖。正常情况下，DK285+225 附近由 HuangShanBei 基站覆盖，归属 shMSC（4110）。考虑到合福高铁为交织单网覆盖方案，当 HuangShanBei 基站故障时，DK285+225 附近由南昌局集团公司 HSB-WY01 基站覆盖，归属 ncMSC（1812）。

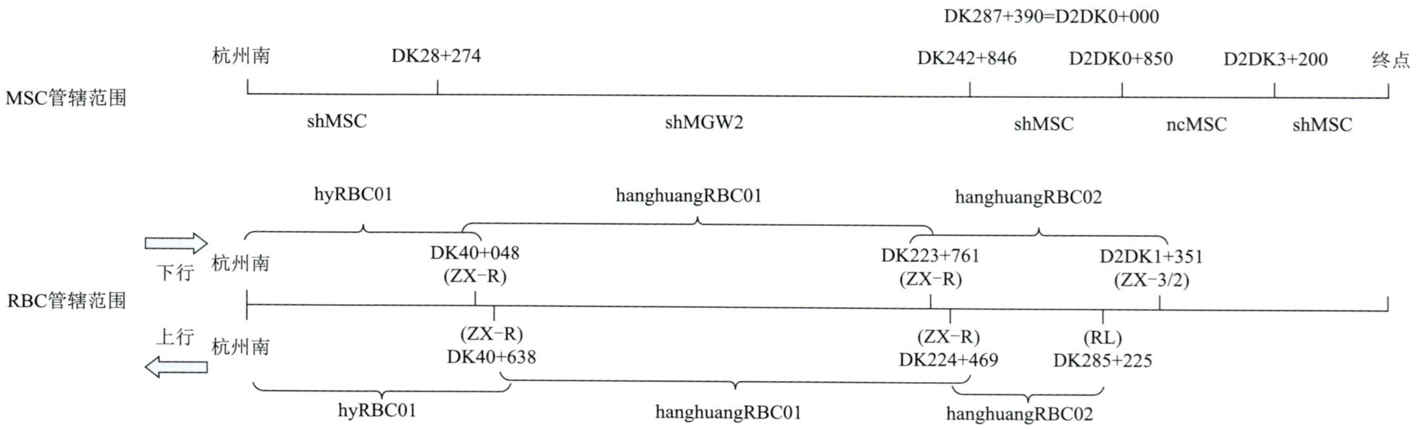

图 3-22　RBC 连接 MSC 范围及其与 MSC 对应示意图

铁中存在上述场景。

（1）下行运行方向：hanghuangRBC01 交权 hanghuangRBC02，移动终端从 shMGW2（411A）下辖基站起呼，移动终端在 DK242+846 附近切换到 shMSC（4110）。正常情况下，DK285+225 附近由 HuangShanBei 基站覆盖，归属 shMSC（4110）。考虑到合福线为交织单网覆盖方案，当 HuangShanBei 基站故障时，DK285+225 附近由南昌局集团公司 HSB-WY01 号基站覆盖，归属 ncMSC（1812），列车运行进入黄山站时，若 ncMSC（1812）不在原 shMGW2 列表范围，则切换被拒绝，导致切换失败，引起 C3 无线超时。

（2）上行运行方向：HuangShanBei 基站故障时，黄山北站始发动车组出站，C2 转 C3 时，移动终端从南昌局 HSB-WY01 号基站（归属 ncMSC（1812））起呼，上行方向切换 shMSC（4110），当运行至 DK242+846 附近后进入 shMGW2（411A）管辖范围，若 shMGW2（411A）不在 ncMSC 列表范围，则切换被拒绝，导致切换失败，引起 C3 无线超时。

因此，当 RBC 连接 MSC 范围内所有基站归属不同 MSC 时，起呼 MSC 需制作目标 MSC 的 LAC 邻区数据。否则，在跨 MSC 位置时将切换失败，发生 C3 通信超时的情况，导致 C3 降级。

对于 hyRBC01，上下行范围内所有基站均归属于 shMSC（410E）、shMSC（410F）或 shMGW2（411A），因此 shMSC 需增加杭黄高铁 LAC 邻区数据，shMGW2 需增加杭甬、杭长 LAC 邻区数据。

对于 hanghuangRBC02，下行范围内所有基站均依次归属于 shMGW2（411A）、shMSC（4110）和 ncMSC（1812），因此 shMGW2 需增加合福（上海局集团公司）和合福（南昌局集团公司）LAC 邻区数据，shMSC 中合福（南昌局集团公司）LAC 邻区数据已在合福工程中完成；上行范围内所有基站均依次归属于 ncMSC（1812）、shMSC（4110）和 shMGW2（411A），ncMSC 中合福（上海局集团公司）LAC 邻区数据已在合福工程中完成，因此 ncMSC 还需增加杭黄高铁 LAC 邻区数据，shMSC 中需增加杭黄高铁 LAC 邻区数据。

经过试验，杭黄高铁 GSM-R 系统性能及应用业务功能均满足《高速铁路工程动态验收技术规范》（TB 10761）要求，为杭黄高铁顺利通过联调联试提供有力保障，开通运营后也正常运行，未出现其他客专类似故障。同时，创新成果《单 RBC 跨多

MSC 场景数据制作及测试案例分析》在铁路通信信号行业期刊——《铁路通信信号工程技术》上发表，数据制作及测试案例经验可为后续线路提供借鉴与参考。

（二）多隧并行区段无线设计方案

在“Y”字形交叉区域，两线通常从同一个车站或线路所引出。若其中一条线路为设计速度 300 km/h 及以上 C3 线路，GSM-R 系统建设时，若为空旷区域，通常根据各线相对位置关系，采用不同设备类型，将交叉点附近组成覆盖范围相同的同址 / 异址双小区，保证交叉点小区的纯净度，避免全数站和半数站时各线列车在交叉点发生误切换。此种组网方案在已开通运营的京沪、武广、杭长等高铁工程中均有应用。

如图 3–23 所示，杭黄高铁与杭长高铁分叉点位于二线隧道进口，上述 GSM-R 系统组网方案不再适用。杭黄高铁分左右二线（毛蓬岗左线隧道和毛蓬岗右线隧道）与杭长高铁（白龙岗隧道）并线，二者无线子系统均采用以交织单网为主、同址双网为辅的冗余覆盖方式，对 GSM-R 覆盖和网络质量要求非常严格。杭长高铁已于 2014 年开通运营，在白龙岗隧道进口设有 1 套基站、1 套模拟光纤直放站近端机、1 套模拟光纤直放站远端机和 1 座铁塔。该处基站接入 hzBSC1，为原诺西公司设备，设备型号为 BS240，该型号基站设备现已停产，要在满足两线网络服务质量的同时减少对既有线的影响、节省工程投资、降低施工难度和网优难度，是一项艰巨的任务。

面对挑战，杭黄高铁 GSM-R 系统设计时，在杭黄高铁与杭长高铁三隧并行区段，

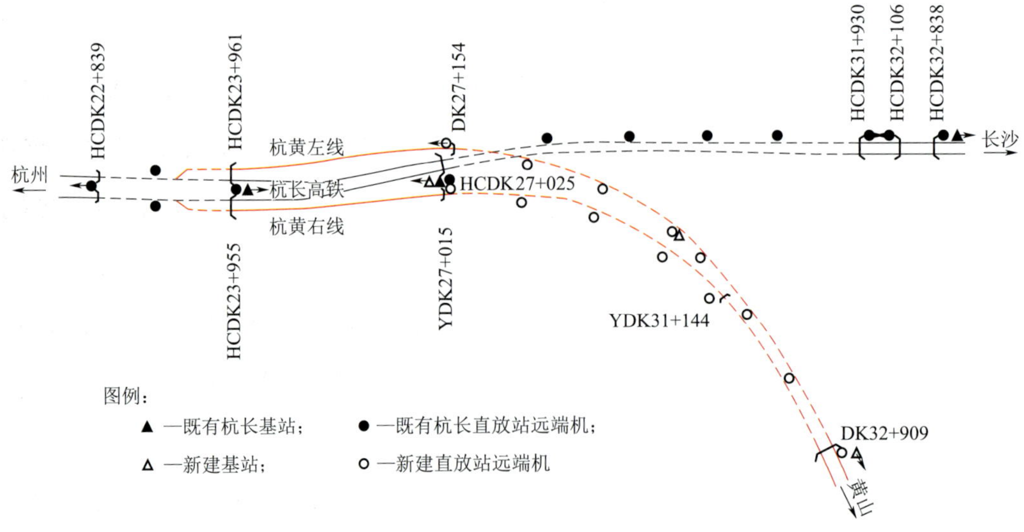

图 3–23　杭黄与杭长交叉区域无线设备布置示意图

经过多种技术方案比选，创新采用同址双基站信号合路后引入各自近端机的设计方案。即杭黄高铁引入时，在杭长高铁白龙岗隧道进口同址新设 1 套基站、1 套光纤直放站近端机和 1 套光纤直放站远端机，利用既有杭长高铁铁塔。新设基站与该处杭长既有基站构成同站址双基站，两个基站信号通过合路器引至杭长既有光纤直放站近端机和杭黄新设光纤直放站近端机。新设基站接入杭黄高铁新设 BSC。无线设备连接关系如图 3-24 所示。

上述方案直放站采用模拟直放站，最大程度降低了对既有杭长高铁信号的影响；直放站采用新设近端机的方式，避免了对直放站系统的选型限制；既有 hzBSC1 负责杭州枢纽基站的接入，杭黄高铁新设基站接入杭黄高铁新设 BSC，避免了对基站设备的选型限制和申请杭州枢纽天窗点。

杭黄高铁于 2018 年 9 月顺利通过了联调联试。同时，由于对既有杭长高铁 GSM-R 网络进行了调整，杭黄高铁联调联试时也将交叉点附近的杭长高铁纳入了测试范围，属于全路第一次将与新建工程交叉并线的既有线纳入联调联试范围，测试结果均满足《高速铁路工程动态验收技术规范》（TB 10761）中相关指标要求。

该处交叉并线区段 GSM-R 设计方案最大限度减少了对杭长高铁的影响，降低了工程投资、施工难度及网优难度，为杭黄高铁及与其交叉并行区段的杭长高铁顺利通过联调联试和动态检测提供了有力保障。该设计方案在后续杭温、杭衢、长赣、宣绩、武荆等项目的线路设计中得到广泛应用。

（三）选址困难处无线设计方案

杭黄高铁通信工程在设备区间选址时已避开处于可研阶段的金建、建衢线位。但《金建、建衢铁路引入建德东站同步实施工程变更设计》于 2018 年 3 月批复，引入建德站的方案由合场改为分场，导致杭黄高铁三处站址与金建、建衢线位冲突（彼时尚未施工）。杭黄高铁沿线为山区地形，山体陡峭，水系复杂，交叉并线区段线路情况复杂，各方经过多次现场踏勘，隧道口 500 m 范围内无合适位置。由于 GSM-R 系统为全线全网设计，需在尽量降低对杭黄高铁已建成站点影响的前提下优化设计方案，满足覆盖需求。

针对上述问题，杭黄高铁通信工程设计时，仔细分析每处冲突点情况，对原施工图设计进行了调整并进行方案比选，采用将冲突处直放站远端机移至隧道口附近

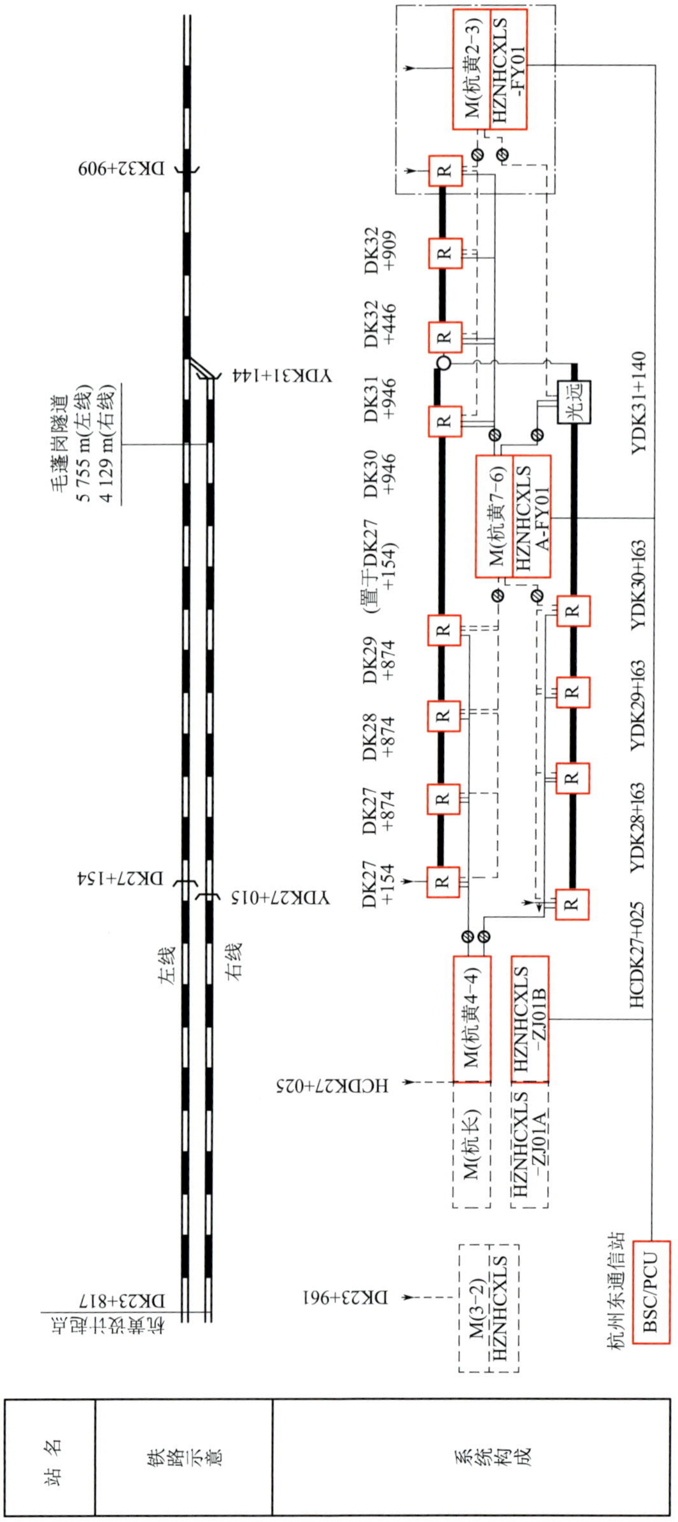

图 3-24　杭黄与杭长交叉区域无线子系统连接示意图

已有洞室并在隧道外立杆引接漏缆末端信号、将冲突处直放站远端机移至隧道进口与原隧道进口直放站远端机形成同址双直放站等多种方案，在满足网络覆盖质量的同时未造成已建成站址的调整。

1. DK60+322

由于 DK60+322 右侧为富阳站综合工区，无法设置房屋和铁塔；左侧为杭新景高速，与隧道出口间距为 7 m，往大里程方向移 60 m，二者之间间距为 11 m，仅能设置直放站房屋，无法立塔。经过优化设计最终决定取消该处铁塔，在富阳站同址新增 1 套远端机，修改近端机、远端机连接关系，利用车站铁塔。原方案与优化方案对比如图 3–25、图 3–26 所示。

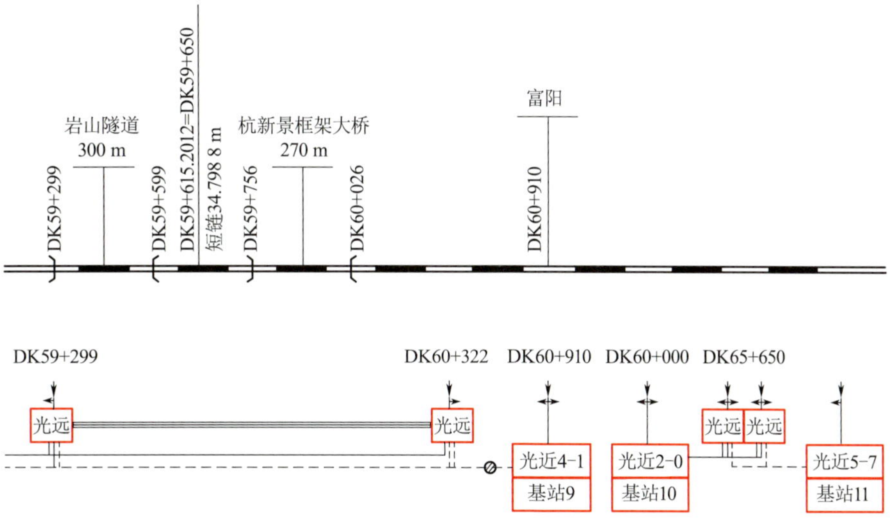

图 3–25 DK60+322 段原方案示意图

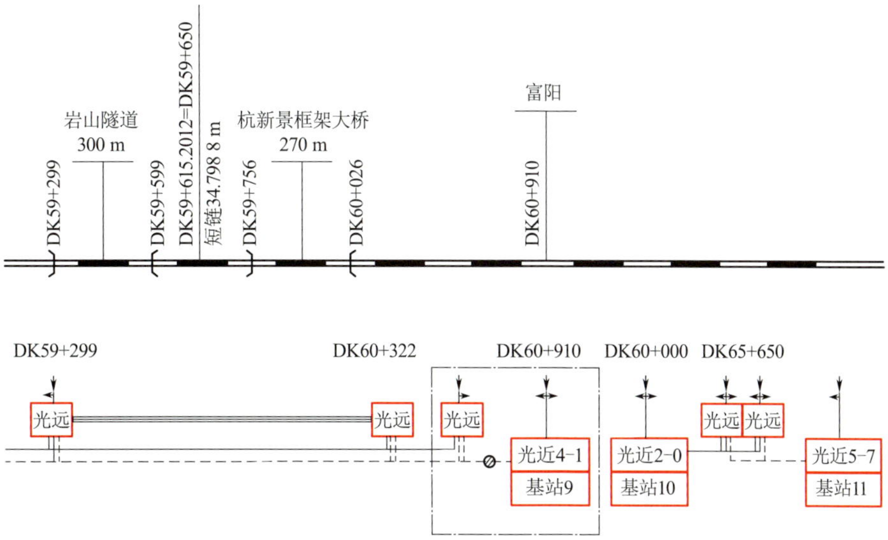

图 3–26 DK60+322 段优化方案示意图

2. DK133+337

由于原设计位置与金建线冲突，且隧道口无可用位置。因此，决定在 DK134+594 处将 DK134+705 的信号耦合出来，将 DK133+337 处远端机移至 DK133+033，在 DK133+033 处将 DK132+526 的信号与 DK133+033 处远端机合路后注入漏缆，漏缆末端 DK133+337 连接天线。原方案与优化方案对比如图 3–27、图 3–28 所示。

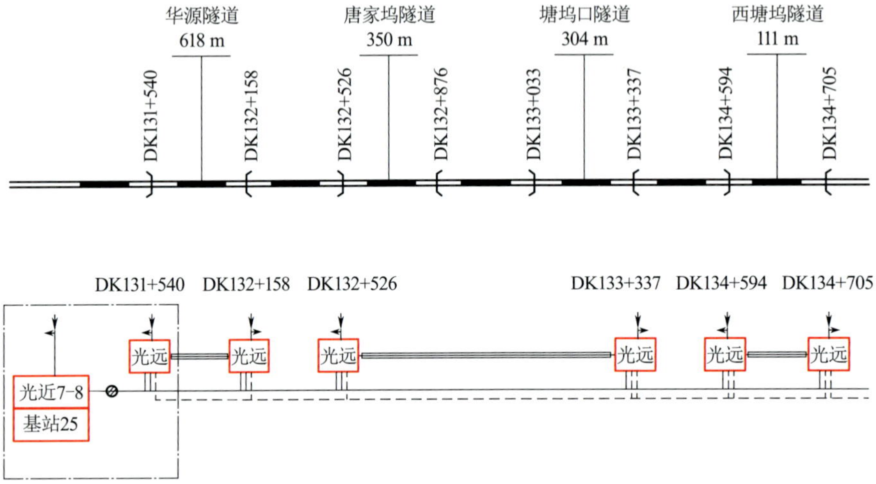

图 3–27　DK133+337 段原方案示意图

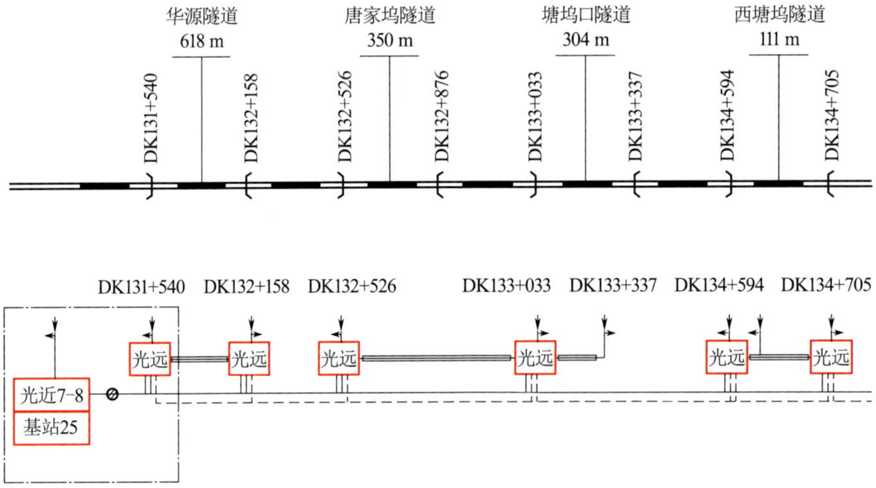

图 3–28　DK133+337 段优化方案示意图

3. DK135+982

由于原设计位置与金建线冲突，隧道口往大里程方向最近的可用位置离隧道口有 700 m。经过多方案比选后，决定将 DK135+982 处直放站移至 DK135+724，与 DK135+724 处直放站信号合路后注入漏缆，漏缆末端 DK135+982 连接天线，同时建德站同址新增 1 台远端机。原方案与优化方案对比如图 3–29、图 3–30 所示。

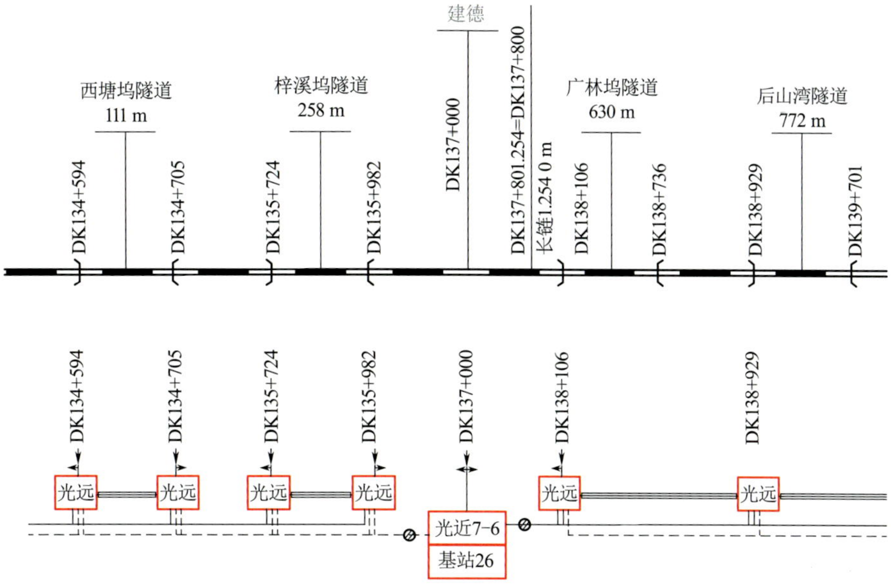

图 3–29　DK135+982 段原方案示意图

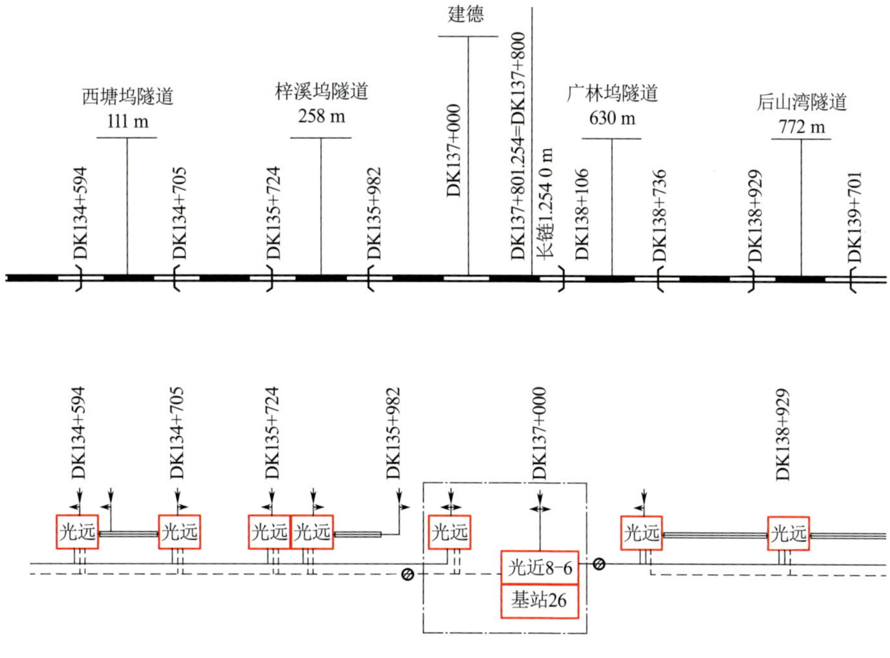

图 3–30　DK135+982 段优化方案示意图

四、通信工程小结

杭黄高铁通信工程严格遵循各类建设标准，为了确保各种信息能够实时、准确、可靠处理和传送，满足安全、稳定、可靠、灵活的通信要求，攻克各类技术难题，成功牵起控制列车运行的“大脑神经”。在杭黄高铁通信工程建设过程中，凝聚形成了一批创新成果，为我国铁路通信工程科技创新注入新活力。

（一）统筹设计，注重细节

在设计过程中，设计单位与建设单位一起同运营接管单位充分沟通设计方案，便于充分了解运营要求，有效减少修改次数。注意细节处理，高度关注设备布局和布线的合理性。此外，为适应通信技术的迅猛发展，建设完成的通信系统不仅能完全满足开通时铁路运输的需要，还为今后的发展预留了充分的条件，具备一定的借鉴意义。

（二）落实规范，铸造精品

在整个勘测设计过程中，全线通信工程各项设计内容严格执行国家及铁道行业相关规范。面对特殊的单 RBC 跨多 MSC 场景，通过分析其他客专 C3 单电台交接及无线超时故障问题机理，提出 MSC 制作 RBC 和 LAC 邻区数据建议并积极依规落实，有效保障了运营畅通；对与新建线存在冲突的位点，进行设计方案的优化与比选，做到既满足规范要求，又未对已建成站址造成影响，以精品工点带动精品工程建设。

第四节　信号工程

信号系统是高铁列车运行指挥的大脑，是控制列车安全运行的眼睛，是保障高铁安全有序运输、发挥效率与效益的核心体系。信号系统运用自动控制技术、远程控制技术等，为列车传达通行路况、设备状态与行车命令等。杭黄高铁信号工程结合工程特点，通过技术创新解决了一系列难题，保障高铁运行安全高效，打造了高质量的信号标杆工程。

一、工程概况及设计理念

（一）主要工程概况

杭黄高铁信号系统由运输调度指挥系统、列车运行控制系统、自动闭塞系统、联锁系统、信号集中监测系统、电源系统等组成，是一个以调度中心为龙头、以通信网络为载体、以车站设备为基础，集调度指挥、行车控制、设备监测等功能于一体的自动化系统。

1. 运输调度指挥系统

杭黄高铁运输调度指挥系统采用调度集中系统（CTC3.0），在富阳、桐庐、建德、三阳、千岛湖、绩溪北杭黄场、歙县北杭黄场、黄山北杭黄场、黄山北动车存车场新设 CTC 车站分机设备。桐庐站、绩溪北杭黄场信号机房车站服务器用于杭州站、芜湖车务段。在上海铁路局集团公司调度所设 1 套 CTC3.0 通信接口服务器。

2. 列车运行控制系统

杭黄高铁全线采用 CTCS-3 级列控系统，新设 1 套临时限速服务器、2 套 RBC。新建车站、中继站均新设 TCC 设备，全线共新设 22 套 TCC。黄山北站合福场、绩溪北站合福场、杭长杭州南线路所既有列控中心软件结合本线接入作适应性修改。

3. 自动闭塞系统

杭黄高铁采用自动闭塞系统，全线按 3 min 追踪间隔布点，区间采用 ZPW-2000 系列无绝缘轨道电路，该轨道电路发送盒按 1+1、接收“双机并用”的方式构成冗余，轨道电路发送编码采用列控中心（TCC）电子编码，利用 TCC 安全传输通道传送站间联系信息；闭塞分区分界点设停车标志牌；全线设置 13 个信号中继站。

4. 联锁系统

车站采用硬件安全冗余结构的计算机联锁系统，站内（包括维修工区）所有道岔均纳入联锁。黄山北合福场、绩溪北合福场、杭长杭州南线路所既有联锁软件结合本线引入作适应性修改。正线车站除综合工区采用不对称高压脉冲轨道电路外，其余区段均采用与区间同制式 ZPW-2000 型有绝缘轨道电路，黄山北存车场采用 25 Hz 轨道电路，股道设预叠加电码化，发送器采用 1+1 冗余方式。根据站场专业道岔专线号配置相应转辙设备。

5. 信号集中监测系统

全线各新建车站及中继站分别设置 1 套车站信号集中监测子系统。桐庐、绩溪北车间，富阳、千岛湖工区，富阳、桐庐、建德、千岛湖、三阳、黄山北存车场电务值班室各设 1 套监测终端，绩溪北杭黄场、歙县北杭黄场、黄山北杭黄场利用既有监测终端。除黄山北存车场外，其余各车站均新设道岔转换设备综合监测系统，监测系统采用数据通信网承载。

（二）工程特点

1. 引入线路多

杭黄高铁有昌景黄铁路引入黄山北站，湖杭连接线工程引入，金建铁路、建衢铁路工程引入，皖赣铁路宣绩段工程引入，引入线路较多，需频繁进行列车控制权切换，也要注意列控等级的协调及相关设备场地预留，保障后续工程的顺利实施。

2. 技术难度大

杭黄高铁全线衔接多站、场，与既有线结合存在较多技术难题需要攻克，如杭长杭州南线路所无安全线遗留问题，黄山北站8G的调度集中自动触发问题，绩溪北联络线列控等级转换、下限速问题等，增加了杭黄高铁信号工程设计难度。

3. 施工工艺要求高

施工工艺水平对工程品质具有重要影响。杭黄高铁为提升全路信号工程品质，要求按照打造高速铁路“四电”精品工程的目标对室外设备安装、室内布线、引接线固定、室内配线等进行精细化设计，因此施工工艺要求更高。

4. 设备设施管理维护要求高

传统铁路信号工程设备设施维护更多的是依靠人工，工作效率较低，且工作强度较大。杭黄高铁为实现打造科技杭黄的目标，必须提升信号工程设备设施管理维护质量，提升工作效率，对信号工程设备设施管理维护水平提出了更高要求。

（三）设计理念

1. 统筹协调列控技术标准

杭黄高铁设计速度为250 km/h，按照当时相关规范，杭黄高铁信号系统可选用投资相对节省的CTCS-2级列控系统，但与本线衔接的既有及在建的高铁、客专基本上都采用CTCS-3级列控系统，存在列控等级不一致问题，导致列车进出本线时需频繁进行C2/C3等级切换，考虑到与相邻线路技术标准统一、方便司机操作等因素，该线路最终采用CTCS-3级列控系统。

2. 合理充分利用设备资源

统筹规划地区（绩黄地区等）信号中心设备设计，合理调整RBC设备管辖范围、优化工程设计，充分发挥设备控车能力，实现无线闭塞中心、行车调度台、临时限速服务器等资源共享，节省建设、运维费用。

3. 提升运维装备智能水平

利用信息化与智能化手段提升运维管理水平和效率，促进质量管理和工器具管理实现无纸化，实现对工序质量的追踪溯源和工器具的实时定位跟踪，解决传统工序质量管理和工器具管理手段所带来的质量问题追溯难、工器具管理混乱、维护效率低等难题。

二、重难点工程及创新解决方案

（一）多线引入合理预留问题

信号工程对后续接入线路预留设计是非常必要的，主要原因是信号系统涉及面广，牵一发而动全身。为减少后续工程建设对杭黄高铁运营的影响，杭黄高铁信号工程应尽可能多做预留设计。首先要稳定站前预留设计方案，在此基础上信号工程研究预留设计技术，包括对预留设备房屋面积、用电量的预估，对联络线行车调度管理范围的划分，对设备管理边界的确定，对 RBC 和 TSRS 等中心设备管辖范围的分配，对安全数据网搭建预留，对引入线路进站口信号机电缆应答器等设施的安装设计等。

1. 昌景黄引入黄山北站

（1）工程概况及重难点

昌景黄高铁引入黄山北站工程，线路长约 1.6 km，与杭黄高铁正线贯通，新增 1 股到发线沟通合福场。在昌景黄高铁引入本线前，绩溪至黄山段运输组织按普速客车上线设计，区间设置四显示自动闭塞通过信号机、采用 CTCS-2 级列控系统。而昌景黄高铁列控等级为 C3，因此列车进出本线时需频繁进行 C2/C3 等级切换，除增加高铁司机劳动强度外，邻线间列控方式也不协调统一。

此外，杭黄高铁绩溪北—黄山北段约 40 km 线路，包含绩溪北站、歙县北站、黄山北站三个车站；昌景黄高铁黄山北—祁门南段约 92 km 线路，包含黟县东站、祁门南站两个车站。经计算，绩溪北—祁门南段需与 RBC 链接的列车数为 48 列，RBC 数量需要一台。杭黄高铁配备有两套 RBC 设备（RBC1、RBC2），根据本线 RBC 设备中标产品性能，其链接的列车数为 120 列（60 列 / 套）。原设计杭长杭州南线路所至绩溪北杭黄场（不含）需纳入 RBC 控制的列车有 52 列，能力有富余，如果不进行合理调整，会造成资源浪费。

（2）解决方案

经过统筹考虑，将绩溪北至黄山北段信号技术方案改为 C3 列控等级，取消了绩溪北至黄山北区间通过信号机、将站内列车信号改为常态灭灯，实现了昌景黄、杭黄组成的杭昌高铁 C3 贯通、地面信号显示一致，便于运营维护和使用。同时调整杭黄高铁 RBC 管辖范围，充分利用杭黄 RBC 设备控制富余能力，节省建设投入，效果良好。

信号系统按昌景黄引入黄山北站后站场规模设计一步到位，减少后续工程量，降低对行车的影响。

2. 湖杭连接线引入

（1）工程概况及重难点

湖杭连接线在桐庐车站杭州端引入，湖杭左、右线分别从杭黄正线路基段出岔，接轨道岔采用 18 号道岔，需将原桐庐站杭州端咽喉区路基段加宽，不改建车站杭州端石墙里特大桥。由于湖杭左、右线从桐庐站杭州端咽喉区路基段出岔，需改移原桐庐站杭州端咽喉区正线 5 号、7 号道岔，将其整体向黄山方向平移。因此，桐庐站到发线 3 股道（S3 信号机至 X3 信号机距离）由原设计 610 m 缩短到 478 m，不满足动车组停车要求（出现停车后部分车厢出站台、不能出清咽喉区问题）。由于桐庐站当时已经施工，原始的施工图并未考虑湖杭连接线引入问题，如何保证湖杭连接线信号工程引入时与站前一致成为一大难题。

（2）解决方案

为解决上述工程难点，深入挖掘信号系统技术参数，对于 3 股道通过适当缩短过走防护距离（S3/X3 至岔尖距离由 52 m 缩短为 22 m），解决动车组正常进入股道停车问题。同时，为避免车尾不能停靠站台，3 股道、4 股道均需要增加站台长度。

3. 金建铁路、建衢铁路工程引入

（1）工程概况及重难点

金建铁路由金华方向引入建德站杭黄场，并与第 3、4 股道连通。建衢铁路由衢州方向接入建德站建衢场，并由新增车场小里程端引出在杭黄高铁外源 1 号特大桥上与正线衔接，保证了杭州、金华、黄山与衢州四个方向车流的连通，如图 3-31 所示。由于车站站坪长度受限，两端咽喉均布置在桥梁及隧道上，预留工程后续施工容易对既有铁路构筑物产生影响。两条线引入，对建德站杭黄场的预留设计提出了更高要求。

（2）解决方案

由于金建工程分界在金华方面进站信号机处，因此对信号设备用房适当预留了金华区间室内增设设备面积。建衢工程引入杨村桥线路所，因在杭黄工程中仅铺设正线道岔，室外工程不含联络线室外有关电缆、设备，室内按完整的线路所设计，减少后续室内工程量，降低对行车的影响。建衢工程在建德杭黄场旁边设建德建衢场，线下工程由杭黄高铁同步实施，信号设计预留建衢场信号室外电缆沟槽、综合接地贯通地线等，为后续工程顺利实施创造最好条件。

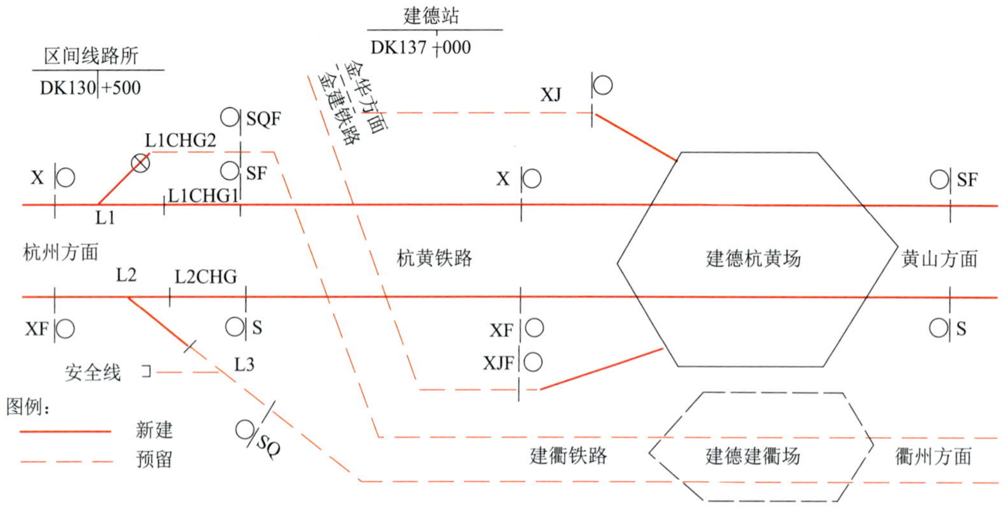

图 3–31　金建、建衢铁路引入建德站示意图

4. 皖赣铁路宣绩段工程引入

（1）工程概况及重难点

绩溪北站杭黄场杭州端除了连接杭黄正线外，还需要引入皖赣铁路，如图 3–32 所示。杭黄高铁与皖赣铁路信号工程分界在宣城方面进站信号机处，与站前一致，进站信号机（含进站信号机及进站口的应答器组）信号设备由杭黄项目承担，进站信号机外方的信号设备（含大号码道岔应答器组）由皖赣铁路工程实施，工程分界如图 3–33 所示，皖赣铁路引入绩溪北杭黄场需注意信号工程站前、站后不一致的问题，防止后期对列车正常运行产生影响。

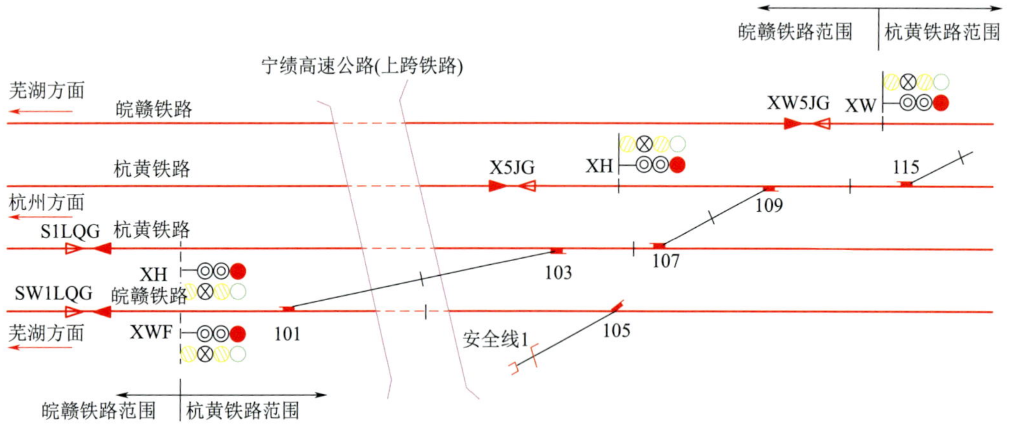

图 3–32　皖赣宣绩段工程引入绩溪北杭黄场示意图

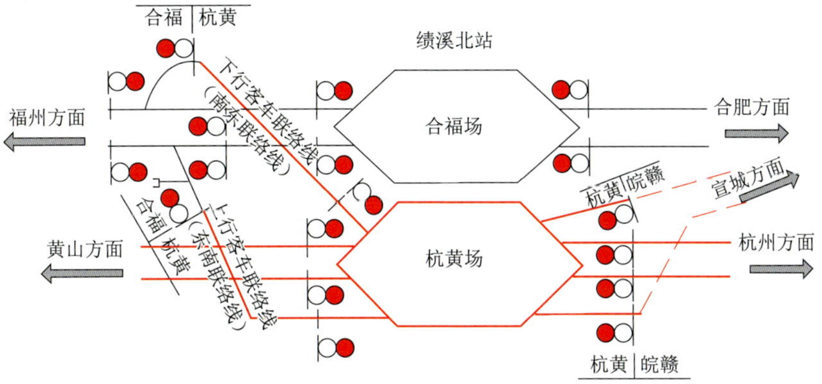

图 3–33 绩溪北站各信号工程界面划分示意图

（2）解决方案

为避免将来皖赣宣绩段引入时信号工程站前、站后不一致产生问题，绩溪北站单建信号设备用房适当预留了皖赣宣绩段区间室内设备面积，RBC 控制能力亦考虑了宣城方面控车需要。

（二）杭长高铁杭州南线路所无安全线信号工程创新设计

1. 工程概况及重难点

杭长高铁杭州南线路所在杭长客专工程中建设，预留杭黄高铁从区间线路所接入条件，如图 3–34 左侧虚线框内所示。

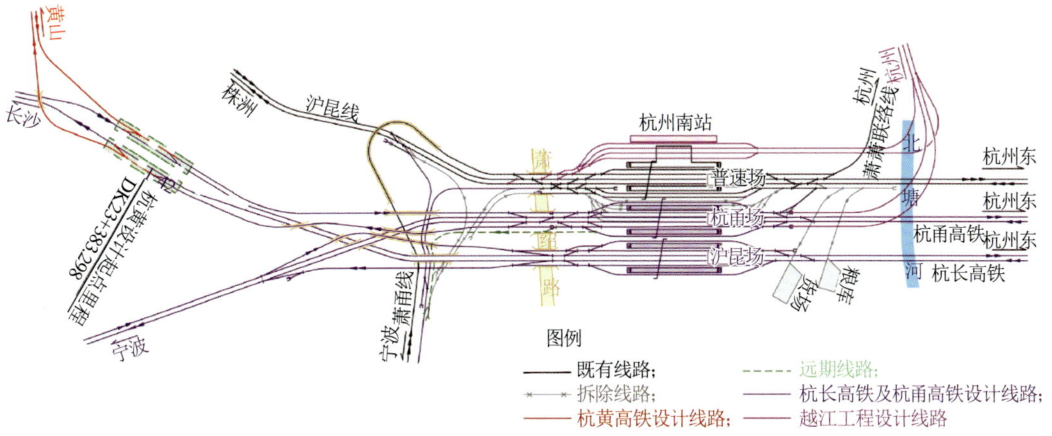

图 3–34 萧山南疏解区布置示意图

受地形条件限制，站前工程考虑工程的经济性（将隧道开挖改为高路堑工程费用代价十分巨大），因此该线路所设于长 1 109 m 的赵坞隧道内。杭黄高铁上行线与杭长高铁上行线间、杭黄高铁下行线与杭长高铁下行线间各 2 组 5.3 m 间距“小八字渡线”均位于隧道内，隧道外即设置有高墩桥梁，同时该 4 组 42 号“小八字渡线”位于 4.9‰ 凸形上坡上。受地形及杭长高铁平纵断面影响，没有在线路所前设置安全线的条件，如图 3–35 所示。因此存在跨线作业时列车在制动力部分丧失条件下冒进，信号机发生侧面冲突的风险。

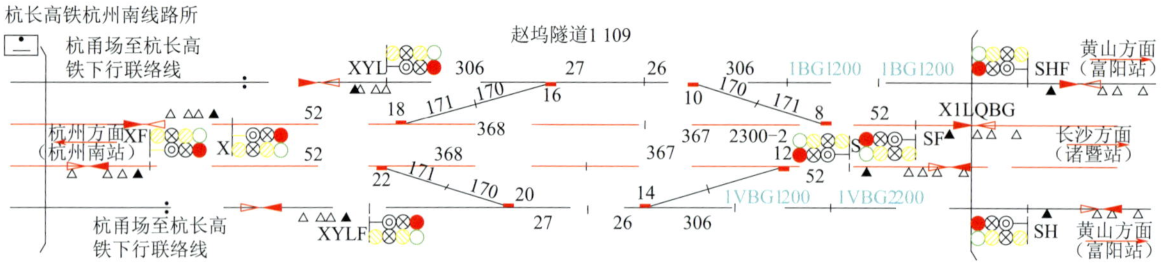

图 3–35　杭长高铁杭州南线路所信号设备平面布置示意图（单位：m）

2. 解决方案

设计单位组织站场、行车、信号专业认真深入研究相关风险及应对措施，通过对照相关规定，结合杭长高铁、杭黄高铁的建设进度，考虑制动力丧失不超过 25% 工况，采取杭黄方面 SH、SHF 信号机外移 400 m 方案，杭长高铁杭州南线路所 XYL、XYLF 外方接近区段发码按红灯重复逻辑设计（转线进路锁闭后区间 GJ 不落下，避免非正常红光带出现，发生假车次号等问题）。

（三）黄山北站创新发码设计

1. 工程概况及重难点

站场受条件限制，考虑节省工程投资，黄山北合福场、杭黄场之间通过合福场 8 股道（8G）连接。黄山北站站场 8G 局部布置如图 3–36 所示。此特殊布置站场给信号系统带来了上下行载频切换问题。

如图 3–36 所示，按上下行载频布置原则，黄山北站 8G 采用上行载频（2 600 Hz），X8 存车场方向至 XL3 发车进路所有区段采用下行载频（1 700 Hz、2 300 Hz），列车越过 X8 时进行载频切换。

当列车在 8G 停车办理旅客上下车作业后，办理 X8 出站信号机至 XL3 虚拟信号机的发车进路，列车提速通过 X8 信号机，由于停车点（站台停车标处）距离出站信号机较短（一般 75 m 长），列车存在加速后达不到 27 km/h 的情况。对某种型号车载设备经过 X8 出站信号机绝缘节时，车载设备开始执行上、下行载频切换动作，但车载逻辑不能区分绝缘节是机械绝缘还是电气绝缘，故经过 32 m（车载按不利的电气绝缘节考虑）后才采用接收到的 1 700 Hz 的信息，在此期间如果车速较慢，会出现掉码现象（正常追踪码序低频码中断时间大于 4 s），产生 B7 制动，给司机造成困扰。

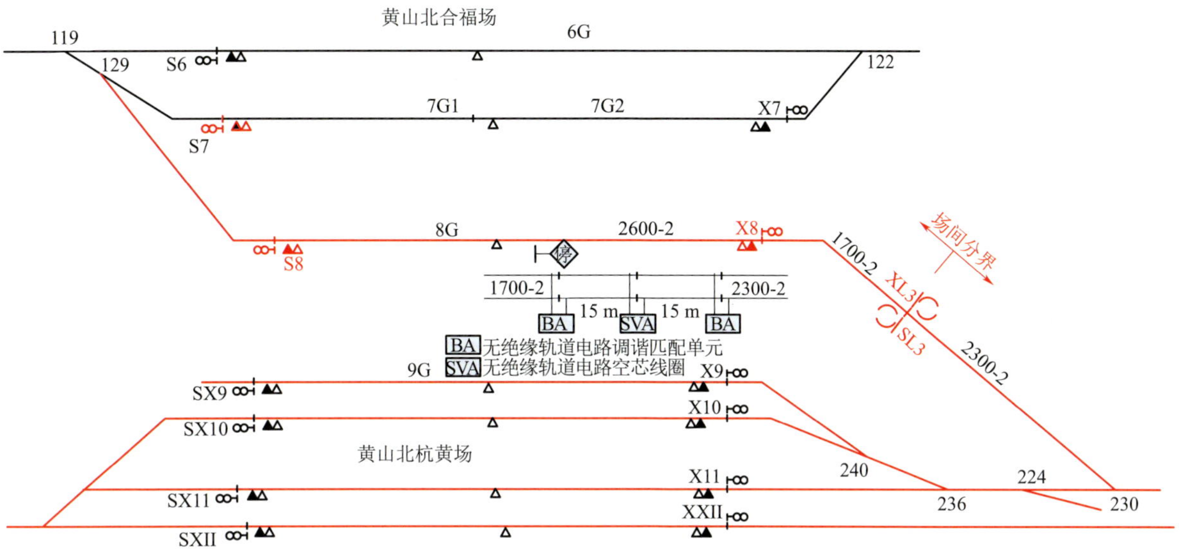

图 3–36　黄山北站站场 8G 局部布置示意图

2. 解决方案

针对上述情况，对信号系统进行创新设计。车载设备技术条件规定“列车由 UU/UUS 变为无码（含 27.9 Hz）后的限速最多维持 1 500 m 不制动”，此处 X8 与 XL3 间区段发送检测码（载频 1 700–2，低频 27.9 Hz），列车不会产生制动；若有发送正常追踪码序的需要，可将 X8 与 XL3 间区段载频改为上行载频，载频切换位置改在距离 X8 较远位置，此处列车速度一般能达到 27 km/h，可避免列车制动，本处无此需要。因此采用维持载频不变、由发正常追踪码序改为发送检测码的简便方案。

三、取得的创新成果

（一）桐庐站 3 股道信号特殊设计

湖杭线引入杭黄高铁桐庐站，由于决策时机较晚，彼时桐庐站线桥已施工，湖杭线引入条件受限，如果按照标准引入则需要废弃已施工的桥，会影响工期、造成投资浪费。为避免废弃已完成的石墙里特大桥等站前土建工程，经项目各参加方共同深入研究，站前工程确定了“湖杭18号道岔接正线路基，湖杭左线连通到发线方案”，如图3—37所示。

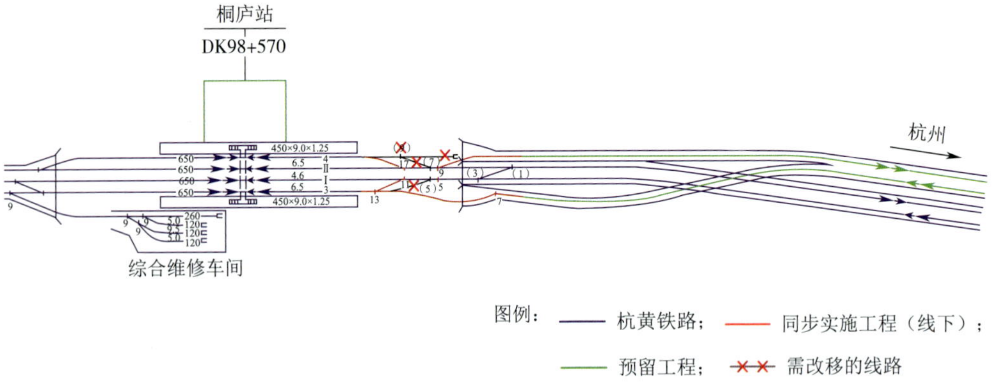

图3—37　湖杭连接线引入桐庐站站场示意图（单位：m）

由于湖杭左、右线从桐庐站杭州端咽喉区路基段出岔，需改移原桐庐站杭州端咽喉区正线5号、7号道岔，将其整体向黄山方向平移。因此桐庐站到发线3股道有效长（S3信号机至X3信号机距离）由原设计610 m缩短到478 m，不满足动车组停车要求（出现停车后部分车厢出站台、不能出清咽喉区问题）；4股道连接的杭州端道岔向股道中心移动约18 m，4股道有效长缩短18 m。

1. *存在问题*

由于3G有效长缩短至478 m，引起3G接发车存在如下问题：

（1）杭州方向、湖州方向的长编组动车接车3G，在完全监控模式下停车3G后尾部尚有22 m在S3信号机内方，如图3—38所示。

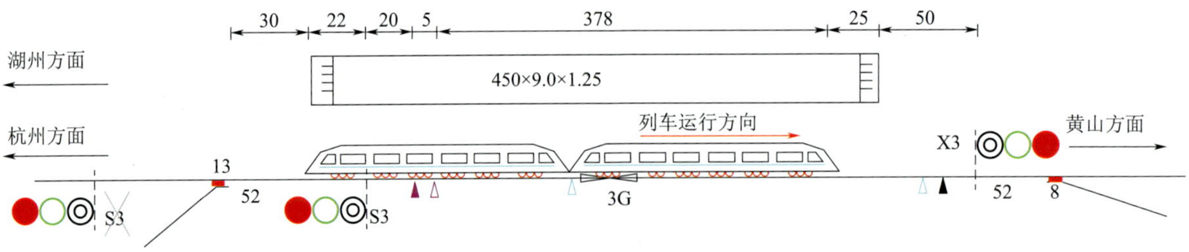

图3—38　杭州方向、湖州方向的长编组动车接车3G示意图（单位：m）

（2）黄山方向的长编组动车接车3G，在完全监控模式下停车3G后动车尾部有72 m停在站台外，且动车组尾部尚有22 m在X3信号机内方，如图3—39所示。

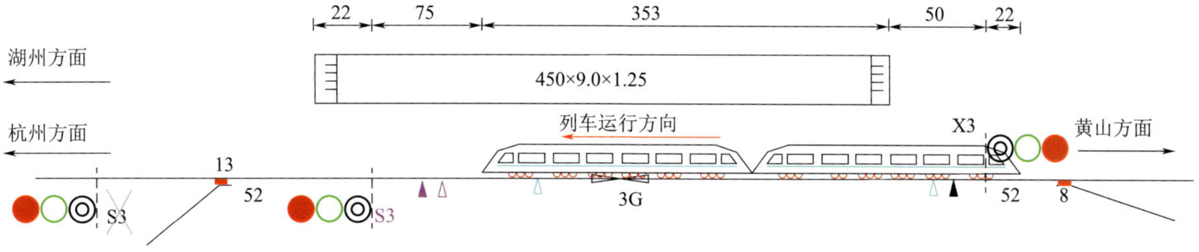

图 3–39　黄山方向的长编组动车接车 3G 示意图（单位：m）

（3）由于 4G 有效长缩短，引起 4G 正向接发车存在问题：黄山方向长编组动车接车 4G，在完全监控模式下停车 4G 后动车尾部有 18 m 停在站台外，如图 3–40 所示。

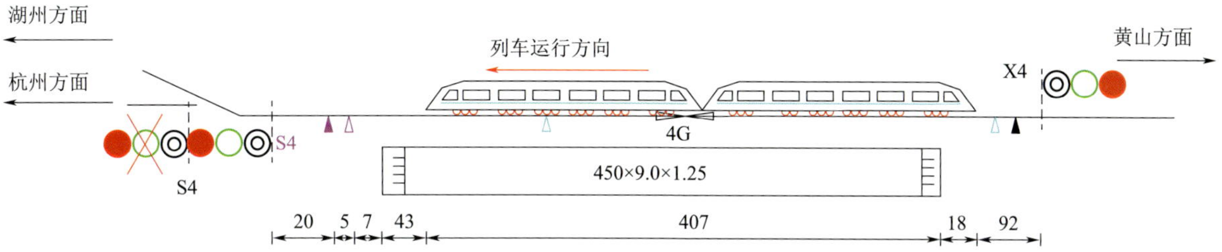

图 3–40　黄山方向长编组动车接车 4G 示意图（单位：m）

2. 解决方案

由图 3–38～图 3–40 可知，动车组不能正常接入股道（影响正线列车通过进路办理），停车后不能停靠站台（旅客不能正常上下车）、占压股道外区段及出站应答器组（占压出站应答器组不能满足动车组折返作业要求），在站场布置不能变化的前提下，经认真研究，最终信号工程设计提出如下方案：配套站场的布置方案（如上文所述 3 股道、4 股道有效长缩短），深入挖掘信号系统技术参数，对于 3 股道缩短过走距离（50 m 缩短为 22 m），3 股道、4 股道均需要增加站台长度，以此解决站场股道有效长缩短问题，具体如下。

（1）3G 接发列车问题处理方案：S3/X3 至岔尖距离由 52 m 缩短为 22 m，列车停在站台外问题通过将 3G 站台向黄山方向接长 42 m 解决，如图 3–41 所示。

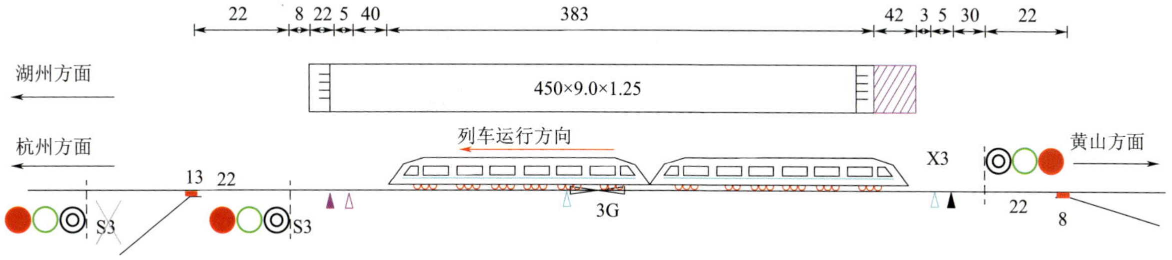

图 3–41　3G 站台向黄山方向接长 42 m 示意图（单位：m）

（2）4G 接发列车问题处理方案：4G 站台向黄山方向接长 18 m，如图 3–42 所示。

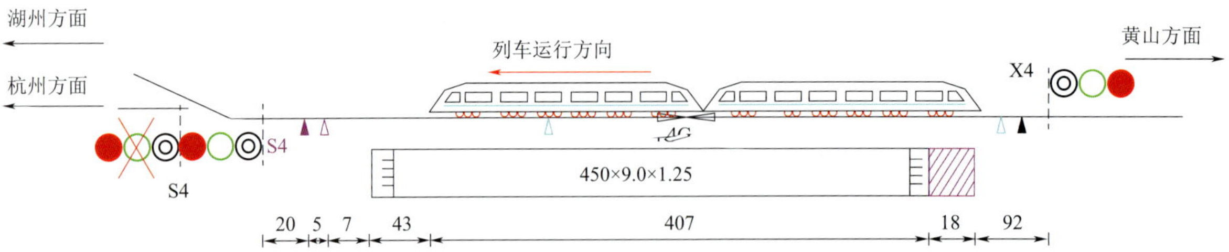

图 3–42　4G 站台向黄山方向接长 18 m 示意图（单位：m）

（二）解决列控等级转换、临时限速下达难问题

通过创新思维、创造性地解决了不同 RBC 管辖下 CTCS-3 车站间短联络线两端设大号码道岔的复杂场景下所出现的 C3 → C2 列控等级转换、临时限速下达难的问题。

绩溪北联络线受外部条件制约，长度短、设计速度高，两端分属不同 RBC 控制，不具备 C3 贯通条件，需在联络线上设 C3 → C2 列控等级切换。时值 C3 客专开通运营 10 年，首次出现联络线短且经 C3 → C2 等级转换后再经大号码道岔运行的场景。

绩溪北联络线 C3 → C2 切换点 C3、C2 速度不一致时，会引发列车制动。C3 等级控制列车按照信号机内方道岔直向线路允许速度或大号码道岔侧允许速度（如 160 km/h）打靶，C2 等级控制列车按照进路始端信号机入口速度（如 80 km/h）的速度打靶，C3 速度高于 C2 速度。

为与既有合福场设置的总出站信号机一致，联络线区间一端采用总出站信号机，按规定该信号机接车时不作限速更新，导致联络线 C3 → C2 有限速时引发动车组制动，绩溪北联络线及绩溪北合福场咽喉区范围内下达临时限速范围扩大至联络线全线，需杭黄调度台与绩溪北合福高铁调度台调度员协同作业才能正常下达，不方便操作。

因联络线采用 C2 系统，下行联络线杭黄场与合福场大号码道岔间距离短，车载设备在收到大号码道岔应答器信息之前，按防护前方大号码道岔的信号机处目标速度 80 km/h 运行，两组大号码道岔间距离不满足从 160 km/h 制动到 80 km/h 的列车走行长度，动车组在下行联络线正向运行时控车曲线先降后升，列车乘坐舒适度降低。

1. 存在问题

（1）难点一：C2 系统基础技术架构改变困难，不满足杭黄铁路开通需要

C3→C2 切换时引发制动的原因是 C3→C2 控车速度计算方式不适应绩溪北联络线的应用场景。C3 通过无线闭塞中心（RBC）发送控车信息，C2 通过地面轨道电路叠加点式应答器发送控车信息。C3 车载较 C2 车载获取更多控车信息，C3 计算的控车速度高于 C2，C3→C2 时列车制动。若修改 C2 处理侧向接车进路信息逻辑与 C3 一致，C3→C2 时增加 C2 系统获取进路信息，涉及 C2 系统车载、地面固有架构的修改、产品研发，涉及 C2 系统基础架构变化、技术标准修改，修改可行性、研发周期等存在诸多不确定因素，不能满足杭黄高铁开通需要。

（2）难点二：按列控系统常规要求改变运用场景代价巨大

①方式 1，考虑增加联络线长度，具备设置信号机（标识牌）条件，联络线 C3 贯通。合福高铁已开通运营，已实施了杭黄高铁接轨工程，改方案将废弃原预留工程、增加投资巨大。

②方式 2，将绩溪北合福场、杭黄场纳入既有合福 RBC 控制或新建的杭黄 RBC 控制，联络线 C3 贯通。因 RBC 设备不支持 RBC1–RBC2–RBC1 连接方式，需配套调整 RBC 管辖范围、增设 1 套 RBC 设备（价格昂贵），还需对既有合福 CTC、列控系统进行大规模改造，对既有合福高铁运营影响难以接受，且工程投资巨大。

2. 解决方案

基于上述难点的实施难度、投资等因素，设计人员主动研究、突破常规，创新性地解决了绩溪北联络线复杂场景下的 C2/C3 列控等级转换、临时限速下达及大号码道岔间距不足问题。通过降低联络线上 C3→C2 前方 C3 进路信号机内方第一区段允许速度至 80 km/h 以保证 C3 与 C2 等级速度曲线一致、在绩溪北合福场 XZ1 和 XZ4 外方的有源应答器增加往杭黄场方向限速报文、优化大号码和 C3→C2 切换点应答器位置（将等级转换预告信息放在车站有源应答器中，204 号大号码道岔应答器设置在 102 号道岔尖轨轨缝处，如图 3–43 所示）等措施解决了工程难题，运营效果良好。

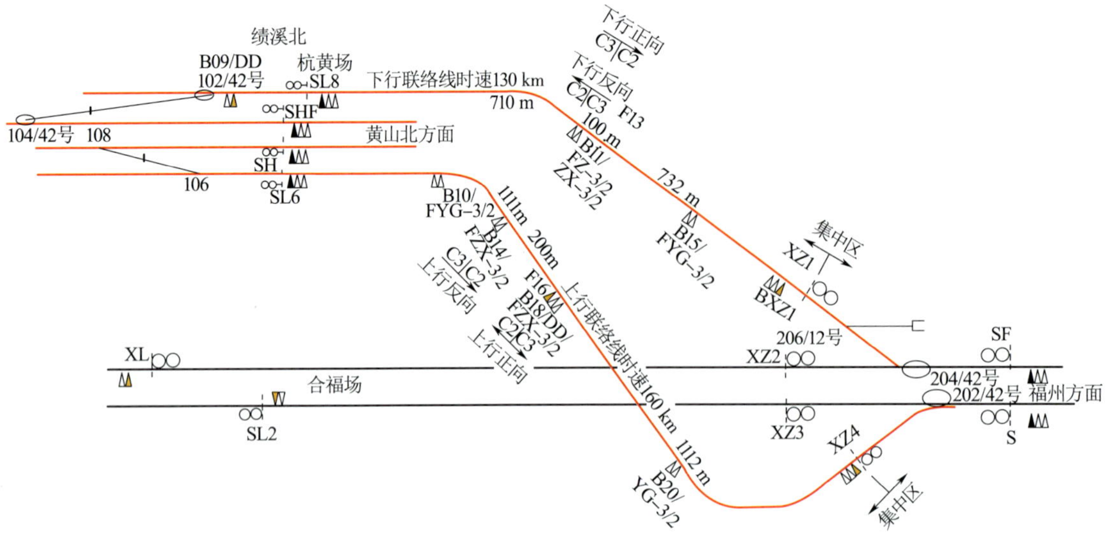

图 3–43　204 号大号码道岔应答器设置在 102 号道岔尖轨轨缝处示意图

（三）黄山北 8 股道调度集中自动触发特殊设计

黄山北 8G 出站信号机 X8 作为合福场、杭黄场间分界，但 CTC 系统在此种场景下无法实现停车报点、进路自动触发功能，为解决该问题，设计提出特殊处理方案：在 X8 外方轨道电路增设虚拟信号机，适应 CTC 系统软件逻辑，问题得以解决。

1. 黄山北 8 股道调度作业概况

黄山北站站场布置如图 3–44 所示，在 X8 出站信号机处设联锁场间分界点。8G 跨场接、发车作业仅办理列车进路，合福场、杭黄场计算机联锁设备通过安全数据网传输相关场间联系信息。

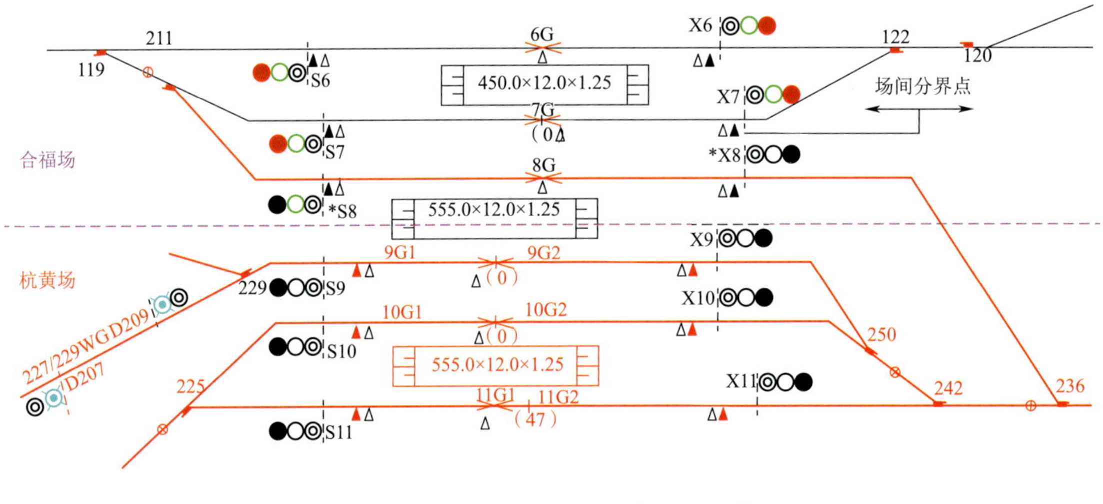

图 3–44　黄山北站站场布置示意图（单位：m）

8G 作为合福场、杭黄场的共用股道，两场均能向 8G 办理接车进路。合福场、杭黄场计算机联锁按《集中联锁结合电路一般原则》（TB/T 2307—2017）中对场间联络线结合电路的要求进行设计，满足场间联络线结合电路的相关技术要求，同时在控显界面上设置照查表示灯、轨道占用表示灯、邻场信号开放表示灯，用于提示相邻站场已办理 8G 的接、发车作业。

合福场、杭黄场 CTC 车站分机在分散自律控制模式下，根据调度所列车运行计划自动生成列车运行进路，由计算机联锁设备按相关技术条件的要求检查场间信息，具备条件后自动办理进路、开放信号。合福场、杭黄场CTC车站分机在非常站控模式下，由车站值班员人工控制、办理进路。在非常站控模式下，由杭黄场办理 8G 接、发车作业时，要求杭黄场、合福场值班员按照车站行车工作细则的相关规定完成人工办理。

2. 面临的问题

在软件测试期间发现上述方案存在如下需要解决的问题：

（1）图中场间分界位于 X8 信号机处，杭黄方面接发车进路均由杭黄场办理，合福场没有办理进路或者同意列车进入股道的操作，与《集中联锁结合电路一般原则》（TB/T 2307—2017）中对场间联系的技术条件第 4.1.6 条“联络线无列车信号机时，列车进路应由两个车场分别控制的两段进路组成。只有两段进路均锁闭后才能开放信号，且两场均能随时关闭信号”不符，合福场没有把门的进站或者进路信号机，在紧急情况下无法在合福场取消杭黄场办理的合福场 8G 接车进路。

（2）CTC 目前软件架构要求车站要有进站和出站信号机，合福场 8G 无本站出站信号机，无法实现停车报点、进路自动触发等功能。

3. 创新设计方案

为适应 CTC 设备，在 X8 信号机内方设虚拟列车信号机，站界调整至虚拟信号机处，X8 信号机划归合福场管辖，如图 3–45 所示。

（四）绩溪北一个异物侵限监控单元对应不同线的列控中心（两套）方案

杭黄高铁、皖赣铁路在绩溪北咽喉区四线并行，宁绩高速公路上跨四线并行区段。为优化监测电网设计、减少建设成本及维护工作量，杭黄高铁、皖赣铁路的监测电网按共用设计，杭黄高铁此处采用一个异物侵限监控单元直接对应不同线的列控中心（2 套）方案属于首创，对后续项目具有很好的借鉴作用。

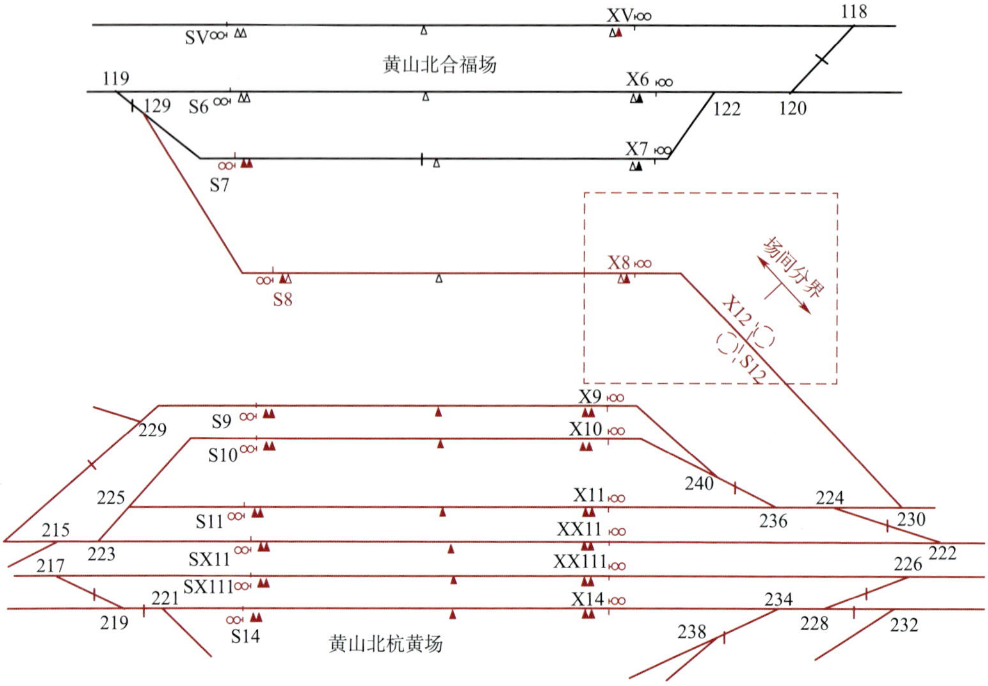

图 3–45　优化后黄山北 8G 布置示意图

宁绩高速公路上异物侵限监测电网防护范围增加皖赣线，纳入监测电网防护范围，如图 3–46 所示。设置 1 套监测电网、控制箱，室外监测电网由杭黄高铁监控单元管辖、控制，异物侵限报警不区分杭黄高铁、皖赣铁路。

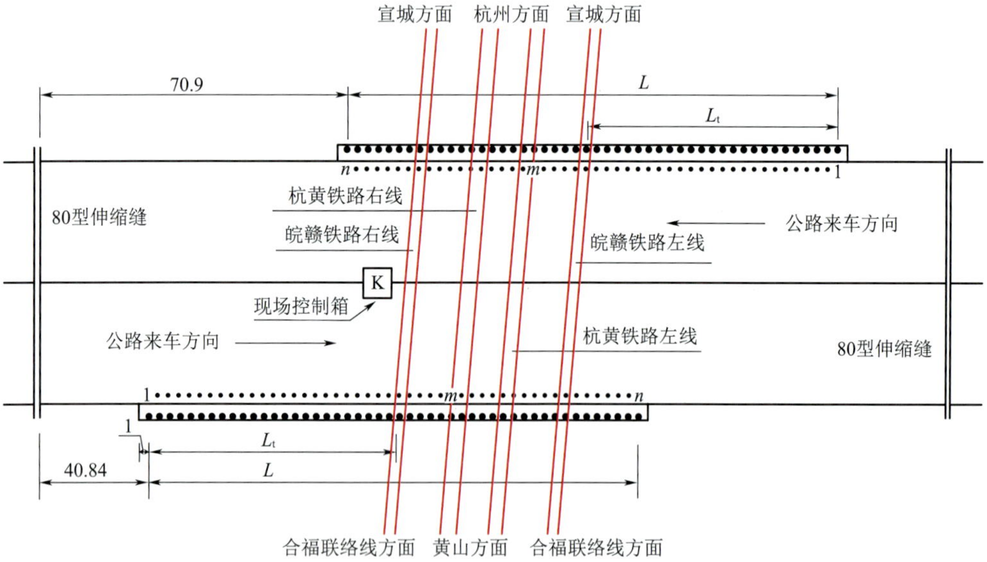

监测点	里程	桥面距轨面高度（m）	公路与铁路夹角（°）	检测双电网长度（m）	
				L_t	L
宁绩高速公路	DK244+327	15.0	40	29	74

图 3–46　宁绩高速公路公跨铁异物侵限监测设备安装示意图（单位：m）

杭黄高铁设置 1 套监控单元，此监控单元通过信号电缆分别控制用于绩溪北杭黄场和在建皖赣新双线信号中继站 1（与绩溪北相邻，距绩溪北杭黄场约 11.1 km）的 YWJ，当发生异物报警时，由列控系统对列车进行防护；室外的监测电网、电缆、控制箱纳入杭黄高铁维护范围。杭黄高铁与皖赣铁路通过防灾中心设备的互联互通实现异物报警信息的交换。

（五）搭建了高铁二维码质量卡控、工器具管理系统

杭黄高铁搭建了高铁二维码工序质量卡控管理系统、工器具管理系统，不但在建设期间提升了施工质量和管理效率，也为将来实现智能化、信息化运维做了良好铺垫。

1. 高铁二维码工序质量卡控管理系统

桐庐、绩溪车间各配置了 1 套高铁二维码工序质量卡控管理系统（图 3–47）。通过手机终端与计算机设备，利用互联网技术开发手机终端软件和计算机终端软件，实现工程项目的网络化实时管理，使现场施工质量得到严格控制和标准统一。通过手机扫描设备上二维码，可实时显示设备厂家、监理单位、质量要求、技术标准、施工人员、施工时间、隐蔽工程照片等相关信息，并通过手机端上传施工或巡检人员的姓名、设备施工和巡检日期及存在的问题，实现自动实名化管理并形成问题库。通过此系统可加强各道工序的衔接，提高施工质量和标准，实现对设备巡检无纸化管理，协助细部设计实现布局规划合理、质量追溯等目标。

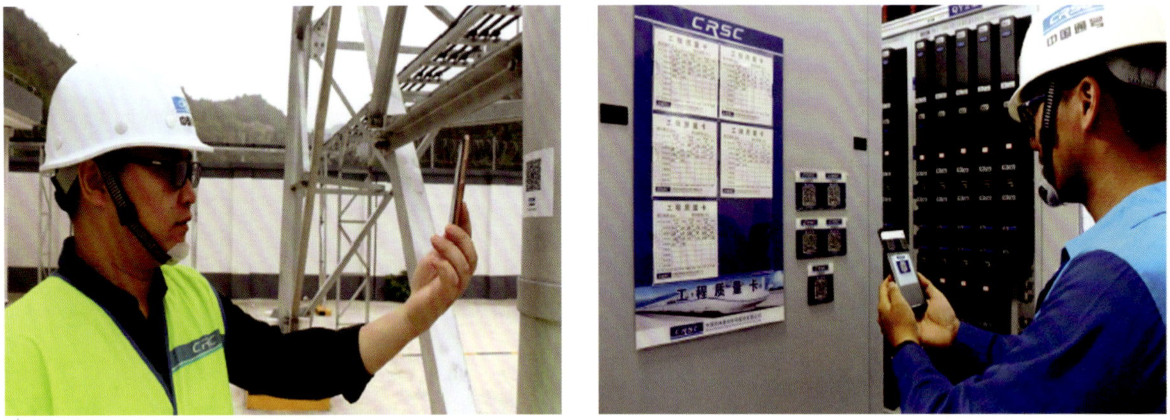

图 3–47　高铁二维码工序质量卡控管理系统

2. 高铁工器具管理系统

高铁工器具管理系统是基于物联网思维研发的一种工具自动识别、跟踪的管理

设备（图 3–48 为其系统架构）。由手持清点机（图 3–49）与管理平台两部分组成，基于铁路设备检修作业流程，利用射频技术手段，为每一件工具创建一个唯一身份。同时根据高铁维修作业要求，系统通过作业预设、出库清点、转场清单、回库清点等一系列流程，确保各项管理制度在现场维修作业过程中得到落实，有效改善作业前工具携带不全、作业中工具丢失、作业后工具回库清点问题，降低因作业工具遗留在铁路线路内产生危及行车安全的风险。杭黄高铁在 9 个信号工区、4 个通信工区、2 个电务段、1 个通信段均设置了高铁工器具管理系统。

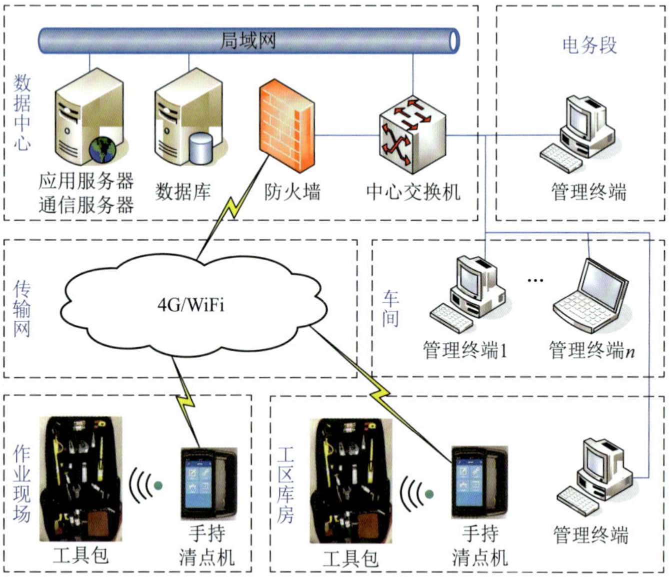

图 3–48　工器具管理系统架构示意图

图 3–49　手持清点机

四、信号工程小结

作为一条区域干线铁路，杭黄高铁设计时速 250 km、配备 CTCS-3 级列控为全路首条，反向运行速度采用与正向相同的 250 km/h 方案为全路第一次。杭黄高铁信号设计通过统筹规划、加大创新力度、引入信息手段，打造了高质量信号标杆工程。

（一）统筹协调规划，实现资源共享

杭黄高铁统筹线间列控等级协调、合理衔接，从线间关系、相邻线路技术标准选择 C3 列控等级，实现杭黄高铁与衔接高铁、客专线路的无缝衔接、互联互通。合理预留其他线路接入条件，解决了昌景黄、湖杭、金建、建衢、皖赣宣绩段引入难题，

为后续工程的接入创造良好的条件。

（二）加大创新力度，攻克技术难题

通过加大创新力度，攻克了受限的线路所及站场布局问题、复杂场景下 C2/C3 列控等级转问题、绩溪北站特殊场景下联络线临时限速下达问题、黄山北 8 股道调度集中自动触发进路问题、绩溪北一个异物侵限监控单元对应不同列控中心（2 套）问题等技术难题。

（三）引入信息手段，实现智能运维

杭黄线信号工程搭建了高铁二维码工序质量卡控管理系统、高铁工器具管理系统。高铁二维码工序质量卡控管理系统可实现信号工程项目网络化实时管理，有利于施工质量控制。高铁工器具管理系统可实现工器具自动识别、定位跟踪功能，实现工器具管理信息化。通过引入信息化管理系统，提高了杭黄高铁信号工程施工及运维智能化水平，可在今后高铁信号工程建设反运维中推广应用。

三阳站

第四章

房屋建筑工程设计技术特点

铁路房屋建筑工程包括车站建筑及其他铁路房屋建筑，其他铁路房屋建筑指牵引供电、电力、通信、信号、工务、给排水等各类生产房屋以及食堂、浴室等生产附属房屋。步入高铁时代后，铁路房屋建筑不仅是高铁路网的重要组成部分，也是带动城市发展的重要载体，对其价值取向、建设理念、功能定位、具体内涵都提出了新要求。杭黄高铁建设过程中，面对站址自然条件特殊、用地紧张、结构设计复杂等难题，以打造精品工程为目标，通过统筹规划，创新结构设计，运用新技术，使沿线站房成为功能适用、造型美观、站城交融、文化内涵丰富的独特风景线，为打造可持续发展的绿色铁路注入新活力，取得了一系列创新成果。

本章以杭黄高铁车站建筑为主要对象，首先介绍其工程特点及在站区布局规划、建筑造型设计、结构设计方面取得的突破；再对给排水工程中如何通过客车上水新技术、列车卸污新技术和给排水信息化控制技术实现给排水工程节能降耗、绿色环保、减员增效进行说明。

第一节　建筑工程

车站建筑作为铁路的窗口、城市的门户，不仅是供旅客乘降、候车、换乘的场所，也是城市建筑艺术整体的有机成分，展现着城市风貌。杭黄高铁车站建筑设计面临站区规划用地狭窄、高差大、建筑造型复杂等难题，通过精心筹划、创新设计，使车站在全局规划、建筑形式和艺术表达等方面实现了较大突破。

一、工程概况及设计理念

（一）主要工程内容

杭黄高铁全线新建站房工程包括富阳站、桐庐站、建德站、千岛湖站、三阳站 5 个车站的旅客站房。新建站房工程概况见表 4-1。

表 4-1　杭黄高铁新建站房工程概况

序号	车站名	车站性质	站房面积（m^2）	雨棚面积（m^2）	站房布局形式	旅客流线
1	富阳站	中间站	12 000	8 100	线侧下式	下进下出
2	桐庐站	中间站	12 000	8 087	线侧下式	下进下出
3	建德站	中间站	12 000	10 709.6	线侧下式	下进下出
4	千岛湖站	中间站	9 000	14 400	线正下式	下进下出
5	三阳站	中间站	1 500	3 181.7	线侧下式	下进下出

（二）工程特点

1. 部分站址环境特殊

杭黄高铁部分站房周围地理环境特殊，或处在两山峰间的峡谷地带，或三面环水、四面皆山，使得站区用地较为狭小。站址四周生态环境良好，建设时要尽可能减少对自然地形的改变，保护生态环境，对建筑设计提出了更高要求。

2. 站房建筑造型复杂

沿线站房建筑形式多样，在满足站房功能的前提下，多采用高、大空间设计，使各站立面造型丰富。如具有复杂曲面造型的桐庐站，外幕墙曲线形态增加了建筑整体设计难度。

3. 站房文化艺术性要求高

作为一条黄金旅游高铁线，在建筑设计中需充分融合沿线人文特色。因此，在利用各种技术方案解决大空间、多空间建筑形态与功能需求的同时，如何更好地诠释站房的文化艺术性，避免趋同，使站房设计充分体现地域文化特色，是站房建筑设计面临的严峻考验。

（三）设计理念

1. 统筹规划站区布局

针对部分车站特殊的站址环境，为实现对站区有限空间的充分利用，应在研究区域用地现状、交通条件、地形地貌特征等的前提下，统筹规划站区布局，在满足与各类交通场站无缝衔接、便捷换乘的同时，充分考虑旅客交通引导、候车、休憩等多种活动需求，实现对站区布局的整体规划、立体开发。

2. 合理利用周边景观要素

建筑设计应充分考虑车站所处区域周边自然环境的特点，对周边山体、水系、林木等景观要素做深入分析研究，合理利用各种景观要素，采取借景、对景、造景等方式，使车站建筑既能与所处环境相得益彰，又成为重要的环境要素。

3. 充分融合地域文化

为提高站房的文化艺术性，建筑设计不仅要考虑如何与周围自然环境相融合，还应深入挖掘地域文化，从自然风貌、历史典故、文化传承中汲取创作元素，通过独特的形态寓意和抽象的建筑符号表达特定的意象，使建筑本身不仅具有富于美感的空间形式，而且能够表达深刻的文化内涵，展现城市底蕴和风貌。

二、整体统筹的站区规划

杭黄高铁为典型的山区铁路，沿线各站站址环境特殊。车站站址均为典型山区铁路特征，周边群山耸立，沟壑、峡谷众多，用地较为狭窄。特质化的自然环境给站区布局设计带来挑战，尤以千岛湖站和三阳站最为典型。

（一）千岛湖站

千岛湖站位于淳安县文昌镇文昌村西北侧，东临千岛湖东北湖区，05 省道紧邻穿越。站区范围内主要为山地和谷地，潭头溪环绕站区用地并与千岛湖相连，与省道一路之隔为县文保建筑何氏宗祠。

受 05 省道及潭头溪制约，整个规划用地较为狭窄，东西向约 300 m，南北向约 200 m。站址距离国家 5A 级景区千岛湖仅 200 m，站区规划及单体设计需充分融入景区周边环境。站房所处站坪三面环水，四面皆山，造成用地紧张的不利局面，如何

在有限空间内解决各种交通换乘及人员疏散问题成为一大难题。此外，高架站台与既有地面高差达 24.5 m 且偏于站场西侧，周边溪流穿越，站场为桥梁、路基混合型式，对跨线客运设施设置影响较大，如何处理好站址环境与千岛湖站多种功能流线需求之间的关系，给整个设计工作带来一定挑战。千岛湖站鸟瞰如图 4-1 所示。

面对千岛湖站站区周边群山耸立，沟壑、峡谷众多，建设可用地较为局促的局面，在设计过程中，因地制宜，通过在有限空间里进行科学规划，不仅满足了铁路站房及配套设施的全部需求，还形成高效的旅客进出站及换乘接驳流线，创造性地根据站房流线将交通配套工程进行立体分层，有效解决了用地紧张的难题。

站区规划综合考虑站址环境及千岛湖站多种功能流线需求，站区西侧 05 省道为通站城市主干道，设计互通立交，通过不同匝道将旅客送达各公共交通场地，实现站房与城市交通功能无缝衔接。互通立交北侧为铁路生产生活用房，通过并栋及院落式组合，集约布置，满足铁路生产生活的需求，实现“一站一景”。

站台中心里程位于潭头溪，为更好地保护周边湿地环境，设计时独树一帜地将

图 4-1　千岛湖站鸟瞰

铁路站房偏置于站台中心里程西侧 170 m 范围。结合站台面与地面 24.5 m 高差，车站本着顺势建站，减少对自然地形改变的原则，在充分研究区域环境、地形地貌特征等的基础上，将旅客车站置于站台一端线路轨道桥正下方，采用线正下候车模式。

采用站房架空，在其正下方设置交通集散广场的建造模式，充分利用桥下空间，取得了节约用地、缩短旅客进出站流线的良好效果。进站检票口设置于站房东侧，进、出站楼梯上跨潭头溪，旅客于站台中部集散，使车站在有限偏置的地理条件下实现旅客候、检、验功能，又确保了旅客乘降设施在站台上的均衡设置，将山区高铁车站别具一格的特色体现得淋漓尽致。

南侧城市集散广场结合自然地形的高低错落，采用坡地、叠台等处理手法与潭头溪湿地公园自然过渡，通过绿化坡地与高架匝道、地面广场自然衔接，为旅客创造出更为宜人的亲水平台、廊桥等室外空间。

站前广场立体分层，将地面广场设置为机动车场，步行广场高架与站房候车层标高相同，充分满足大规模出站人流的便捷集散。步行广场沿溪岸布置，综合水岸景观与小型休闲商业，有效地屏蔽了地面机动车的噪声与废气，很好地营造了站区宜人的景观环境。

（二）三阳站

三阳站位于安徽省歙县三阳镇，车站站址位于石马山山麓西侧，属于两个山峰之间的峡谷地带，东侧比邻昌源河，杭瑞景高速公路与三阳站隔溪相望，穿越杭黄站场。清凉峰自然保护区与站房遥相呼应。三阳站鸟瞰如图 4–2 所示。三阳站站台距原始场地高差达 30 m，横跨昌源河，站台东端距三阳站房中心里程 70 m。受山地地形限制，站房规模较小，如何在节约环境资源的基础上满足站房功能需求、设计整体形象成为一大难题。

三阳站站区位于剥蚀中低山区，地形起伏较大，地势呈北高南低、东高西低的态势。设计人员在充分研究规划区用地现状及自然地形地貌的基础上，注重站区与周围自然山体的相互联系和渗透，因势利导，科学规划、合理布局，在节约环境资源的基础上充分满足了站房功能需求。

考虑站区周边山地条件以及自然生态环境，为充分利用现有地形高差，站区整体规划结构为“依山就势，扇形布局”。结合特殊的地形及站场布局，采用台地式设计，

图 4-2　三阳站鸟瞰

顺应山势走向设计通站道路；以车站为核心，顺应地势以及高差，各类车场围绕车站形成扇形布局。铁路桥南侧主要布局生产生活用房片区，铁路桥北侧为站前广场综合片区。

结合整体规划要求，竖向设计以站区的现状情况、地形地势、防灾要求和周边城镇道路的控制标高为依据，结合站区空间形态规划意图来进行。社会车辆停车场、出租车场、公交车站、旅游大巴车场等站前广场交通配套设施呈阶梯状布置。

由于站房规模较小，考虑到站房与站台的整体体量关系，为加大站房体量，将站区单身宿舍与站房并栋；上、下基本站台的廊桥与站房毗邻建设，使旅客乘降便捷高效。站房、单身宿舍及廊桥在站区环境中顺应高架站场，置于站场北侧，其余站区房屋顺应通站道路布置。

三、融于自然的建筑造型

杭黄高铁沿线站房造型设计时，重视人在环境中的感受，通过对周边山体、水系、林木等自然景观的分析，以抽象的设计手法，将其巧妙地应用到建筑设计中，使得站房也成为站区绝版美景中的一部分。

（一）富阳站

富阳站位于杭州市富阳区，站房设计理念“富春山居、龙门驿站”源于《富春山居图》，站房造型设计充分融合富阳风景和地域文化，用现代设计手法体现山水城市的清新典雅、悠远意境。富阳站站房实景如图 4–3 所示。

图 4–3　富阳站站房实景

站房外形是简洁的双坡折屋面，截取浙江民居中坡屋顶这一元素抽象设计而成，折屋面看起来更加舒展悠远，仿佛龙门古镇山间民居绵绵不绝的屋面，与蜿蜒的山脊相照应。建筑外立面主要由玻璃幕墙、石材幕墙、铝板幕墙组成，能将周边的城市风情以及山水风光倒映其中，宛如一幅长长的山水城市画卷，再现《富春山居图》的美景。幕墙细部构造以简洁明快、线条流畅、分格清晰、造型独特来体现建筑风格和现代气息，幕墙玻璃外侧为铝板装饰柱造型对称布置，内外一致，增加构造细节，颜色均采用香槟银，美观精致，使立柱观感更显修长、挺拔。为更好诠释江南驿站的建筑立意，站房建筑外檐口造型采用加长铝单板，在对应幕墙立柱分格模数处吊顶采用铝条勾勒线条，檐口根部的细部收口用现代手法和工艺来体现龙门古镇传统建筑元素。

（二）桐庐站

桐庐站位于桐庐县城南，取意“山水桐庐”，设计时采用了拓扑、描摹、对比等技法，对周边地貌特征进行序列化研究，将其具象化后再抽象，从而呈现出更为通透、现代的感官体验，形成兼具现代感与环境特色的建筑造型。

桐庐站背靠大奇山森林公园，外立面造型设计为气势磅礴的大奇山形状，站房轮廓高低起伏，与大奇山交相呼应，山水融合，形成一道层次分明的优美风景。外立面主要由玻璃幕墙、铝板幕墙、铝板雨棚组成，外幕墙曲线形态使得双曲面铝板的每块铝片尺寸大小不一，加工、运输、安装难度极大，凸起弧形造型也给结构设计和施工带来一定挑战。

在站房连廊部分的结构柱牛腿造型处理上，通过提取当地民居建筑特色造型元素，采用叠加弧形铝板焊接方法，形成优美的三条曲线，营造出层峦叠嶂的山峦造型柱头，与站房正立面山体造型遥相呼应。

桐庐站房实景及连廊结构柱牛腿造型处理如图 4—4 所示。

（a）桐庐站站房实景

图 4—4

（b）桐庐站连廊牛腿

图 4–4　桐庐站房实景及连廊结构柱牛腿造型处理

（三）建德站

建德站坐落于杭州建德市杨村桥镇，其山地民居建筑为建德站的造型设计提供了灵感，“人”字造型设计既象征建德开放迎宾的美好寓意，又承载着大鹏展翅、高铁带动地方经济发展的期盼。建德站站房实景如图 4–5 所示。

图 4–5　建德站站房实景

站房采用大屋面加柱廊的形式，柱廊既形成站前平台人员集散的灰空间，又与简洁大气的屋面共同构成建设建德东大门的建筑意向。屋顶坡度舒展，略带举折，如鸟斯革，如翚斯飞，富有传统木构建筑大屋顶神韵，并与群山林立的自然环境相呼应，彼此融合，和谐共生。为满足建筑造型要求，雨棚等钢结构总长度较长，对结构设计提出更高要求。

（四）千岛湖站

千岛湖站所处的淳安县是“杭州—千岛湖—黄山”黄金旅游线路的重要节点，通过深度挖掘当地特色元素，站房设计取山、水为形意，以山之硬朗为形，以水之空灵为意，通过创造一个通透、雅致、景致交融的现代江南地标建筑，展现出“生态千岛，山水淳安”的美好意境。千岛湖站站房实景如图 4—6 所示。

图 4—6　千岛湖站站房实景

室外立面造型融合环境文脉，以山势起伏为意境，用鳞次栉比的黛瓦色坡屋面呼应站房周边群山环绕、碧波荡漾的自然环境，勾勒出端庄秀丽的形象，与江南传统韵味相呼应，体现千岛湖毓秀山水的清雅秀丽。因屋面折梁跨度大，加上站房高度较低，对结构设计提出较高要求。错落有致的廊桥与周边山水融为一体，尽显江南建筑的婉约之美。细部刻画以轻巧的结构形态、通透的木纹格栅、点缀其间的鱼形传统纹饰进行修饰，与地域文化内涵相契合，塑造空、灵、透、秀的江南小筑。幕墙设计采用竖明横隐玻璃幕墙，玻璃采用超白玻璃，给人更加简洁、明快的视觉感受。

四、建筑工程小结

高铁车站与城市形象建构息息相关。车站除了满足作为铁路枢纽本身的复杂功能之外，城市和市民也对它寄予了更高的期望，对高铁车站功能多样化需求越来越明显。杭黄高铁在设计时统筹规划，独具匠心，有效解决了部分车站用地紧张问题，打造了一批闪耀智慧与时代光芒的精品客站。

（一）精心规划，有机融合

铁路车站在满足使用功能需求，选址、站型、布局遵循线路走向的前提下，也要适应当地的地理特征，保护生态环境。杭黄高铁结合所处的山区地形，因地制宜、合理规划，创新设计，以车站建筑为中心，突出车站建筑主导地位，实现铁路站房及配套设施的全部功能，并形成高效的旅客进出站及换乘系统，使得客流组织合理、便捷。

（二）塑造空间，以人为本

杭黄高铁站房设计紧扣新时期铁路车站建设要求，以人为本、精心设计，以塑造宜人的空间为设计出发点，体现人文关怀，实现艺术性、实用性的有机结合，不仅保证了乘客使用安全、方便，而且打造了良好的内部与外部环境，为旅客创造舒适的旅行空间环境。

（三）突出人文，彰显内涵

杭黄高铁沿线地域文化底蕴丰厚，杭黄高铁站房在建筑造型设计上，重视融合当地自然与人文环境、地域特征，注重细节设计，通过匠心营造，将每一个站房都打造成一个文化艺术精品，为后续铁路站房设计提供了高价值的范本。

第二节　结构工程

与传统车站相比，高铁站房的突出特征体现为大型化、立体化，因而必须采用大跨度、高空间的结构体系。另一方面，由于车站周边地形原因，以及出于与城市地面交通分离、提高城市地面交通效率的考虑，很多高铁车站采用以高架桥梁进站的复合型车站，出现了桥站合建结构，如何让两套不同受力体系的结构“合二为一”，必须通过结构创新予以解决。此外，一些车站除主体混凝土结构外，还大量采用钢结构，实现不同结构类型的完美结合也需要创新结构设计。杭黄高铁根据建筑功能、自然特征、边界条件等，创新结构设计方案，解决了站房建筑结构设计难题，为山区高铁站房结构设计提供借鉴。

一、工程概况及设计理念

（一）主要工程内容

结构工程主要内容为富阳站、桐庐站、建德站、千岛湖站、三阳站共5座新建车站及站场设施结构设计，绩溪北站、歙县北站、黄山北站三座车站新增杭黄场站台雨棚及天桥结构设计等内容。其中以桐庐站、建德站、千岛湖站、黄山北站结构设计最为典型。

桐庐站为线侧下式站房，站房主体结构为钢筋混凝土框架结构体系，站房主体屋面为网架结构，办公部分屋面为钢筋混凝土结构。站房外立面主要采用干挂铝板及LOW-E玻璃幕墙。公共区屋面采用钢结构直立锁边铝镁锰金属板屋面；东西两侧办公设备区屋面采用混凝土屋面。

建德站为线侧下式站房，站房主体结构为钢筋混凝土框架结构体系，站房主体屋面为网架结构，办公部分屋面为钢筋混凝土结构。

千岛湖站为线正下式站房，站房结构工程设计内容包括地下基础、主体结构、室外平台及附属构件等内容。基础采用冲孔灌注桩形式，整体结构为混凝土框架结构，轻钢屋面结构。

黄山北站为线侧平式站房，站房主体结构为钢筋混凝土（部分区域大跨度结构采用钢骨混凝土）形式。屋盖采用大跨度网架结合部分转换桁架的形式，网架（含转换桁架）的最大跨度为 45 m，网架截面最大高度 3.5 m，采用下弦支撑形式。

（二）工程特点

1. 结构复杂

千岛湖站房建与桥梁融为一体，由下至上依次包括站房结构、铁路桥梁结构、雨棚结构，三种结构的结构形式、荷载特性存在较大区别，设计所遵循的理论体系也不尽相同，设计时需要考虑站房、桥梁、雨棚共同受力，协调结构变形和建筑造型。黄山北站站房造型层次感丰富，为实现特殊造型需要将混凝土结构和钢结构完美结合。不同受力体系和不同类型的结构相结合使结构设计异常复杂。

2. 大跨度结构多

千岛湖站、桐庐站、建德站为实现特殊建筑造型，结构设计中产生较多大跨度结构，如大跨度屋檐、大跨度上站台楼扶梯、大跨度网架屋面、超长雨棚结构等。如何在满足建筑造型和使用要求的基础上，保证大跨度结构安全稳定，对结构设计提出新挑战。

（三）设计理念

1. 安全耐久

结构设计要根据承载能力极限状态和正常使用极限状态的要求进行验算，保证结构在施工及使用期间具有足够的强度、刚度（楼面、天桥等的自振频率不宜低于 3 Hz），并满足抗倾覆、滑移、漂浮、疲劳、变形、抗裂等条件，同时采取有效措施，满足规范规定的耐久性要求。

2. 优化结构组合

部分站房结构设计复杂，在满足站房既定功能的前提下，为实现站房结构不同受力体系、不同结构类型有机结合，协同受力，必须进行结构创新以及优化结构之间的组合形式，并通过新材料、新技术的综合应用实现结构的完美组合。

3. 轻盈美观

桥站合建结构中，桥墩穿越站房，往往使得铁路线下方空间密布了大量的桥梁墩柱，直接影响下方空间的品质。因此必须通过结构创新设计，合理利用转换结构实现竖向传力连续，从而减少站房下部空间结构柱数量，既有利于增加桥下使用空间，又使桥站整体结构轻盈美观。对于屋面等大跨度结构，也应避免使用大截面梁，而通过轻盈的结构设计实现屋面竖向支承的刚度需求。

二、重难点工程设计创新

（一）桐庐、建德站台雨棚创新结构设计

1. 工程难点

雨棚等钢结构由于建筑功能要求，总长度较长，超过结构温度区段长度，常见措施为设置双柱分缝或者采用长圆孔连接以释放温度应力。长圆孔加工时需适当加大孔径，施工时螺栓不能完全拧紧，檩条需克服螺栓与长圆孔摩擦力才能进行滑动，允许滑动距离有限，施工质量难以控制，节点传力机制不明确。而双柱分缝方案占用空间、增加结构材料，影响建筑效果。

2. 创新设计方案

为解决站台雨棚因结构超长导致的温度应力过大问题，桐庐站、建德站台雨棚采用了一种钢结构雨棚檩条的滑动节点，檩条可水平滑动，以释放温度作用产生的内力，不产生附加应力。檩条在风吸、风压荷载作用下产生的剪力可通过上、下钢支座传递至主梁，如图 4–7、图 4–8 所示，实景如图 4–9、图 4–10 所示。

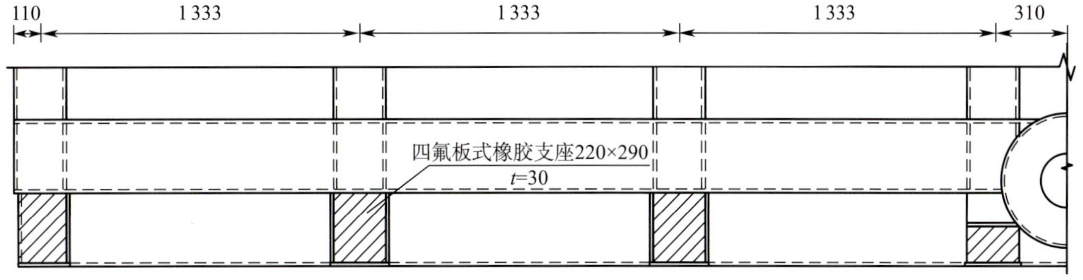

图 4–7　分缝牛腿布置示意图（单位：mm）

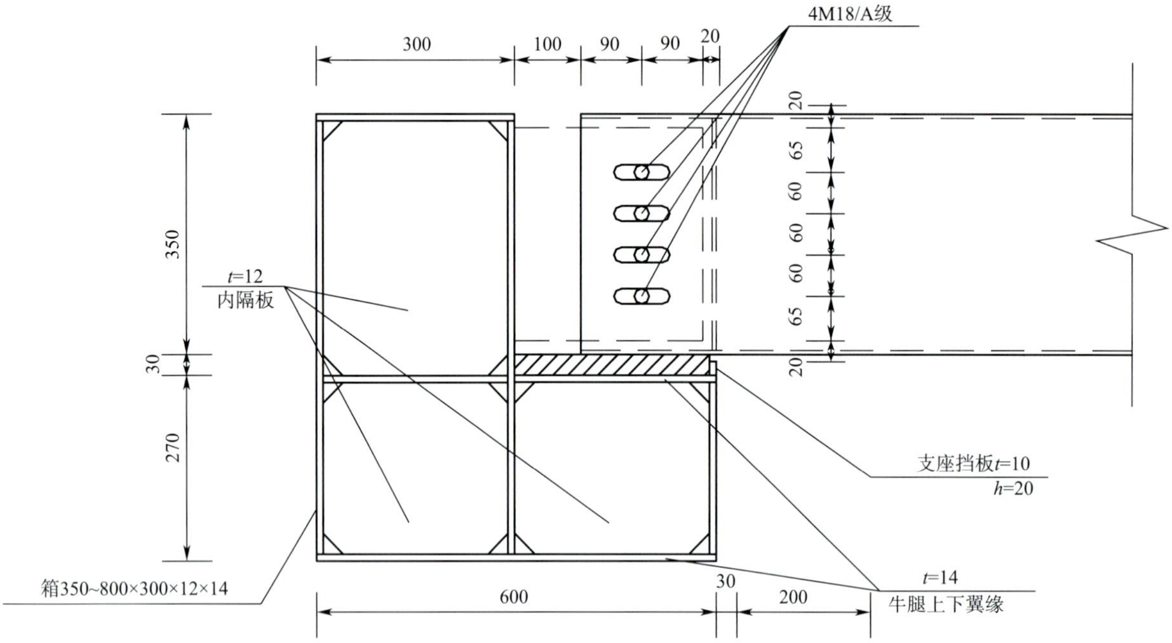

图 4–8　分缝牛腿布置大样示意图（单位：mm）

图 4–9　桐庐站站台雨棚

图 4-10　建德站站台雨棚

（二）桐庐站双层网架创新设计

1. 工程难点

桐庐站站房建筑造型轮廓高低起伏，似层峦叠嶂，同富春山山体构成了“U”形景观山脉，建筑两侧实体对山形轮廓的勾勒、叠合，烘托出远景的山势，如图 4-11 所示。这一独特的建筑造型增加了结构设计难度。

图 4-11　桐庐站建筑造型

2. 创新设计方案

为实现建筑屋面凸起弧形造型，桐庐站站房顶棚采用网架结构，网架覆盖面积达 5 410 m^2，最大跨度 39.6 m，网架两侧采用双层空间倒三角网架体系，运用 3D3S 空间结构分析软件，将整体刚度、变形控制在合理范围，较传统方通龙骨屋面结构方案施工工期节省 15 天，自重降低 5 kg/m^2。网架剖面如图 4–12 所示。

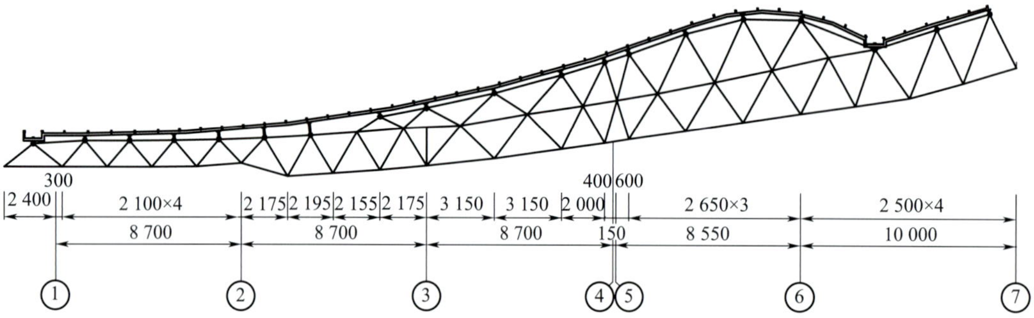

图 4–12　网架剖面示意图（单位：mm）

（三）千岛湖站结构创新设计

1. 千岛湖站桥梁结构和站房站厅结构层的有效结合

（1）工程难点

千岛湖站站址三面环水，站房所在场地前有广场，后有铁路生产生活配套设施，空间狭小，站厅层只能设置在轨道及站台层下方。为满足旅客进出站基本功能要求，千岛湖站站房结构在空间上必须与桥梁结构结合形成有机统一整体，这一特殊的结构要求，增加了千岛湖站站房结构设计难度。

（2）创新设计方案

针对上述工程难点，将千岛湖站站型设置为“线正下式”站房，为实现建筑造型，通过设置隔震橡胶支座，采用“自滑移、自复位”的弱连接结构体系，创新性地把站房结构与承轨桥墩结构有机结合起来，桥墩结构只作为站房结构的竖向传力构件，二者的刚度、变形、自振等特性均互不影响，达到了整体结构“连而不合，协同受力”的统一，并实现了建筑造型的高标准要求，使建筑与周边环境有效融合。千岛湖站结构断面如图 4–13 所示，实景如图 4–14 所示。杭黄高铁千岛湖站站房及客运设施荣获湖北省勘察设计协会 2020 年度湖北省勘察设计二等奖。

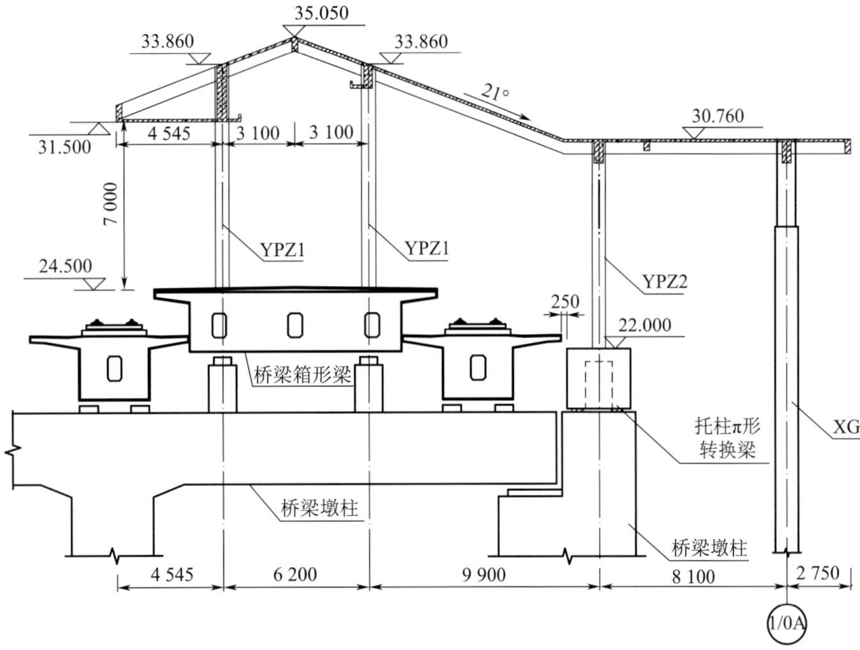

图 4–13　千岛湖站结构断面示意图（单位：除标高以 m 为单位外，其余均为 mm）

图 4–14　千岛湖站

2. 千岛湖站站房外立面结构与站台雨棚结构支撑转换

（1）工程难点

千岛湖站站房在外立面结构与站台雨棚结构结合处竖向立柱不能直接落地形成基础支撑，且千岛湖站为“线正下式”站房，需在站房正下方设置交通集散广场。因此，如何解决竖向立柱不能直接落地的问题，减少站房下部空间柱结构数量，实现集约用地、缩短旅客进出站流线的效果是工程难点所在。

（2）创新设计方案

为解决上述技术难题，采用大跨度 π 形转换梁，对中跨支撑屋面柱进行全转换，π 形转换梁通过隔震支座落于桥梁墩台，达到了竖向构件不落地而传力连续的效果，保证了站房下部空间除桥梁柱墩外无其他结构柱，做到与周围环境相协调的同时，实现了站房通透、轻盈的整体效果。图 4—15 ～图 4—17 为 π 形转换梁在桥墩顶部剖面、平面布置和大样。

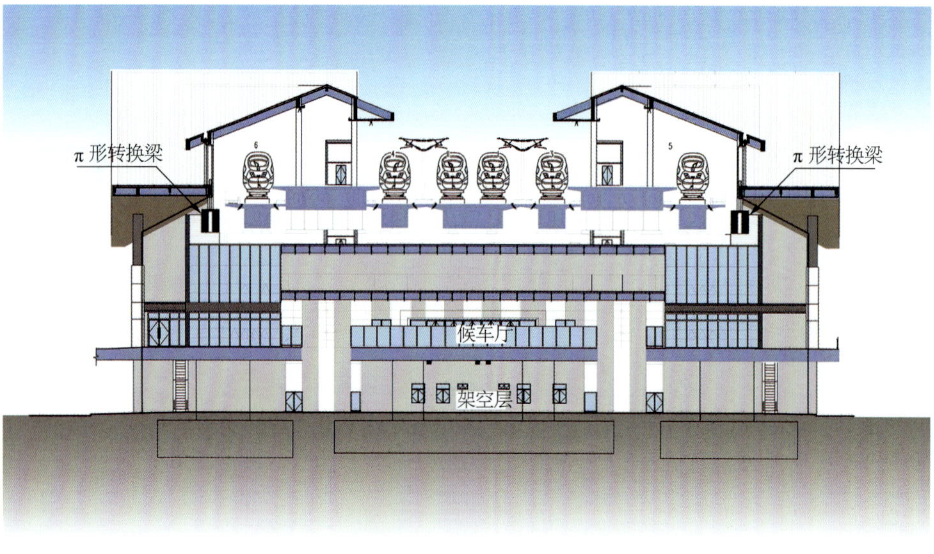

图 4—15　千岛湖站剖面图中的 π 形转换梁示意图

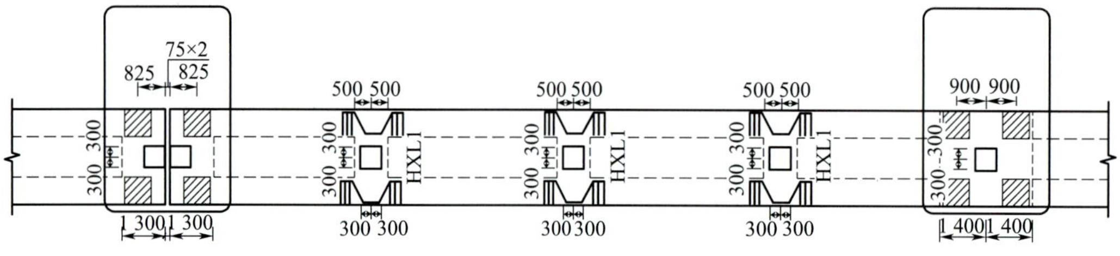

图 4—16　π 形转换梁在桥墩顶部平面布置示意图（单位：mm）

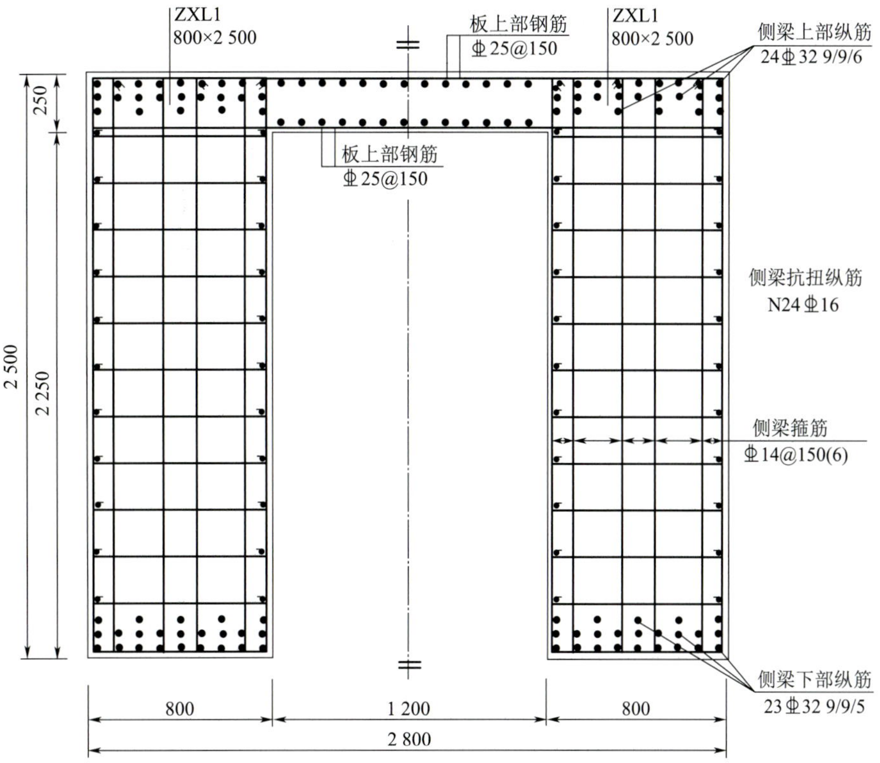

图 4–17 π 形转换梁大样示意图（单位：mm）

3. 千岛湖站型钢混凝土加张弦结构解决屋檐跨度大难题

（1）工程难点

千岛湖站屋面折梁跨度达 24.7 m，对于大跨度屋檐一般会采用大截面梁，但千岛湖站站房高度较低，并且为使站房造型与周围环境相协调，采用了多坡屋面结构，因此不适宜采用大截面梁结构，必须通过结构设计创新解决屋檐跨度大难题。

（2）创新设计方案

为了解决屋檐跨度大问题，并实现站房坡屋面轻薄且有力的结构美要求，创新性地采用了张弦型钢混凝土梁结构形式，在劲性型钢混凝土梁柱节点间增设张弦拉杆，施加预拉力后可与梁达到协同受力的效果。此结构形式最大限度减少了梁截面高度，同时又保证了混凝土屋面竖向支撑的刚度，完美地满足了造型及受力的双重要求。图 4–18 为张弦结构实景，图 4–19 和图 4–20 为张弦结构详图。

图 4–18　张弦结构实景

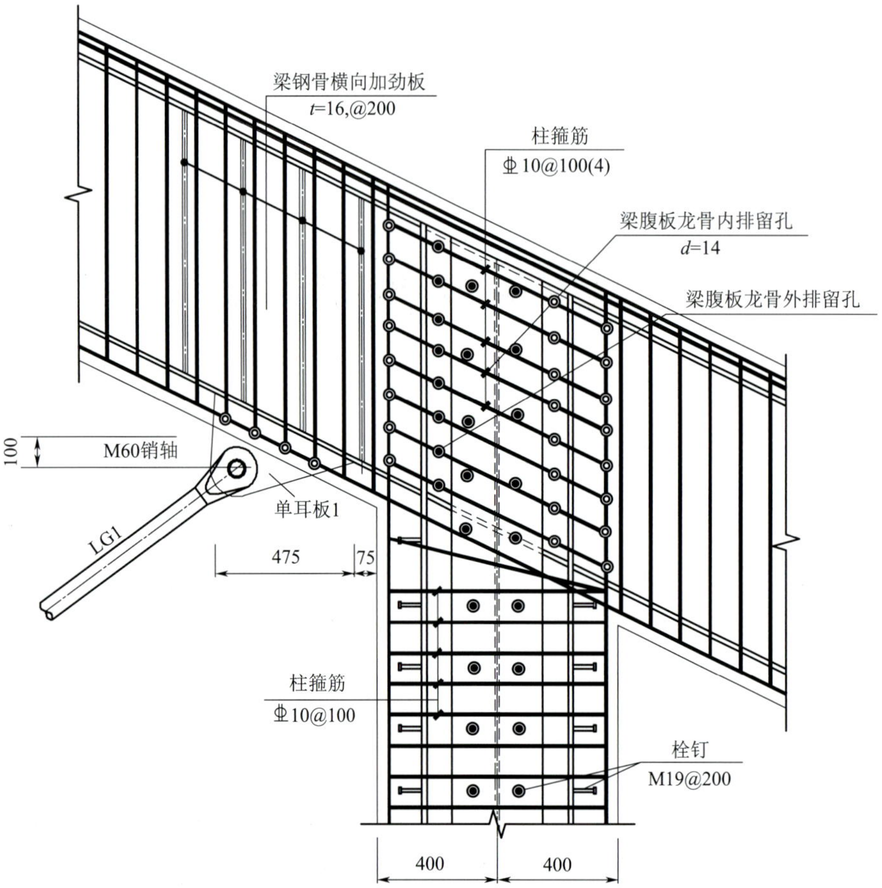

图 4–19　张弦结构详图 I（单位：mm）

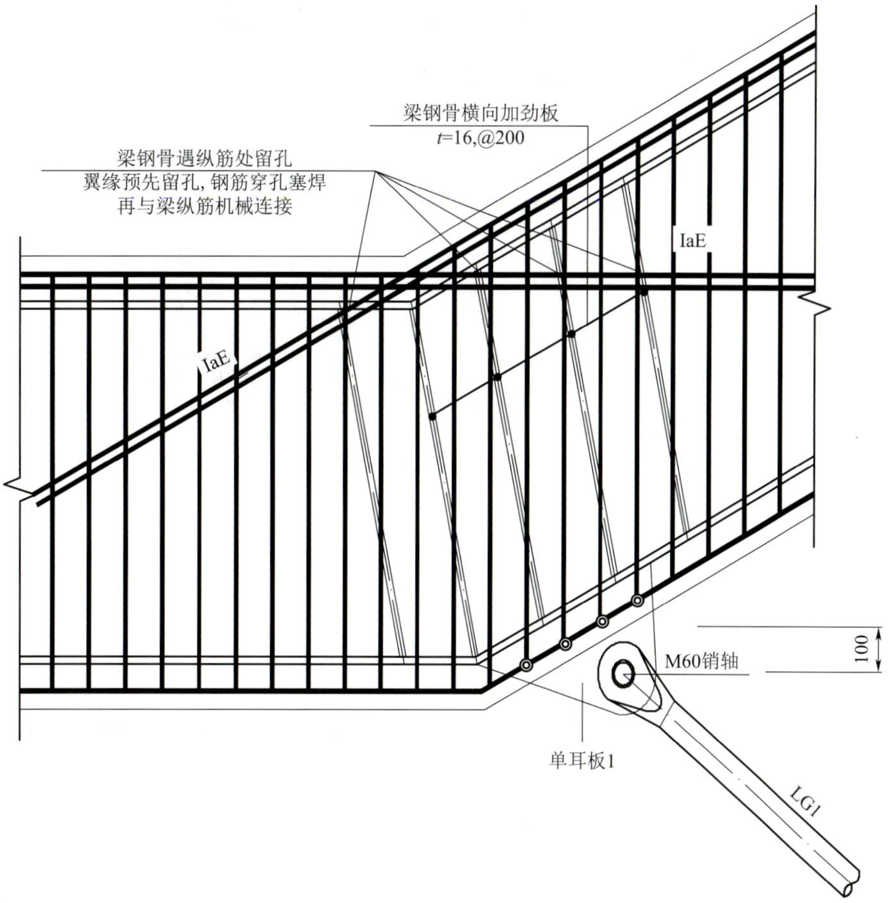

图 4-20　张弦结构详图Ⅱ（单位：mm）

4. 千岛湖站潭头溪中立柱解决上站台楼扶梯跨度大难题

（1）工程难点

对于大跨度扶梯结构设计，既要实现较高的整体竖向和侧向刚度、高承载力，又要满足造价经济、使用性能优良等要求。千岛湖站地形复杂，站房不在站台中心，上站台楼扶梯跨度达 45 m，进出站楼梯的提升高度达 24 m，突破以往桥下站的最大提升高度，并且楼扶梯结构需跨越潭头溪河道，因此需设置非标准的楼扶梯结构才能满足使用要求。

（2）创新设计方案

为解决上站台楼扶梯跨度大难题，并满足楼扶梯提升空间内尽可能少立柱的需求，仅在中部河道区域设置一道中间支撑。支撑柱立于河道中，水位线以下设扩大柱墩，柱承台顶部设防冲刷垫层。通过研究近 50 年内水文资料，确定承台的预埋标高、冲刷线的位置及水下结构的设计要点。潭头溪楼扶梯支撑立柱如图 4-21 所示。

图 4-21　潭头溪楼扶梯支撑立柱效果

（四）黄山北站大跨度空间桁架设计

1. 工程难点

黄山北站建筑造型层次感丰富，充满时代与地方特色，结构设计时需要充分实现建筑空间效果。此外，黄山北站屋盖最大跨度 45 m、最大柱距 24 m，且中间候车厅为满足建筑自然采光要求，需开较大洞口，通常的网架结构难以满足要求。

2. 创新设计方案

针对上述工程难点，结构设计中将主体结构与幕墙支撑结构统筹考虑，通过对不同结构类型（主体混凝土结构、幕墙钢结构）的整体分析以及特殊部位的重点分析（幕墙结构多重悬挑），实现了力学与建筑学的完美结合。

站房室内顶部以跌级式铝板吊顶结合中部采光天窗设置，柔和的光线透过管帘映入候车厅内，保证了日间室内自然采光，在实现低碳节能的同时也营造气势恢宏而又丰富多变的室内空间，结构计算中，对主站房和屋盖网架（含转换桁架）建立整体模型进行计算分析，以准确计算主体混凝土框架与屋盖钢结构的共同作用。设计中在洞口周边设置大跨度空间桁架来支撑不连续的空间网架，突破了传统的钢结构屋面形式，完美实现了建筑空间效果。空间网架与幕墙结合实景如图 4-22 所示。

三、结构工程小结

一个好的建筑除了在建筑造型上追求极致以外，在结构设计中也要追求完美，

图 4-22　空间网架与幕墙结合实景

实现建筑与结构的有机融合。杭黄高铁桐庐站、建德站、千岛湖站及黄山北站站房和雨棚结构设计充分满足建筑造型需求，并结合自然地理等因素进行灵活创新设计，注重整体，解决了结构设计难题，为今后类似工程，特别是山区中小型高铁客站结构设计提供借鉴。

（一）注重结构整体性，实现最优组合

站房结构的整体性设计有助于提升结构的抗变形能力、优化站房空间布局和造型。杭黄高铁千岛湖站由于空间限制采用站桥合建结构，为满足整体建筑效果和站房的使用功能，在结构设计时注重结构设计整体性，在保障结构安全耐久的前提下，通过站房、雨棚结构与桥梁结构的完美组合，实现了站房结构通透、轻盈，提高了旅客候车、乘降的舒适性。黄山北站结构设计统筹考虑，使主体混凝土结构和钢结构完美结合，实现了站房造型和空间效果。

（二）强化设计灵活性，解决结构难题

大跨度结构、特殊造型结构是高铁站房结构工程中常出现的结构形式，解决这些结构问题不仅要考虑结构的力学稳定性，还要考虑结构造型美观等因素。杭黄高铁千岛湖站、桐庐站、建德站通过灵活设计成功解决了立面屋檐跨度大无法采用大截面梁、站台楼扶梯跨度大、站台雨棚因结构超长导致温度应力过大、屋面造型难等难题，既满足功能要求，又安全、经济、美观。因此，结构设计时应结合工程实际，增强结构设计灵活性、开创性，提升结构设计创新水平。

第三节　给排水工程

铁路给排水工程是为旅客列车和铁路沿线生产及生活单位提供水质及水压符合要求的生产生活用水，并保证站场及线路区间的雨水排放和铁路沿线的生产生活污水排放达标。杭黄高铁给排水工程设计中优化了供水、贮水方式及污水处理工艺，实现了节能增效，采用的旅客列车集便污水真空卸污新技术、铁路客站给排水自动控制管理系统标准化新技术、分压供水技术、节能节水型客车上水新技术等均达到了国内领先水平。此外，物联网先进技术理念在铁路给排水自控设计中的成功应用，为铁路给排水自控系统设计标准化积累了宝贵经验。

一、工程概况及设计理念

（一）工程概况

1. 给水站的设置和生活供水站、点数量

杭黄高铁全线设黄山北站、黄山北动车组存车场两个给水站，设富阳站、桐庐站、建德站、千岛湖站、三阳站、绩溪北站与歙县北站 7 个生活供水站，设 3 处牵引变电所和 3 处警务区共 6 处供水点。

2. 供水、贮水方式

杭黄高铁各车站水源均采用城市自来水，根据各城市自来水公司提供的各站接管点处管网的水量、水压资料，车站供水方式采用分压供水。用水压力小于接管点处自来水管供水压力的用水点，采用自来水直供；用水压力大于或等于接管点处自来水管供水压力的用水点，采用加压供水。同时用水流量较大的消防用水与生产、生活用水分管网供水，大大减少了生产、生活用水的贮水量及加压变频供水设备的供水量。沿线各站加压站室内贮水设备均采用食品级不锈钢水箱贮水（取代了常规设计采用的钢筋混凝土水池贮水），保证供水水质安全可靠，减少加压变频供水设备供水量，使得供水设备正常运营能耗比传统生产、生活、消防合用供水管网加压供水设备低 50%，节能效果显著，水箱贮水量少，供水水质得到保证。

3. 污水处理工艺

杭黄高铁各站充分利用地形，优化污水管道布置，减少污水抽升。车站污水尽可能排入市政污水管网，减少对周围环境的污染，并节省了投资。三阳站设有一处污水处理站，为配合整个站区的景观及绿化，设计中优化了污水处理工艺，采用节能高效型污水处理设备的同时，将处理设备及构筑物改设在地下，取消污水处理房屋，节约投资，节能增效。三阳站污水处理流程如图 4–23 所示。

4. 消防方式

杭黄高铁全线除黄山北站及黄山北存车场两个给水站室外采用生活与消防共用的给水系统，其余各站均为生活与消防分设的给水系统。

车站室外消防泵房与站房室内消防泵房合建，站房外设消防水池，供室内、外消防用水。各站建筑物周围及消防车道设置地上式消火栓，间距不大于 120 m。各供水站在基本站台每隔 100 m 设室外地上式消火栓，在其他站台两端各设一座室外地上式消火栓。

此外，杭黄高铁在天目山隧道出口及查坑隧道进口之间设有紧急救援站。救援站内的消防水源采用天目山隧道出口的渗漏水，由于此处山势较复杂，不宜采用高位消防水池，因此设计中充分利用现有施工场地，在洞口附近设置消防泵房及消防水池，在紧急救援站 829 m 范围的线路两侧每隔 50 m 设置两个消火栓口，并在横洞与隧道相交处设置消防器材箱。

（二）工程特点

1. 节能减排要求高

铁路给排水工程具有用水量大、给水环节多且分散、供水损失率高等特性，结合国家节能减排新政策和当前水资源缺乏的严峻形势，作为以“打造精品工程”为目标的杭黄高铁，给排水工程设计面临更严格的节能减排要求。

2. 卸污技术要求高

由于杭黄高铁列车需短时间内在车站完成卸污作业，这对列车卸污技术以及卸污设施的建设提出了更高的要求，需要更加先进、可靠的技术为其提供支撑。

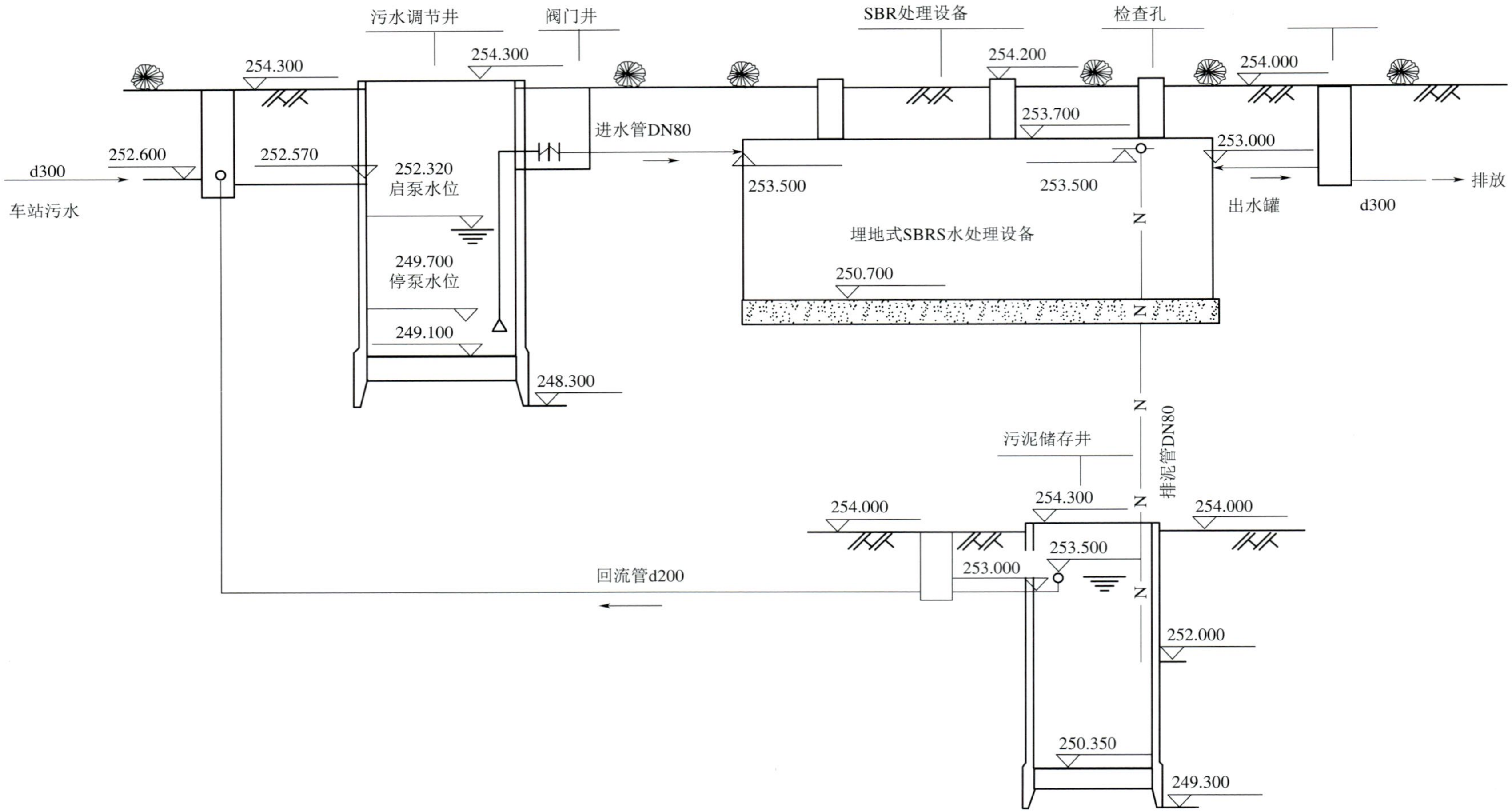

图 4-23　三阳站污水处理流程示意图（单位：m）

（三）设计理念

1. 节水降耗

为尽量避免上水作业中的水资源浪费，在上水系统设计时充分应用节水新技术，达到节水、降耗、增效的目的；在卸污作业设计时，保证列车卸污作业要求的前提下降低设备能耗。

2. 保护环境

卸污作业可能会给沿线环境带来污染，并造成车辆内的二次污染，设计时应优先采用先进的卸污技术和设备，消除卸污过程对站区周边环境影响；优化污水管道布置，减少对周围环境的污染。

3. 管理高效

传统给排水集中监控模式存在系统复杂、可维护性差、各站软件硬件设备不通用等弊端，杭黄高铁为满足给排水系统网络化远程管理的要求，运用物联网相关技术，建立给排水自控系统，提高整体信息化程度。

二、取得的创新成果

（一）节水节能型客车上水新技术

1. 旅客列车上水存在的问题

客车上水是铁路运输的一个重要工作，是满足客车上旅客用水需求的唯一途径。在铁路运输越来越繁忙的今天，人工劳动强度增大，传统上水方式的弊端越来越明显。传统上水方式由于设备、技术滞后，给客车上水工作带来了困难，造成大量的水资源浪费，并引发站、车、环境污染。

2. 节水节能型客车上水新技术及其应用

为适应高速铁路客站对旅客列车快速自动上水管理水平的更高要求，杭黄高铁给排水设计中积极推广节能节水型客车上水新技术，在黄山北站采用了“客车上水自动控制及管理系统”。

系统主要由自动回管型客车上水设备（主要包括上水接头、客车上水单元控制机、客车上水股道管理机）以及相应的电气控制及管理系统等组成，其中客车上水单元控制机安装于车站到发线间的上水栓井室内，与客车上水干管相接。上水方式除由人工将特制气动式快速管接头与客车注水口对接外，其余作业均为自动化完成，具有无线遥控、自动计量显示、水满即定时自动关停、自动脱管、自动回管、余水自动收集及防冻等主要功能。

系统监控中心为上述设备系统的集中监控与信息管理的工作平台。平台通过上水现场信息采集系统及相应的网络传输系统，经中心计算机处理系统，对股道间上水单元控制机的作业运行及相关状态信息进行实时记录、统计、显示以及监控，以完全实现对上水作业过程的电子信息化管理，如图 4–24 所示。

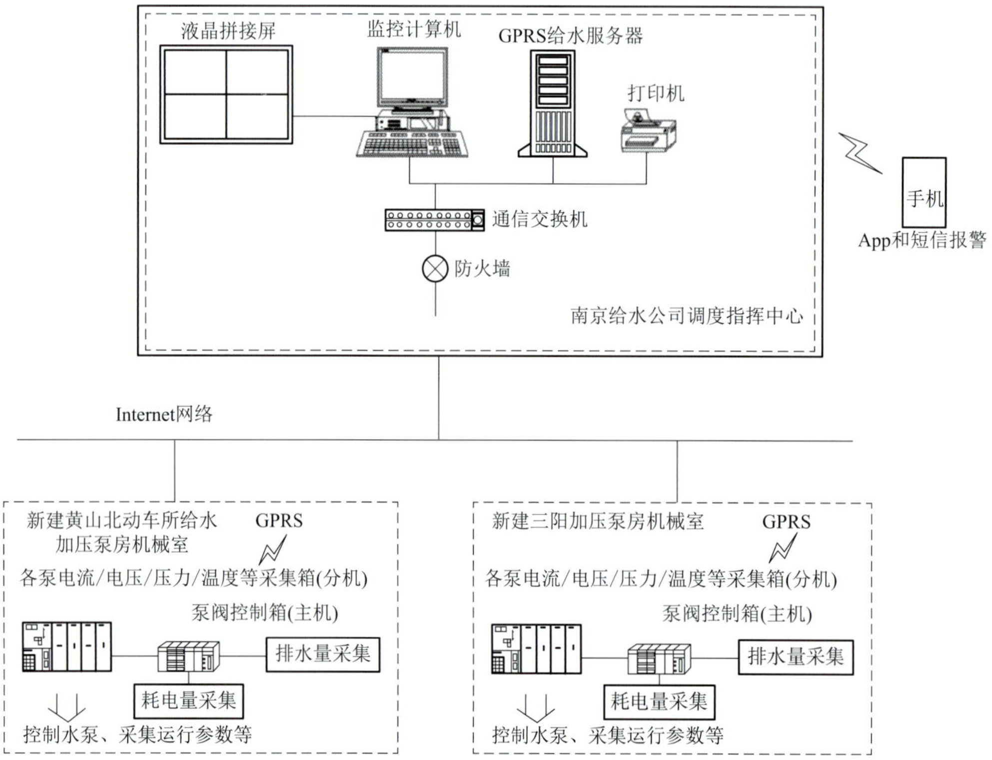

图 4–24　客车上水自动控制及管理系统示意图

与传统的上水作业设备相比，整个上水过程操作简洁便利，自动化程度高，劳动强度低，辅助上水时间少，上水及节水效率显著提高，同时由于采用自动回管装置，上水作业场地整洁美观，满足高速铁路客站的环境要求。该系统研究成果显示其平均上水作业效率比传统上水设备提高约 40%。

（二）真空卸污新技术

1. 高速列车排污面临的问题

由于密闭式厕所能满足高速铁路运输密闭性、舒适性和洁净环保的要求，高速旅客列车均为密闭式厕所，而长途通过列车、立折列车均没有时间进入运用所进行卸污作业，需短时间内在车站快速完成卸污作业，这给卸污设施建设带来巨大挑战。

2. 真空卸污新技术及应用

目前国内外常用的卸污方式有固定式和移动式真空卸污两种。黄山北站卸污设计经过严密的理论分析、模拟计算，并充分借鉴原铁道部在真空卸污技术方面的技术研究成果，采用了储能罐式真空泵站，在新增股道间设置旅客列车地面卸污设施，站房内设置真空卸污中心。

黄山北站卸污系统主要由股道间两排卸污管道及地面接收单元、真空中心（包括三台真空泵、两台污水泵、两个污物收集罐、一套臭气处理装置及一套控制系统）组成。通过真空泵的工作使真空罐和卸污管道内形成真空，当列车停靠到发线时打开卸污单元，将单元内的吸污软管与列车污物箱排污口连接，列车污物箱内的污物在真空作用下进入卸污管道，最终经过排污泵被排到指定地点。卸污单元与真空管路完全密封，无异味、无堵塞、无漏气、无漏水及无泄漏污物现象出现，其卸污能力可同时满足两条卸污线、16 辆编组动车在 15 分钟内完成卸污作业要求。真空中心内设备机组控制系统采用 PLC 微机智能控制，自动控制真空的产生和污物的排放，无需人员值守，并设有过载保护功能，可有效防止设备故障。真空泵、污水泵功率较小，运营过程中能耗较低，节能效果显著。真空卸污系统如图 4–25 所示。

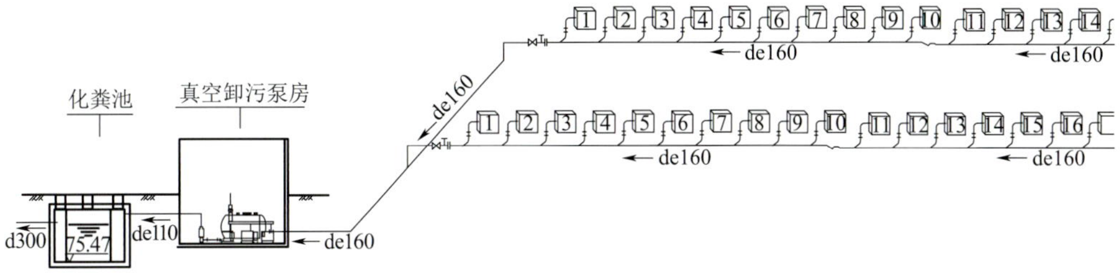

图 4–25　真空卸污系统示意图（单位：mm）

真空卸污新技术最大程度地改善了卸污操作环境，有效消除了卸污过程中对站区周边环境、旅客及工作人员的影响。真空卸污设备自运行以来，性能稳定，满足了立折列车卸污作业要求。黄山北站的卸污工程设计充分体现了投资省、易扩能、卸污能力强、运营能耗低、维护简便、无环境污染等优点。

（三）给排水自控系统

杭黄高铁给排水自动控制系统设计以标准化、具备上网功能的功能终端作为系统的智能化节点，对车站给排水系统及设备运行实行实时监控，并以标准通信网络作为自控系统所有数据和控制命令的传输通道，形成车站给排水设备既能分散独立控制运行、又便于远程集成管理的给排水自动控制管理网络系统。给排水自控原理如图 4–26 所示。

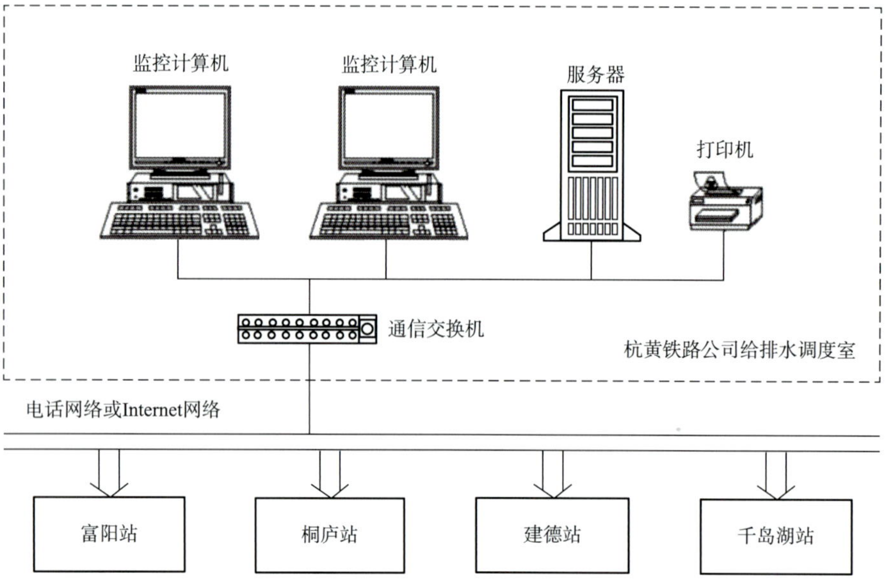

图 4–26　给排水自控原理示意图

给排水自动控制系统主要由标准化功能终端设备和标准化网络传输通道组成。

标准化功能终端主要由水泵和阀控制功能终端(泵阀远控箱)、水计量功能终端(远传流量计)、模拟量采集功能终端(液位/压力采集终端)和电计量功能终端(累计电量采集器)四类终端组成，这四类终端均为标准化配置，以标准化功能终端取代传统的集中监控模式，降低了系统复杂性，提高了系统可靠性，有利于终端设备运营维护。

标准化网络通道系采用标准化的通信网作为自控系统信息和控制命令的传输通道。通过标准化的通信线插座，可将上述各标准化功能终端挂到网上连成网络，经该网络系统授权可以对车站各种给排水设备进行远程监控、远程访问及远程日常管理。

将先进的物联网技术理念应用于铁路给排水自动控制系统设计，从系统结构上彻底克服传统给排水集中监控模式的弊端，最大限度地降低了系统复杂性，提高了系统可靠性，有利于系统终端设备日常运营维护及保养。

三、给排水工程小结

中国铁路经过近年来的快速发展，以新的发展思路、新的运营速度、新的技术装备，向高质量发展迈进，作为铁路运输基础设施重要组成部分之一的铁路给水排水工程，必须符合铁路发展的客观要求。杭黄高铁给排水工程在节能减排、减员增效、信息化建设方面都有许多成功的经验可供参考。

（一）节能减排，提升经济效益

当前水资源匮乏、能源紧张，节水节能关系到我国经济和社会可持续发展。给排水作为铁路行业一个重要的分支，实现节水节能减排，具有重大的经济效益和社会效益。杭黄高铁给排水工程中积极推广、使用、研发新技术，对供水、贮水方式和污水处理工艺进行优化设计，相比于传统方式和设备，在减少设备供水量的同时保证了水质，实现了节能的目标，提升了经济效益。

（二）减员增效，提升自动化水平

杭黄高铁黄山北站采用客车上水自动控制及管理系统，结合先进给水设备及现代化管理理念，提高了自动化水平。该系统的使用降低了工作人员的劳动强度和设备维护工作量，达到减员增效的效果。物联网先进技术理念在杭黄高铁给排水自动控制系统设计中的成功应用，为铁路给排水自控系统设计标准化积累了宝贵经验，也为铁路给排水未来发展提供了一个新的方向，对提高铁路给排水工程信息化水平具有重要意义。

第五章
施工工法

工法是以工程为对象，以工艺为核心，运用系统工程原理，把先进技术和科学管理结合起来，经过一定工程实践形成的综合配套的施工方法。杭黄高铁建设过程中除采用传统成熟的施工工法外，还针对特殊地质、水文条件及特殊工点要求，开发或采用先进的施工工法，为确保特殊施工条件下的工程质量、安全、环保，加快施工进度，降低施工成本发挥了积极作用。

本章选取杭黄高铁桥梁工程、隧道工程、轨道工程中部分典型的先进施工工法，重点对其工法特点、工艺原理及流程展开阐述，辅以工程实例进行说明，供其他项目学习和借鉴。

第一节　桥梁工程

杭黄高铁桥梁工程施工过程中存在较多不确定因素，且部分桥梁经过水源保护地，环保要求高。传统架桥施工、泥浆护壁成孔、半围式吊篮施工等工艺无法有效解决施工过程中面临的问题。杭黄高铁桥梁施工过程中，在传统施工工艺的基础上进行改良创新，形成了DF550单线架桥机标准跨施工工法、桩基清水成孔施工工法、铁路圆端形桥墩全围式吊篮快速安装工法等先进工法，并在实际工程中推广应用，取得了较好的经济效益和社会效益。

一、DF550单线架桥机标准跨施工工法

目前国内修建的城际铁路具有大坡度、小曲线等特点，一般运架设备无法架设，且施工中存在较多不确定因素。单线架梁设备窄而高，施工技术复杂，安全性能要求高。通过对现有架梁设备改造，解决了单线架桥机稳定性施工技术难题，这一成果在杭黄高铁等铁路桥梁工程施工中得到广泛应用，并归纳总结出先进的DF550单线架桥机标准跨施工工法，确保了架梁作业安全，提高了作业效率，对今后同类箱梁架设施工具有重要指导意义。

（一）工法特点

1. 稳定性强，安全性好

以往客运专线架桥机架梁施工中，架桥机后支腿支立在已架梁面，前支腿一般是直接支立在前方墩台垫石上方；该单线箱梁架桥机前支腿上节与主梁通过前支腿吊挂装置和前支腿托辊装置连接，过孔时，前支腿抱紧装置与墩顶垫石抄紧；前支腿托辊处的托辊轮与轨道接触，当后支腿和辅助支腿到位后，解除前支腿与桥墩之

间锚固，通过前支腿抱紧装置大大增加了设备整机稳定性，保障了施工安全性。

2. 方便维修，转移迅速

DF550 单线架桥机前支腿上层可以横移并且设有转动芯轴，后支腿走行机构与下横梁之间用芯轴连接，适应小曲线桥（R=600 m）架设要求；液压系统采用独立单元设计，使系统简化和模块化，减少沿程损失和功率损耗，方便维修和搬运；利用运梁车和驮运支架可在桥间快速转移。

3. 功效较高，技术先进

传统的箱梁架桥机多为导梁式，运梁车喂梁通过两驮梁小车驮运箱梁，通过导梁机走行至架桥机内，再进行吊梁、抽导梁、落梁，最终完成架梁；本架桥机喂梁时通过设备自身前后吊梁天车纵移，实现吊梁、喂梁、落梁，作业步骤简单，方便不同跨度箱梁架设，在国内属于先进技术。

（二）工艺原理

DF550 单线架桥机采用一跨半主梁、三支腿结构。架梁时前、后支腿支撑在桥墩或桥面上，运梁车携梁进入架桥机后跨，前吊梁小车提梁并与驮梁小车配合同步使混凝土梁前移 26.9 m 后停止，后吊梁小车提梁，运梁车携驮梁小车返回梁场，同时前后吊梁小车配合同步使混凝土梁继续前移 9.3 m 到位后落放桥墩上；解除吊具，前后吊梁小车返回架桥机尾部，后支腿恢复至轮轨走行状态，铺设桥面走道，驱动架桥机后支腿走行机构及前支腿托辊机构，使架桥机过孔走行一段距离（16.6 m），使前支腿在前墩就位并调整其高度使主梁处于水平状态；解除前支腿与桥墩之间锚固，后支腿油缸完全伸出支撑、前支腿油缸顶升，使前支腿与墩顶脱空约 5 ～ 10 cm。前支腿吊挂走行至前方墩顶就位；安装前支腿稳定斜撑杆，安装墩顶抱箍，使前支腿底部与桥墩锚固；脱空前支腿，使架桥机主梁前端落放在前支腿顶部托辊移位机构上，后支腿油缸脱空使其走行机构落放在桥面轨道上，驱动架桥机后支腿行走机构及前支腿托辊机构，使架桥机过孔走行到位；拆除前支腿稳定斜撑杆，各支腿变为架梁工作状态，架桥机准备下一跨梁架设施工。

（三）工艺流程

DF550 单线架桥机标准跨施工流程主要包括运梁车对位、运梁车喂梁、落梁、箱梁调整、拆除吊具准备过孔、架桥机过孔、走行前支腿吊挂、脱空辅助支腿等，详细工艺流程如图 5–1 所示。

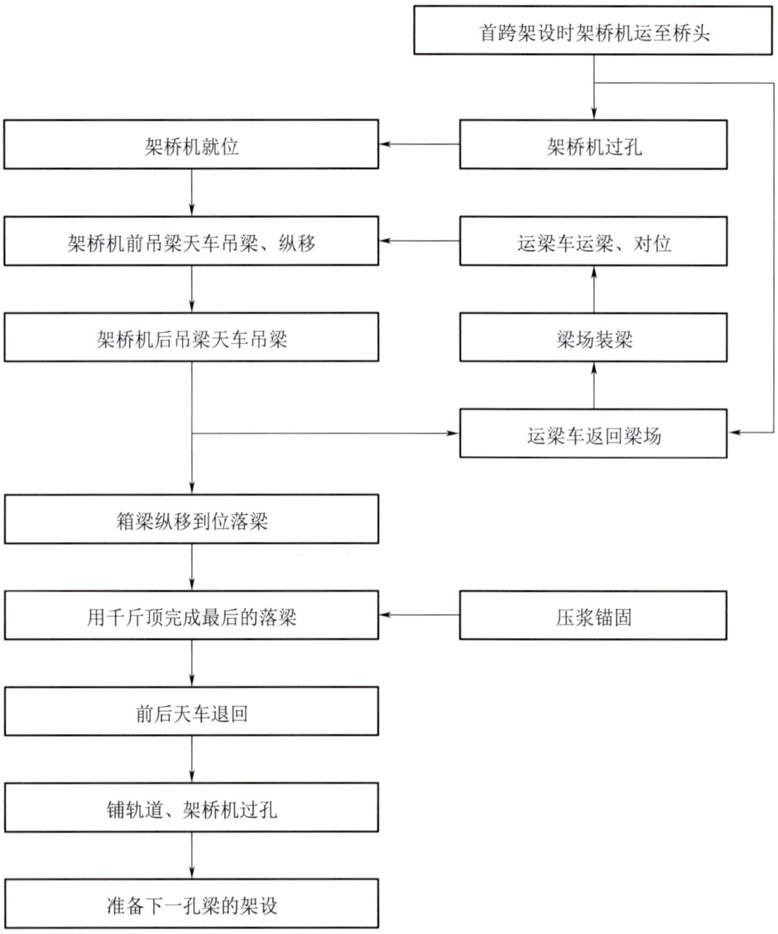

图 5–1　DF550 单线架桥机标准跨施工工艺流程示意图

（四）工程实例

1. 应用概况

杭黄高铁项目Ⅷ标存在两条与既有合福高铁接轨的单线联络线，需要架设 79 孔 550 t 箱梁，联络线长度较短，曲线半径较小，纵坡变化幅度大，且桥墩均属于薄壁高墩，而单线架桥机体型窄而高，如何在架设中保证架桥机整体稳定性，扩展架桥机小曲线架梁能力，是项目面临的难题。在实际施工中，项目部对原有单线 DF550 架桥机进行了优化改造，针对架桥机窄而高的体型，通过在前支腿设置墩台垫石抱紧装置增加设备稳定性；通过在架桥机走形轨道处添加支撑装置，增大架桥机后支腿与箱梁的受力面积，以增大安全系数；通过增加支腿横移装置，扩展小曲线半径桥的架设能力，最终形成一套 DF550 单线箱梁架设施工技术。

2. 应用成效

DF550 单线架桥机在杭黄高铁站前Ⅷ标段架梁施工中的成功应用，共产生经济效益 400 万元。DF550 架桥机通过前期科研立项，进行协同设计，科学论证，在结构设计上对架桥机前支腿、前横梁、走行轨道进行了改进或增设，使其能够满足各工况架设要求，并具有较高的适用性及便利性，节约成本约 180 万元。通过对架桥机的优化改造，降低了架梁作业时的各种安全风险，取得了良好的技术经济效益，降低成本约 80 万元。架桥机结构科学、作业效率高、性能安全可靠、技术先进，满足铁路高效架梁作业的要求，大大降低了劳动强度和作业成本，平均日架梁 2 孔。由于该架桥机架梁效率高等特点，节省燃油费、人工费、机械维护费共计约 40 万元。

经总结形成的《DF550 单线架桥机标准跨施工工艺》被国家铁路局评为 2015 ～ 2016 年度铁路工程建设部级工法，并被评为河南省工程建设省级工法。DF550 型架桥机采用目前国内最先进的机、电、液一体化控制技术，设备各组件密封效果好，噪声污染低、设备性能稳定，很大程度上减小了对周边居民的噪声影响；设备液压系统良好，施工中从未发生过大范围油污泄漏，避免了因设备维护而造成的梁面污染情况。其中采用的“一种架桥机前支腿抱紧装置”“一种架桥机后支腿支撑装置”“一种架桥机的横移装置”获国家实用新型专利。

二、桩基清水成孔施工工法

杭黄高铁进贤溪大桥跨越千岛湖湖区，千岛湖是 5A 级风景名胜区，同时也是国家一级水源保护地，环保要求极高。桥梁桩基在施工过程中，采用常规施工工艺，极易造成泥浆外泄。因此，针对项目工程施工环保要求极高的特点，项目组织攻坚小组，开创了一套钢护筒跟进加清水成孔的桩基施工方法。

（一）工法特点

1. 环保经济

清水成孔施工工艺与常规钻孔桩施工工艺的最大区别是不需要造浆护壁，施工过程中，钻渣通过抽渣筒直接抽入泥浆船，且通过钢护筒护壁也可以更好地防止泥浆外泄，大大降低了施工过程中泥浆对水体的污染，同时泥浆外运减少，节约了工程成本。

2. 安全高效

桩基清水成孔施工工艺采用钢护筒护壁，保障了清水成孔的有效实施，钻孔过程中虽然没有泥浆护壁，孔壁依然能够保持结构稳定，确保施工能够稳定有序进行，提高了施工效率，保证了桩基的施工进度和质量。

（二）工艺原理

在桩基施工过程中，采用埋设钢护筒替换传统工艺的泥浆护壁，钻进工程中采用抽渣筒抽渣，成孔后采用真空气举反循环清孔，清孔至孔内清水含砂率及孔底沉渣符合规范要求后灌注桩基混凝土。

（三）工艺流程

清水成孔施工工艺主要应用于钻孔桩施工过程中，工艺流程主要包括导向钻孔、冲击成孔、检孔及清孔等。

1. 导向钻孔

当钢护筒埋置深度小于 3 m 时，对钢护筒进行导向钻孔，使钢护筒底部埋深在 3 m 以上，保证后期钻孔的稳定性，并有效防止护筒底部漏浆。导向钻孔采用小于钢护筒直径 10 cm 的钻头冲孔，钢护筒随冲孔深度跟进，达到埋深要求后改用符合桩径要求的钻头正常钻进。

2. 冲击成孔

为有效保护千岛湖库区水资源，成孔方式选择清水钻成孔。孔内直接注入清水，孔内水位时刻保持高出河水水位 2 m，钻孔产生的钻渣用抽渣筒抽出，抽渣频率根据钻进速度每 30 ～ 50 cm 抽取一次，抽取的钻渣直接装入泥浆船内。泥浆船设 3 组泥浆池，每组泥浆池采用钢板焊接成两个箱体，上下重叠放置。上部箱体底面设过滤孔用于过滤钻渣，钻渣达到一定数量后，将箱体吊装至岸边卸渣，外运进行处理；下部箱体用于装载过滤后的泥浆，泥浆达到一定数量后抽取至桩孔内循环处理。

3. 检孔及清孔

当冲孔至设计标高后，先用探孔器检查孔径，探孔器长度为 4 ～ 6 倍设计桩径，检孔合格后进行清孔，清孔采用真空气举反循环方式，以减少清孔泥浆量。真空气举反循环清孔如图 5–2 所示。若检测孔底沉渣厚度超过 5 cm 时需重新清孔，在满足要求后，进行混凝土灌注。

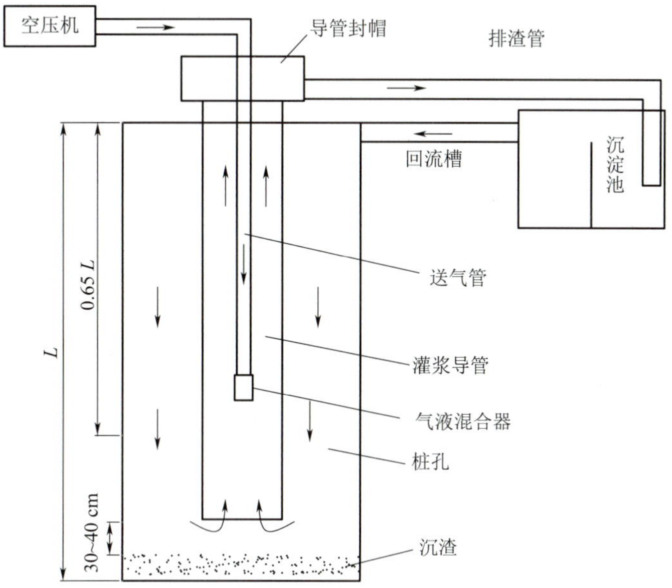

图 5–2　真空气举反循环清孔示意图

（四）工程实例

1. 应用概况

杭黄高铁进贤溪大桥总长 359.9 m，主桥结构为（40+72+72+40）m 连续梁，下部结构主墩采用群桩基础，其中 4 号墩～ 7 号墩位于千岛湖，桥址区湖面宽约 190 m，最大水深约 20 m。项目部根据施工现场实际情况，采用清水成孔施工工艺对桩基进行成孔施工。通过设置钢护筒替代传统做法的泥浆护壁，防止了缩孔、塌孔等现象的发生；通过抽渣筒将钻渣抽出孔外及真空气举反循环清孔，最大限度地避免了施工过程中产生的泥浆流入水中，减少了对水资源的污染，同时又节省了泥浆运输费用。进贤溪大桥桩基工程按计划优质地完成了钻孔桩的施工，并在施工过程中形成了一套完整的桩基清水成孔施工工法，为同类条件下桩基施工提供参考。

2. 应用成效

进贤溪大桥工程位于一级水源保护地，施工中采用了桩基清水成孔等绿色建造技术工艺，保护了千岛湖水体。通过改进施工方法和措施，在施工过程中未发生一起污染水源事故，获得了当地政府和人民的赞赏。施工完成后的进贤溪大桥如图 5–3 所示。

图 5–3　进贤溪大桥

三、铁路圆端型桥墩全围式吊篮快速安装工法

随着我国高铁的快捷发展，高铁设计越来越完善，为了更方便、全面地检修高铁桥梁支座，确保高铁运营安全，桥墩吊篮由半围式吊篮改为全围式吊篮，圆端型桥墩的吊篮安装位置为不规则曲面，含水平向和竖向曲线，吊篮安装很容易出现问题，威胁高铁维修人员的人身安全，而且吊篮安装属于高空作业，安装不牢也威胁到作业工人的安全。杭黄高铁为保证吊篮安装质量，通过总结半围式吊篮安装经验，并在此基础上不断完善，形成了《圆端型实体墩全围式吊篮安装工法》。

（一）工法特点

1. 提高效率

此工法采用自动升降平台，可同时容纳多名工人协同工作，减少了汽车式起重机使用台班，不仅提高了施工效率，还减少了施工成本。

2. 保证质量

采用定制的定位工具，提高螺栓定位的准确率，可提高角钢支架的安装效保证率，角钢支架间距均匀，顶面水平。

3. 节约成本

吊篮角钢支架安装质量合格后，吊篮混凝土步板预制和安装时，可以避免异型步板的预制、安装，减少因此产生的施工成本，使吊篮安装牢固可靠，外观整齐美观，并且作业工人、高铁维修人员的人身安全得以保证。

（二）工艺原理

近年来，全围式吊篮在工程实践中得以应用，但相较于半围式吊篮，全围式吊篮多了圆弧段的吊篮，安装位置含有水平向、竖向两个方向的曲线，施工难度相对增大。通过采用自动升降安装平台，方便人员、材料、机械、工具的上下和施工人员配合协作。采用根据图纸螺栓位置定制的定位工具，对螺栓位置进行定位放样，保证螺栓位置准确，使角钢之间间距均匀、顶面水平，进而提高安装质量。

（三）工艺流程

圆端型实体墩全围式吊篮施工工艺流程主要包括自动升降平台安装、螺栓埋设、角钢支架安装、吊篮步板安装等，详细工艺流程如图 5–4 所示。

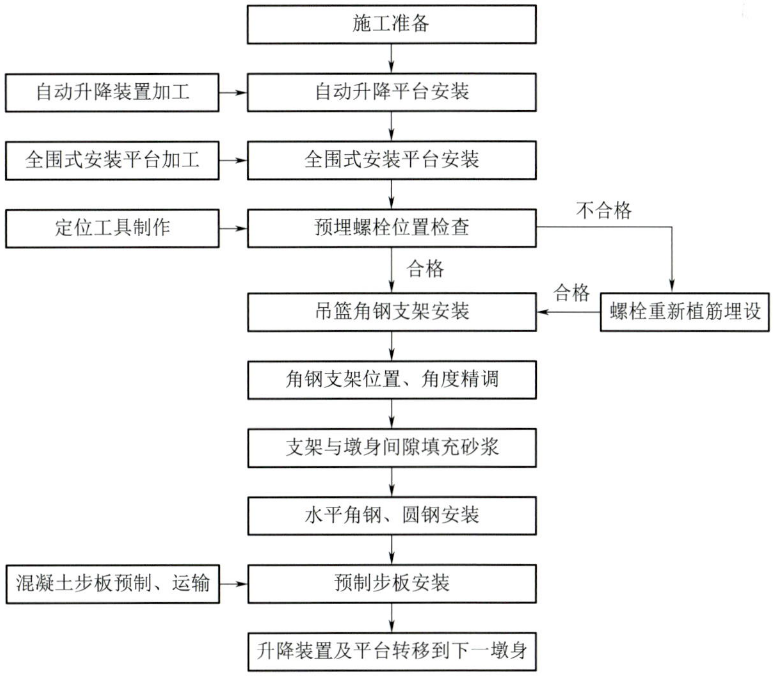

图 5–4　圆端型实体墩全围式吊篮施工工艺流程示意图

（四）工程实例

1. 应用概况

杭黄高铁站前Ⅲ标浦阳江特大桥位于浙江省杭州市萧山区境内，桥梁全长6.2 km，共167个桥墩，均为圆端型实体墩，墩高3～22 m，全桥墩身吊篮采用全围式吊篮。吊篮安装位置为不规则曲面，含水平向和竖向曲线。在全围式吊篮施工过程中，施工人员发现吊篮安装质量合格率低，存在很多问题，如何保证工人安全，提高吊篮安装质量，是一个技术难题。为解决问题，研究开发了一种自动升降全围式吊篮安装平台，减少吊篮安装时汽车式起重机的使用台班，降低施工成本，并且平台可以容纳多人同时作业，工人相互配合可以提高施工效率，有效缩短了施工工期。

此工法在老祠堂特大桥吊篮安装施工中应用，使桥梁施工质量完全满足设计和相关规范的要求，一次安装合格率达到100%；应用于传芳线特大桥吊篮安装施工过程中时，根据现场实际尺寸、位置，加工配套的自动升降平台和定位工具，确保了吊篮安装质量一次合格率达到100%，得到监理单位和建设单位的一致好评，对于桥墩吊篮安装具有较大的推广价值。

2. 应用成效

此工法在杭黄高铁站前Ⅲ标浦阳江特大桥、老祠堂特大桥、传芳左右线特大桥的应用，合计节约费用56.5万元。经过统计对比，采用该工法施工，相较于使用汽车起重机小平台作业，全围式吊篮安装质量合格率由30%提高到96%，平均每个吊篮安装节省0.6个汽车起重机台班，施工效率得到有效提升。在杭黄高铁应用的自动升降全围式吊篮安装平台设备噪声小，施工时未对周边居民生活产生不良影响，对周边环境及大气无污染，满足了杭黄高铁建设节能环保的要求。

通过总结形成的《圆端型实体墩全围式吊篮安装工法》于2019年获批浙江省住建厅工法，开发的“一种自动升降全围式吊篮安装平台装置”于2017年获得国家知识产权局授予的实用新型专利。该工法解决了全围式吊篮安装合格率低的技术难题，为同类型全围式吊篮安装提供了一种实用的施工工法。

第二节 隧道工程

杭黄高铁新建隧道占比高，部分隧道地质构造复杂，穿越多条断层，面临地层变形、拱顶脱空等不良情况。为保证施工过程的安全环保，进一步提高工程质量，对超前支护、二次衬砌等施工工艺进行优化与创新，总结形成多套施工工法，对类似工程具有借鉴意义。

一、下穿高速公路匝道超前支护施工工法

随着交通线网越来越密集，铁路工程中浅埋隧道大量涌现，新建铁路工程与其他建（构）筑物的立体交叉、穿越、近接等施工现象也不断涌现。如何既保证新建隧道施工安全，又不对既有建（构）筑物的运营或使用产生较大影响，是隧道施工亟待解决的难题。杭黄高铁施工时，针对这一问题，通过优化超前支护型式，不但解决了浅埋隧道地层变形控制问题，还安全快速地完成了对下穿高速公路匝道的施工作业，最大限度地降低了对既有高速公路运营的影响。

（一）工法特点

1. 适用范围广

此工法可用于对地层沉降变形控制要求较高的新建铁路隧道近距离下（侧）穿既有建（构）筑物工程；洞身范围主要为卵石层，含水层较厚且稳定的隧道工程等。

2. 围岩稳定性强

在实际施工中，为增大管棚的刚度通常会在钢管内注入水泥浆或水玻璃等浆液，浆液通过注浆孔渗入到周围围岩中，增强管棚与围岩的黏结力，同时小导管可起到加筋作用，能有效提高围岩的整体稳定性。

3. 沉降均匀

由于管棚的承托作用，使得沉降集中在沉降槽的程度大幅度降低，在沉降总量减小的同时有向两端均匀分布的趋势。

4. 控制沉降能力强

管棚超前预支护体系不仅能够有效地从时间和空间上抑制开挖面前方围岩产生过大的变形，而且能够有效抑制地表沉降和隧道拱顶下沉。同时，由于支护结构体的形成，改变了地表沉降与拱顶沉降的比例，采用管棚超前预支护后，拱顶沉降量远远小于地面沉降。

（二）工艺原理

在隧道下穿高速匝道段均使用长管棚及超前小导管作为超前支护结构。管棚注浆就是沿着隧道开挖面外轮廓将一组钢管以一定的倾角打入地层，通过管棚注浆孔向岩体注浆，使软弱破碎围岩胶结加固，提升其强度和刚度，提高地层自稳能力，支承上部围岩传递的集中荷载，将其分散到开挖面前面的支护结构上，保证掌子面稳定。设置混凝土导向套拱的管棚注浆超前支护，在进洞掘进时，洞外受到套拱的支承，洞内受到地层的约束，受力状况得到改善。

通过超前小导管注浆能改变围岩状况及稳定性，浆液注入软弱、松散地层或含水破碎围岩裂隙后，能与之紧密接触并凝固。浆液以充填、劈裂等方式，置换土颗粒间、岩石裂隙中的水分及空气后占据其位置，经过一定时间凝结，将原有的松散土颗粒或裂隙胶结成一个整体，从而形成一个强度大、防水性能良好的固结体，使得围岩松散破碎状况得到大幅度改善。

（三）工艺流程

1. 双层 ϕ159 mm 管棚施作

施作洞身双层 ϕ159 mm 管棚时需先设置管棚工作室，再进行洞身长管棚的施作。洞身长管棚的施作主要有导向墙施工、搭设钻孔平台安装钻机、钻孔、清孔验孔、管棚钢管制作与安装、注浆等步骤。洞身管棚施工工艺流程如图 5–5 所示。

2. Ⅱ型超前小导管施作

施工顺序：测量放线定位→钻孔→导管安装→注浆→下一根导管施工。采用液

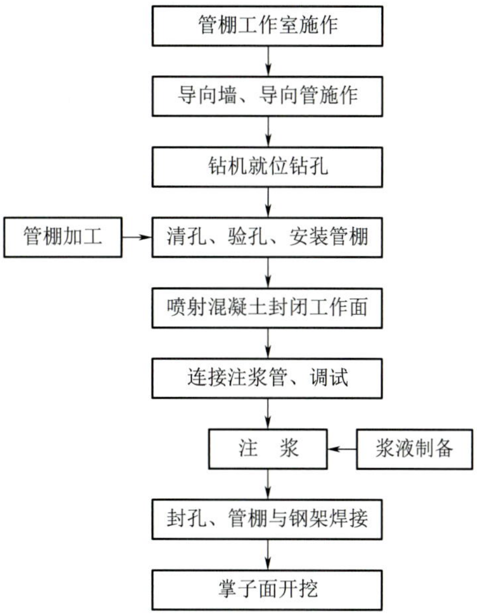

图 5–5　洞身管棚施工工艺流程示意图

压钻机钻孔，用钻杆套筒将小导管顶入，注浆泵注入水泥浆。

（四）工程实例

1. 应用概况

杭黄高铁桐庐隧道临近高速公路，DK100+570～DK100+700 暗挖段 3 次下穿杭千高速公路匝道，此段隧道地质特别复杂，主要为表层粉质黏土、卵石土，下伏全～弱风化钙质泥岩，局部夹砂砾层。针对桐庐隧道下穿高速公路匝道埋深浅、工期紧、施工安全风险高等难题，对工法进行优化。对桐庐隧道 130 m 暗挖段开挖工法由双侧壁导坑法变更为三台阶开挖法，经研究提出 DK100+580～DK100+614 段采用双层 ϕ159 mm 超前长管棚注浆支护，DK100+628～DK100+658 以及 DK100+667～DK100+687 段采用 ϕ108 mm 长管棚（管棚内增设钢筋笼）+Ⅱ型超前小导管注浆支护，DK100+614～DK100+628、DK100+658～DK100+667 以及 DK100+687～DK100+700 段采用Ⅲ型超前小导管注浆预支护。

2. 应用成效

上述施工工法在杭黄高铁桐庐隧道施工中的成功应用，使工期较原设计缩短了 4 个月，工效得到显著提升，产生经济效益 624 万元。通过优化超前支护型式，综合运用双层大管棚超前支护与 H 型钢加强初支等手段，解决了浅埋隧道地层变形控制问题，有效控制了浅埋隧道近接既有高速公路施工产生的影响，保证了新建隧道施工安全与高速公路正常运营。

此外，还对明洞隧道支挡开挖施工关键技术、基于BIM平台施工风险控制技术进行了研究，共同取得的系列成果形成了《富水厚卵石地层浅埋隧道近接施工工法》，该工法于2019年被中国公路建设行业协会认定为公路工程工法，其中各项关键技术经中国公路协会组织多名专家鉴定，已达到国内领先水平，该成果对复杂水文、地质条件下浅埋隧道近接施工有较强的参考价值及指导意义。

二、隧道衬砌边墙混凝土逐窗浇筑施工工法

随着隧道修建技术的不断发展，隧道越修越长、越修越宽，穿越的地质越来越复杂，因隧道衬砌质量缺陷危及运营安全的事故时有发生。隧道衬砌病害会严重影响隧道结构的承载力，危及铁路运营安全，甚至给人们的生命和财产造成严重损失。为从源头上对二衬质量进行预防性控制，杭黄高铁在沿线多个隧道施工时采用隧道衬砌边墙混凝土逐窗浇筑施工技术，工效显著。

（一）工法特点

1. 加快施工进度

采用自主研发的衬砌边墙分层逐窗浇筑系统等成套设备，通过操控阀门，实现混凝土一次接管直到浇筑完成，有效提升了施工效率。

2. 降低施工成本

采用衬砌边墙分层逐窗浇筑系统，可降低材料消耗，减少人力投入，从而降低工程成本。

3. 施工成品精度高

通过衬砌边墙分层逐窗浇筑系统的应用，解决了隧道衬砌混凝土冷缝、离析、不密实等缺陷问题，实现了二衬混凝土的内实外美。

（二）工艺原理

以衬砌台车为载体，通过在台车顶部设置主料斗、主溜槽，中部两侧设置“三

通”分流槽、分流串筒及入窗溜槽形成分层逐窗浇筑系统，通过操控相应的阀门，使混凝土流向各工作窗口，实现二衬拱墙混凝土的分层逐窗进料。同时，每级窗口间安装一台附着式振动器，并设置一个对应专用电表，将入模窗口、附着式振动器和集中控制柜开关统一编号，实现集中控制。每次混凝土入模时，边入模边振捣，确保混凝土振实振平。分层逐窗浇筑系统构成如图 5–6 所示，台车断面如图 5–7 所示。

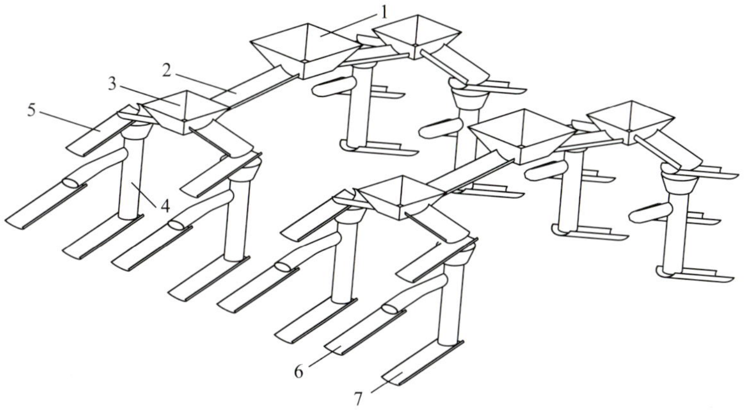

图 5–6　分层逐窗浇筑系统构成示意图

1—主料斗；2—主溜槽；3—“三通”分流槽；4—分流串筒；5—三级溜槽；6—二级溜槽；7—一级溜槽

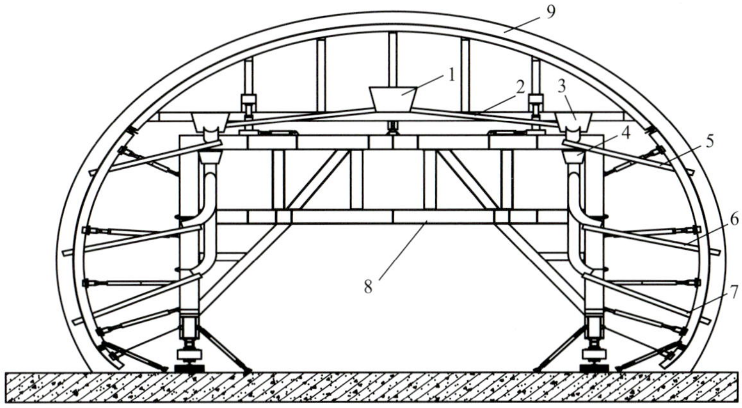

图 5–7　台车断面示意图

1—主料斗；2—主溜槽；3—“三通”分流槽；4—分流串筒；5—三级溜槽；6—二级溜槽；7—一级溜槽
8—衬砌台车；9—衬砌混凝土

（三）工艺流程

衬砌边墙分层逐窗浇筑施工涉及台车改造、定位、固定、检查，安装混凝土输送装置，浇筑边墙混凝土，浇筑拱顶混凝土等内容。其中，边墙混凝土浇筑需依次进行一级工作窗浇筑、二级工作窗浇筑、三级工作窗浇筑的施工作业。衬砌边墙分层逐窗浇筑施工工艺流程如图 5–8 所示。

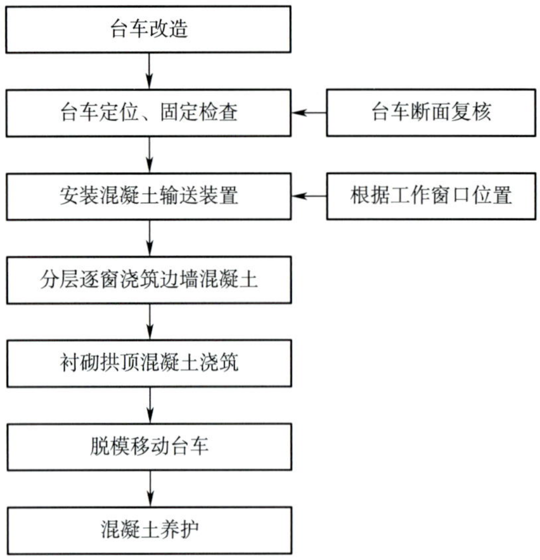

图 5–8　衬砌边墙分层逐窗浇筑施工工艺流程示意图

（四）工程实例

1. 应用概况

杭黄高铁金锅岭隧道进口里程为 DK263+937，出口里程为 DK267+583，隧道全长 3 646 m，隧道最大埋深 236 m。线路所经地区地貌主要为低丘间谷地区，地形较为起伏，地势陡峻，冲沟较发育，不利于隧道施工作业。为保障隧道作业安全，避免因拱顶脱空、不密实等缺陷引发的安全事故，进行工艺优化，在隧道二衬施工中应用隧道衬砌边墙混凝土分层逐窗浇筑施工技术，确保了二衬混凝土按相关规范要求实现逐窗入模。此外，该工法还广泛应用于梓坑一号隧道、梓坑二号隧道、天目山隧道等杭黄高铁隧道工程的建设中。

2. 应用成效

通过该工法在杭黄高铁多个隧道施工中的应用，有效避免了沿线隧道二衬边墙混凝土开裂、人字坡、冷缝等常见病害的发生，有效降低了隧道衬砌质量风险；隧道衬砌混凝土密实、无脱空，大大降低隧道投入运营前后的返工及缺陷处理费用，提高了沿线隧道的整体施工质量，保障了杭黄高铁隧道后期运营安全。

经过总结形成的《隧道衬砌边墙混凝土分层逐窗浇筑施工工法》于 2019 年获批

湖北省住建厅工法、国家铁路局铁路建设部级工法，核心技术获授权发明专利两项：ZL201610996489.1、ZL201610706453.5。此外，其关键技术经湖北省技术交易所评价（鄂技交评字〔2017〕第036号），处于国际领先水平。

三、双线铁路隧道下台阶与仰拱整体开挖及支护施工工法

目前，采用台阶法施工的铁路隧道越来越多，而台阶法施工受到步距卡控限制的问题也越来越突出。如果超步距施工，很有可能因初支闭合不及时造成安全隐患。杭黄高铁圭川溪隧道出口段Ⅳ、Ⅴ级围岩 1 118 m，占出口段施工长度的 61.4%，全部采用三台阶法施工，施工难度大，工期紧。为攻克技术难题，开展了“双线铁路隧道下台阶与仰拱整体开挖及支护施工技术”研究，顺利地完成出口段Ⅴ级围岩施工，解决了隧道施工步距超限问题。

（一）工法特点

1. 工序时间短，施工进度快

由于下台阶与仰拱整体开挖支护，减少了上、中台阶的钻孔爆破、出渣、支护量，可以将上、中台阶循环时间缩短近 3 h，加快了施工速度。

2. 下台阶、仰拱与掌子面平行作业，施工步距得到保证

下台阶与仰拱单独采用一副 12 m 栈桥施工，同时测量放线、装药起爆，上台阶出渣后立即进行仰拱及下台阶出渣，并将仰拱与下台阶初期支护及时施作，使其与掌子面平行推进，确保安全步距。

3. 仰拱与下台阶同步施工，利于隧道初支的沉降稳定

仰拱与下台阶同时开挖，仰拱与掌子面同时开挖爆破，减少后期仰拱开挖爆破对围岩的扰动，有效缩短仰拱暴露时间，仰拱初支较台阶法可实现提前封闭，更利于隧道安全步距的控制，使隧道整体较快达到沉降稳定状态。

4. 防止塌方

当围岩变形较大或突变时，在保证安全和满足净空要求的前提下，及时封闭成环，有效防止了关门塌方事故。

（二）工艺原理

下台阶与仰拱整体开挖支护，使初支封闭成环时间提前 6 ~ 9 天，有利于沉降稳定，并确保施工步距；下台阶带仰拱平行作业并与上、中台阶保持 30 ~ 35 m 距离，以使安全步距得到保证；仰拱初支与仰拱混凝土分别采用一副栈桥施工，减少仰拱爆破、出渣等工序对仰拱混凝土施工的影响，加快仰拱及衬砌混凝土施工进度。

（三）工艺流程

下台阶和仰拱同步施工工艺流程主要包括超前支护、上台阶开挖及支护、中台阶开挖及支护、下台阶带仰拱开挖及支护、仰拱衬砌及填充、防水层及衬砌钢筋施工、拱墙衬砌等，详细流程如图 5–9 所示。

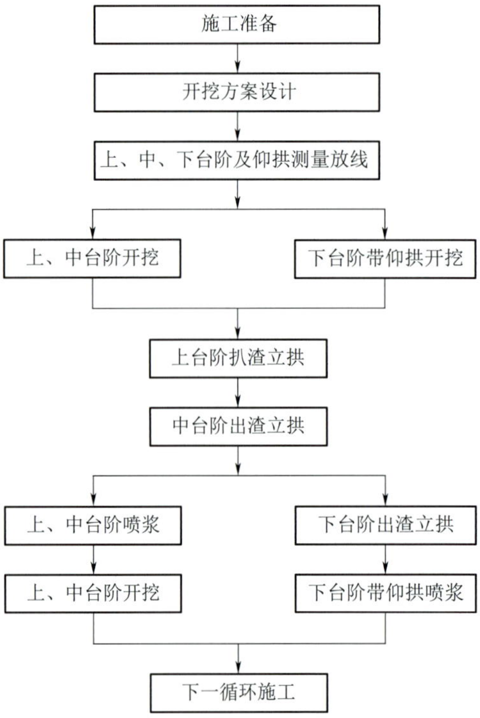

图 5–9　下台阶带仰拱整体开挖支护施工工艺流程示意图

（四）工程实例

1. 应用概况

杭黄铁路站前 I 标圭川溪隧道设计为双线单洞隧道，全长 6 863 m。隧道 Ⅲ 级围岩 3 865 m（56.3%），Ⅳ级围岩 2 605 m（38.0%），Ⅴ级围岩 393 m（5.7%），是杭黄高铁的重点控制性工程。隧道出口段除洞口 100 m 浅埋偏压段采用传统上、中、下三台阶同时开挖支护，仰拱单独施工外，Ⅳ、Ⅴ级围岩段一直采用下台阶与仰拱整体开挖支护施工方式。在下台阶施工时，隧道仰拱与下台阶采用一副 12 m 栈桥辅助作业，同时测量放线、装药起爆、装运出渣，并将仰拱与下台阶初期支护一并施作，保证了安全步距。仰拱填充混凝土施工单独采用一副 18 m 栈桥辅助作业，使得仰拱初支与仰拱填充混凝土施工可以平行作业，互不冲突，有效提高仰拱初支与仰拱混凝土的施工进度。

圭川溪隧道出口下台阶与仰拱整体施工在每循环开挖 2 榀拱架的条件下，每天可达到 2 循环，Ⅴ级围岩地段月平均进度超过 60 m、Ⅳ级围岩地段月平均进度超过 120 m，提前 30 天完成了 300 m Ⅳ级围岩的施工任务，拱顶沉降量缩小为原来的 1/2，隧道整体较快达到沉降稳定状态并可进行衬砌施工，防止了关门塌方事故的发生。

2. 应用成效

圭川溪隧道采用下台阶与仰拱整体施工工艺，不仅降低了人工用量和劳动强度，节约了工费成本，单循环节约用工 5 ～ 8 人，还有利于初支及时封闭成环，避免了关门塌方事故的发生，保证了施工安全和工程质量。实践证明其突破了大断面隧道三台阶法施工安全风险高、施工进度慢、施工难度大这一难题，探索了一条软弱围岩隧道施工初支封闭快、沉降量小、保证步距、进度快、安全质量可控的新思路，进洞以来未出现一起安全质量事故，社会效益显著。

通过总结形成《双线铁路隧道下台阶与仰拱整体开挖及支护施工工法》1 部，获批河南省工程建设省级工法。该工法在隧道传统三台阶施工工法的基础上，对多方面进行了创新。如仰拱初支与仰拱混凝土施工双栈桥互不影响施工技术、仰拱与下台阶整体开挖爆破成形技术、小型湿喷机湿喷混凝土技术、下台阶与仰拱整体开挖监控量测技术等，为铁路隧道在软弱围岩段快速施工技术的发展做出了不断努力和探索，为今后类似条件下隧道设计和施工提供可靠的决策依据。

第三节　轨道工程

轨道工程质量不仅直接关系到高速铁路开通运营后轨道的平顺性及旅客舒适度，更直接影响铁路的运营安全。杭黄高铁轨道工程施工过程中为提高无砟轨道施工质量和进度，研发了CRTS Ⅰ型双块式无砟轨道轨排快速粗调测量施工工法，高效完成了轨道工程施工。此外，杭黄高铁的钢轨采用精密铣削焊缝加工工艺，提高了全线钢轨质量，为高铁安全平稳运行提供了保障。

一、CRTS Ⅰ型双块式无砟轨道轨排快速粗调测量施工工法

无砟轨道施工过程中，测量工作是重中之重，其中的轨排粗调环节更是关键节点。轨排粗调的精度质量直接影响后续轨排精调的效率，从而对整个无砟轨道施工质量与进度产生影响。因此，如何高质量、快速、安全地完成无砟轨道轨排粗调测量是亟待解决的难题。为高效地完成杭黄高铁无砟轨道施工，创新研发了CRTS Ⅰ型双块式无砟轨道轨排快速粗调测量施工工法并用于工程实践，取得了良好的应用成效。

（一）工法特点

1. 数据实时观测

相比传统的将控制点直接测设到线路中心或粗调机粗调的方法，需采集的坐标点更少，可直观观测可调控数据，实现及时、快速粗调。

2. 避免二次测量，操作简单

此工法中应用的高铁轨道道床板粗调测量工具可同时测量轨道高度、位置水平及轨距，操作简单，可有效避免二次测量，节约时间成本。

3. 粗调过程对环境要求低

此工法应用于轨排粗调工作时，可灵活适应工作场地，便于测量复杂环境下两个标点的几何位置关系，且不受天气、季节影响，能够保证粗调的时间稳定。

4. 省时省工

在粗调的过程中轨道上其他施工可正常进行，相比传统的粗调机粗调，施工作业面可同时协调作业，减少了轨排粗调的作业时间，提高了轨排粗调的效率，为精调以及无砟轨道施工节约了时间和成本。

（二）工艺原理

通过采集待粗调轨排附近防撞墙靠近轨道侧棱角点的坐标，反算该点到目标点（轨排中心）水平与竖直方向的空间距离，利用一种自主创新的高铁轨道道床板粗调测量工具对横向、纵向的轨排数据直观观测并进行直接调控，操作简便、效率高、精度高。

图 5–10 为自制测量工具尺的工作示意。工作中 1、2 为带刻度的测量尺，如已知右侧相近挡墙角位置，可参照该点的空间位置通过 1 直观观测轨距和轨排横向水平位置偏差，通过 2 直观观测轨排竖直位置偏差，从而检测出轨道高度位置及水平位置是否合格。

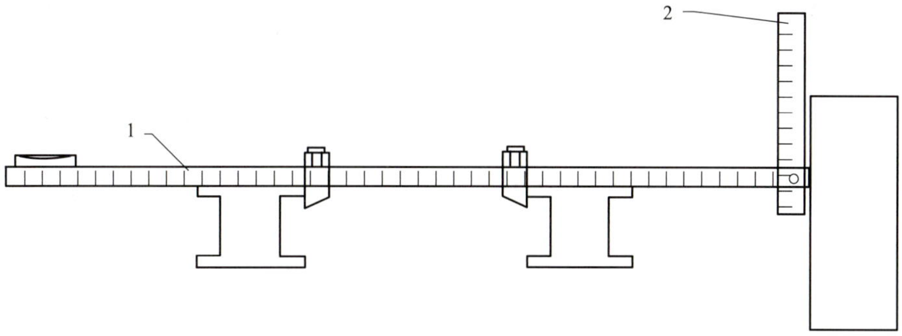

图 5–10　自制测量工具尺的工作示意图

（三）工艺流程

在完成轨枕铺设、轨排安装及扣件组装后，对轨排进行快速粗调。无砟轨道轨排粗调施工工艺流程如图 5–11 所示，其中 ΔX 表示线路横断面中轨排中心与已知点之间的水平距离，ΔY 表示线路横断面中轨排中心与已知点之间的竖直距离。

通过工具尺对轨排中线及高程位置进行调节的顺序如图 5–12 所示，对某两个特定的轨排架粗调顺序为：1→4→5→8→2→3→6→7→1→2→3→4→5→6→7→8。

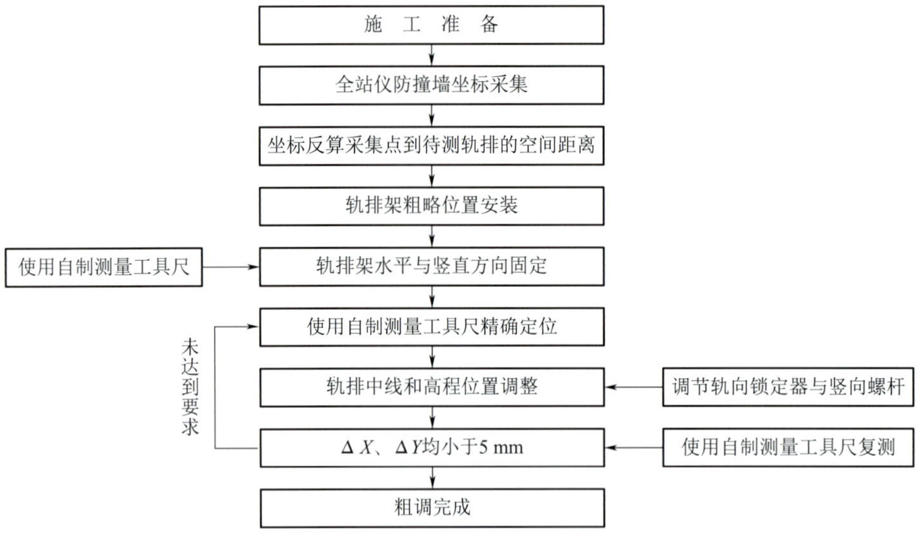

图 5-11　无砟轨道轨排粗调施工工艺流程示意图

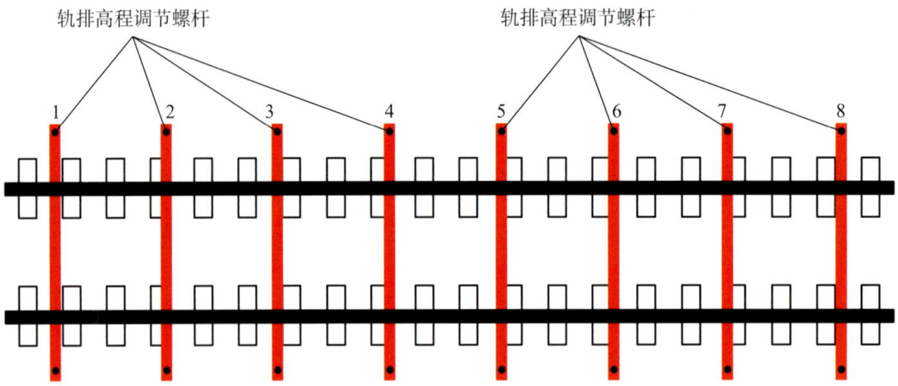

图 5-12　轨排粗调顺序示意图

（四）工程实例

1. 应用概况

杭黄高铁站前Ⅲ标项目老祠堂特大桥施工里程为DK039+409.7~DK042+114.3，线路长2 704.6 m，桥面布置形式为双线无砟轨道；传芳特大桥施工里程为DK024+762.8~DK027+154.0（左线）、DK025+880.0~DK027+015.0（右线），全长3 526.2 m，桥面布置形式为单线无砟轨道。由于无砟轨道施工工期紧、任务重，为同时保障施工质量与工期，上述桥梁无砟轨道粗调全部采用此工法施工，一次性检验的粗调精度为±5 mm，为精调工作的高效完成奠定了坚实的基础，做到了技术可行、质量可靠。

2. 应用成效

杭黄高铁站前Ⅲ标项目老祠堂特大桥及传芳特大桥无砟轨道通过采用此工法进

行粗调，在粗调的过程中轨道上的其他施工正常进行，使得无砟轨道施工过程中有限的作业空间得到充分利用，大大提高了施工效率，节约成本共计23.5万元。在工期紧张、冬季气候恶劣的情况下，无砟轨道施工测量在轨排粗调与轨排精调等环节节约了大量时间，保证了每天6线的工作效率，解决了施工质量和工期的矛盾问题，为杭黄高铁的开通运营打下了良好的基础。同时自主研发的一种高铁轨道道床板粗调测量工具，操作简易，携带方便，有效地避免了机械设备造成的噪声及环境污染，取得了良好的节能和环保效益。

最终总结形成的《无砟轨道轨排快速粗调测量施工工法》于2019年获批浙江省住建厅工法，自主创新制造的“一种高铁轨道道床板粗调测量工具”于2018年获得国家知识产权局授予的实用新型专利。实践证明，此工法可有效提高无砟轨道轨排粗调测量的效率和质量，具有良好的推广应用价值。

二、全断面钢轨焊缝数控铣削技术

国内焊轨基地钢轨焊缝精整形多使用进口精磨机，由于国内钢轨焊缝加工标准高于国外，再加上磨削工艺自身缺陷，导致钢轨焊缝精磨存在焊缝磨削不到位、过磨、磨削温升高使钢轨变形、磨削粉尘污染严重等问题，需要在精整形工位后增加一个人工打磨的工位，对钢轨再进行一次人工修磨。针对这一问题，中国铁路武汉局集团有限公司工务处、中国铁路武汉局集团有限公司武汉工务大修段和武汉利德测控技术股份有限公司对钢轨焊缝精整形工艺、测控和装备关键技术开展深入研究，共同研发了钢轨焊缝精铣数控铣床（以下简称精铣机）这一全新的工艺和设备，彻底解决了上述问题。

（一）技术特点

1. 先进可靠

创新性地提出以精密铣削取代精密磨削工艺，针对磨削工艺缺点，集成机、电、液和测控技术，提高钢轨焊缝加工自动化程度、质量和技术水平。精铣机利用成熟的数控铣床部件和技术，使用寿命长、稳定性能好，不需维护或较少维护。

2. 适用性高

加工后钢轨平直度尺寸符合《钢轨焊接 第1部分：通用技术条件》（TB/T

1632.1—2014）中要求，满足目前焊轨基地生产工艺要求。

3. 安全性高

新研发的精铣机严格按照《电气设备安全设计导则》（GB/T 25295—2010）设计，装有独立的接地系统、醒目标志和标牌、多位置串联急停开关、防屑飞溅防护罩及隔音外防护罩等。

4. 操作简单

精铣机的加工和测量作业过程由 CNC 及 PLC 程序控制自动完成，具有“一键操作”功能，中文人机界面，数据图形显示，普通工人一天完成操作培训。所有可能出现的故障都编成了故障代码及中文说明，出现故障时直接在操作界面上显示，操作人员根据提示能很快处理出现的任何故障。

（二）工艺原理

钢轨焊接的行业标准中对钢轨焊缝平直度的要求是在钢轨的纵向 1 m 范围内进行测量。要达到 1 m 范围内的平直度要求，铣刀的走向也必须要采用纵向铣削的方法。出于铣削空间大小的考虑，采取单头的纵向铣削方式对钢轨焊缝进行加工。铣削加工根据钢轨加工面的隔断弧度的不同，在钢轨截面上可以分为 17 刀，其分布如图 5-13、图 5-14 所示。

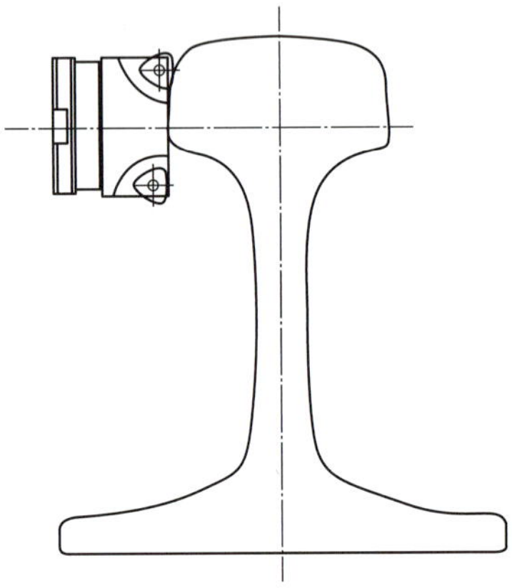

图 5-13　钢轨焊缝精铣机床加工示意图

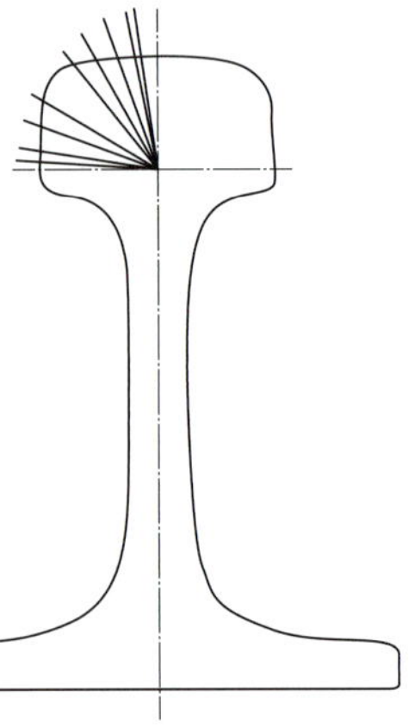

图 5-14　钢轨焊缝精铣机床铣削分度示意图

（三）工艺流程

精铣机加工流程如图 5-15 所示。轨道到位对准焊缝后夹具夹紧，先检测平直度，经过计算处理，确定铣削区间，再检测每个角度的入刀点和收刀点的坐标值。转台按设定的角度每次转到位后，*x* 轴与 *z* 轴做插补铣削，本设备采用盘铣刀多角度铣削方式。每次都是从左向右铣削，铣削完成后转台、*x* 轴、*z* 轴回到初始位置，同时夹具松开，铣削完成。

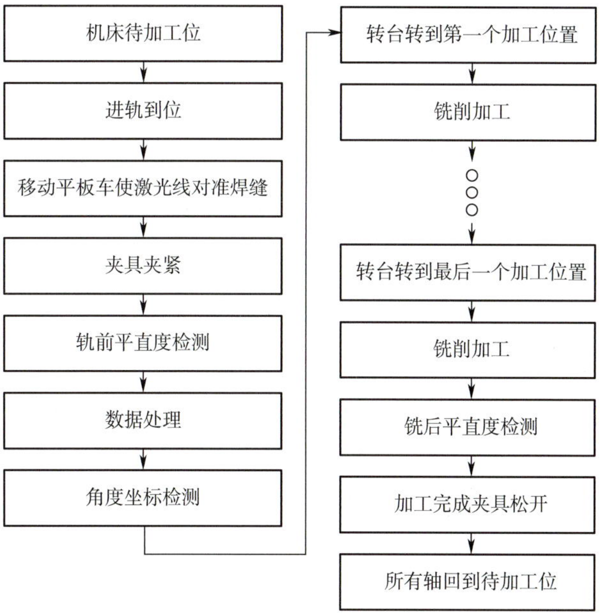

图 5–15　精铣机加工流程示意图

（四）工程实例

1. 应用概况

近年来，我国铁路一直处于高速发展时期，需要大量的钢轨，而钢轨焊缝加工直接影响铁路运行安全，这对钢轨焊缝加工质量提出了极高的要求。目前，精铣机在武汉、南昌、上海（芜湖北）、广州、郑州等焊轨基地得到了推广与应用。使用相关工艺及设备后，焊轨基地单条生产线年生产钢轨能力和产值得到大大提升，为杭黄高铁等铁路建设提供了足够的高品质钢轨，保证了建设的顺利进行以及运营安全。杭黄高铁自运营以来，尚未出现钢轨因焊缝问题而断裂的情况。

2. 应用成效

精铣机使用后，能完全取消精磨后的人工修磨，降低了人工成本。加工过程没有粉尘，只产生铁屑，铁屑不仅可以回收利用，还省掉了精磨机必须安装的除尘设备，节约了除尘设备的电能消耗，同时节约了除尘器耗材、维护成本。设备技术先进，检测精密可靠，机床刚性好，大大减少了维修、维护时间，节约了精磨机定期调精度、更换运动部件而花费的几十万到百万元的维修成本，经济效益良好。同时，铣削工艺比磨削工艺更加节能，在节能环保方面相比原有工艺有较大提升。精铣机的成功研制实现了钢轨打磨工位的自动化，成功替代了国外进口设备，同时也丰富了长钢轨生产中精整形工位的工艺手段，具有良好的社会效益。

该成果还纳入了由铁四院主编的《高速铁路设计规范》（TB 10621—2014）和《城际铁路设计规范》（TB 10623—2014），获得了 1 项国际专利、1 项发明专利、1 项实用新型专利以及 1 项软件著作权。

第六章 启示

杭黄高铁是一条联系长三角地区、皖南地区的交通纽带，为推进区域经济社会协调发展、促进沿线旅游资源开发、优化和完善区域快速路网布局等创造了良好的交通条件。在开通后被中国国家铁路集团有限公司誉为“250 km/h高铁的全过程标杆”，对建设交通强国具有重要的现实意义。为将这一条高经济价值、高旅游价值的线路建设为铁路行业标杆工程，面对复杂的地理环境和较高的设计要求，杭黄高铁建设者攻坚克难，勇于创新，优化设计，运用先进科学技术，成功打造出时代精品线路，在我国高铁建设史上留下浓墨重彩的一笔，也为今后高铁建设提供了丰富的实践经验。

一、精准定位，精细规划

杭黄高铁总体设计认真落实国家相关政策和规定，严格执行行业有关标准和规范，在前期工作中准确把握项目功能定位，合理选取项目的技术标准。线路规划设计过程中，既立足当下，坚持经济选线与环保选线相结合的原则，最大限度串联更多经济据点、带动沿线旅游客流、绕避环境敏感点和不良地质区；又着眼长远，有效协调好绩溪黄山地区既有与在建、拟建和规划铁路工程项目的关系，为后续线路引入预留空间，避免重复建设、浪费投资，使线路规划更具科学性、合理性、前瞻性。统筹规划站区布局，充分考虑车流、人流等交通组织，精心设计建筑造型，创新结构设计，打造了方便、快捷的交通枢纽，建设了与自然环境相融、彰显人文和地域特色的精品客站。

杭黄高铁已经成为浙皖经济发展的新引擎，不仅有力地推动了浙皖两地旅游业的发展，更加快了浙皖两地融入长三角的步伐，对推动长三角一体化发展、促进沿线旅游资源开发、推动区域协调发展发挥了积极作用。

理念决定成败，细微处显匠心！在高铁项目规划过程中，首要任务便是要着眼线路在铁路网、综合运输体系、区域经济发展、城镇化建设中的地位和作用，结合在通道客流市场所占客流份额等，合理确定其功能定位，科学选取速度目标值。在此基础上合理规划线路走向，精心设计，才能将线路建设成规划布局合理、人民满意度高，能够体现时代特征、经得起时间检验的高品质工程。

二、科技驱动，创新设计

杭黄高铁聚焦品质工程、标杆工程，在设计和建设过程中重研究、强应用，注重科技创新和信息技术的运用，开发了一批先进技术、装备及施工工法并进行推广应用，确保项目建造全过程质量可控，取得多项科技创新成果。研究应用陡坡路基新型支挡结构、长联梁板混合连续结构等新型结构形式；通过建立轨道质量控制体系、在路桥过渡段搭板结构上铺设无缝道岔、将有砟轨道道床断面填平等创新设计，实现轨道 TQI 值 2.0mm 以下，打造轨道新标杆；研究实施了单 RBC 跨多 MSC 场景数据制作技术。此外，利用智能机器人巡检系统、高铁二维码质量卡控系统、给排水自控系统等科技手段对相关设备进行网络化实时管理，全方位提高科技含量。通过自主创新，获得了多项发明专利，总结形成多项省部级工法，以工艺革新助力精品工程建设。

作为铁路工程的新标杆，杭黄高铁的一系列创新成果，就是科技驱动铁路建设的集中体现。实践证明，要建设世界一流高速铁路，先进科技与创新设计是重要手段与支撑。需注重对先进技术的借鉴与消化，以新技术、新装备的应用提升铁路建设的质量和效率，实现铁路建设的精细化、智能化。在工程设计上，要坚持创新，敢于打破常规，要从细节入手，深入挖掘、梳理可改进、优化、提高的工序，力求设计、建造质量精益求精，苛求工艺尽善尽美，才能最终达到内实外美的优良品质和美观精致的观感质量，保持中国高铁的世界领先水平。

三、节能环保，提质增效

杭黄高铁选线设计时避开多处重要生态敏感目标，在绕避核心区域的前提下，局部线路穿越景区外围区域，实施严格的环保措施，最大程度保持原有植被、水土和生态环境；优化站场布局，部分站房采用桥站合建结构，尽量减少场坪占地面积，最大限度节约土地资源；强化节能设计，综合考虑节能因素，杜绝使用淘汰落后的设施，精心选择设备方案，利用真空卸污新技术、节水节能型客车上水新技术达到节能减排、减员增效的效果；房屋主体及附属设施进行细部深化、优化设计，使用节能环保、寿命期长的LED平面灯具等材料，节约能源；进贤溪大桥水上钻孔桩施工中，采用钢护筒防护，有效防止底部出现泥浆渗漏，实现护筒施工零污染，守护了千岛湖的青山碧水。

通过杭黄高铁，我们看到的不仅是铁路创造的“中国速度”，更是铁路建设者贯彻新发展理念，建设美丽中国的智慧和力量。铁路工程应践行绿色发展理念，要做到与自然相和谐、与沿线周边环境相协调，注重节能环保，不造成环境污染，不破坏自然生态，追求节能环保与高效实用的统一。铁路设计与建造不应单纯追求技术、规模上的“高大全”，而要更加尊重自然、人文和历史，要以铁路基础设施建设与节能环保全面协调发展的全新思维方式指导铁路工程设计，有效促进高速铁路可持续发展，用实际行动绘就中国高铁的生态底色。

参考文献

[1] 卢春房. 四电工程 [M]. 北京：中国铁道出版社，2015.

[2] 卢春房. 路基工程 [M]. 北京：中国铁道出版社，2015.

[3] 卢春房. 桥梁工程 [M]. 北京：中国铁道出版社，2015.

[4] 李海鹰，张超. 铁路站场及枢纽 [M]. 北京：中国铁道出版社，2011.

[5] 盛晖. 站房工程 [M]. 武汉：湖北科学技术出版社，2015.

[6] 练松良. 轨道工程 [M]. 上海：同济大学出版社，2006.

[7] 徐伟昌，许玉德，谭社会，等. 高速铁路无砟轨道线路质量等级管理 [M]. 北京：中国铁道出版社，2016.

[8] 高亮. 轨道工程 [M].重庆：重庆大学出版社，2014.

[9] 蒋先国. 高速铁路四电系统集成 [M]. 成都：西南交通大学出版社，2012.

[10] 张明锐，张永健，王靖满，等. 高铁牵引供电系统 [M]. 上海：上海科学技术文献出版社，2019.

[11] 陈永生，罗云飞，王先帅，等. 高铁信号与控制 [M]. 上海：上海科学技术文献出版社，2019.

[12] 钱桂枫，蔡申夫，张骏，等. 走近中国高铁 [M]. 上海：上海科学技术文献出版社，2019.

[13] 任晓春. 高速铁路精密工程测量技术 [M]. 成都：西南交通大学出版社，2018.

[14] 刘涟清，蒲琪，孙章. 中国高铁发展战略 [M]. 上海：上海科学技术文献出版社，2019.

[15] 佚名. 日本新干线铁路网发展与现状概述 [J]. 现代城市轨道交通，2021 (4):138-142.

[16] 李咏梅. 世界高速铁路发展的历程、特点和趋势 [N]. 中国信息报，2010-12-15 (8).

[17] 刘时运，吴忠华，梅志山. 坚持创新发展，铸就一流勘察设计院——中铁第四勘察设计院集团有限公司 [J]. 科技创业，2009，22 (1):130-132.

[18] 王英武，朱觉先. 京九铁路地质调查中遥感技术的应用 [J]. 铁道工程学报，2006 (1):193-195.

[19] 中国铁道学会，中国科协学会服务中心 . 中国高铁——速度背后的科技力量 [M]. 北京：

中国科学技术出版社，2020.

[20] 谢帅帅. 基于GIS最优路径技术的铁路选线研究 [D]. 长沙：中南大学，2013.

[21] 王铮. 基于GIS的线路空间结构物分布方法研究 [D]. 兰州：兰州交通大学，2017.

[22] 陈锦生. 大型带状三维地理环境建模及其选线应用方法研究 [D]. 兰州：兰州交通大学，2019.

[23] 高华. 绩溪、黄山地区车站布置方案研究 [J]. 铁道标准设计，2013 (3):22-25.

[24] 马伟叁. 杭州铁路枢纽总图规划研究 [J]. 铁道运输与经济，2018，40 (9):62-67.

[25] 张建. 基于模糊神经网络的客运专线车站选址决策研究 [J]. 铁道标准设计，2009 (12):12-17.

[26] 王啟明，崔炳谋，张晓青. 高速铁路客运站选址模型 [J]. 交通运输究，2015，1 (3):66-70.

[27] 曹钢龙. 路基过渡段处理措施研究 [J]. 山西建筑，2007 (16):295-296.

[28] 吕俊磊. 陡坡填方路基 h 型桩板墙受力机理研究 [J]. 路基工程，2020 (3):140-145.

[29] 潘聪. 基于桩板结构的铁路路基滑塌整治 [J]. 工程技术研究，2020，5 (23):25-27.

[30] 张耀. 陡坡地段桩板结构路基受力机理与试验研究 [D]. 成都：西南交通大学，2014.

[31] 张宗堂. 某铁路客运专线艰险山区短路基工程措施研究 [J]. 路基工程，2020 (5):36—42.

[32] 兰旭珍. 异步悬灌转体梁精确合龙施工关键技术 [J]. 铁道建筑术，2018 (3):50-53.

[33] 曹松俊，刘招. 高边坡半明半暗隧道施工技术 [J]. 价值工程，2018，37 (33):138-140.

[34] 张自强. 洞身双层 ϕ159 mm 管棚施工浅谈 [J]. 工程建设与设计，2018 (12):176-177.

[35] 朱赟. 特殊季节下的无砟轨道施工技术研究 [J]. 工程建设与设计，2020 (10):83-84.

[36] 张向民，陈秀方，曾志平. 青藏铁路道床质量状态参数试验研究 [J]. 铁道科学与工程学报，2007，4 (3):64-67.

[37] 李锐，郄录朝，徐旸，等. 朔黄重载线路道床清筛后行车动力特性分析 [J]. 铁道建筑，2018，58 (8):137-141.

[38] 刘丰收，杨光，成棣，等. 高速铁路60N廓形钢轨适应性研究 [J]. 中国铁路，2021 (1):25-31.

[39] 刘孟适，罗强，郭建湖，等. 无砟轨道路基翻浆机理及基床排水优化设计 [J]. 北京交通大学学报，2019，43 (3):16-25.

[40] 潘振华. 沪宁城际铁路路基翻浆原因分析及整治措施研究 [J]. 铁道建筑，2014 (3):74-77.

[41] 仇金庭. 高速铁路路基病害成因分析 [J]. 铁道建筑技术，2014 (1):23-26.

［42］ 褚利民. 新建津保铁路有砟轨道施工关键技术［J］. 低碳世界，2016（9）:195-197.
［43］ 李阳腾龙. 高速铁路轨道精测精调及其平顺性优化研究［D］. 成都：西南交通大学，2017.
［44］ 汪梨园.高速铁路轨道平顺性影响因素分析及控制措施研究［J］.铁道建筑技术，2018（8）:105-108.
［45］ 刘伟国.关于如何提高大型养路机械施工作业效率的探讨［J］.科学与信息化，2018（21）:172.
［46］ 谭社会，毛晓君. 新建高速铁路有砟轨道线路平顺性控制技术［J］. 铁道标准设计，2019，63（12）：1-4.
［47］ 刘璐，申金鑫. 当区域经济发展拥抱“高铁时代”［J］. 中国报道，2019（2）:72-74.
［48］ 刘灵杰. 高速铁路测量若干技术问题研究［D］. 郑州：中国人民解放军信息工程大学，2009.
［49］ 孙永磊. 高速铁路精密工程测量技术体系的建立及特点［J］. 建材与装饰，2016（35）:239-240.
［50］ 卢建康，刘华.高速铁路精密工程测量技术体系的建立及特点［J］.铁道标准设计，2010（1）:70-73.
［51］ 韩冬. 减小投影长度变形值方法的研究［J］. 中国新技术新产品，2015（4）:132.
［52］ 周文元. 交通工程控制网的投影变形分析与应用［J］. 中华建设，2020（2）:138-139.
［53］ 林金标. 简述高速铁路精密工程测量技术［J］. 内蒙古煤炭经济，2017（15）:30-32.
［54］ 周行泉. 长大隧道洞内导线测量影响因素及导线网型改进方法研究［J］. 北京测绘，2018，32（4）:458-461.
［55］ 范增. 长大隧道群精密测量控制网布网技术［J］. 科技信息，2011（31）:33-36.
［56］ 代赛，刘立海，张弘毅. 单 RBC 跨多 MSC 场景数据制作及测试案例分析［J］. 铁路通信信号工程技术，2020，17（3）:62-67.
［57］ 叶春晖. 高速铁路供电工程建设技术管理的思考［J］. 铁道经济研究，2020（1）:20-24.
［58］ 杨玉龙. 铁路电力工程施工风险管理研究［D］. 石家庄：石家庄铁道大学，2017.
［59］ 吕国民. 铁路 10 kV 电力线路雷击故障分析与防雷措施应用［D］. 北京：中国铁道科学研究院，2016.
［60］ 胡东林. 高铁信号工程施工技术管理思路探究［J］. 信息通信，2020（8）:172-173.
［61］ 张永. 高速铁路四电工程项目施工质量管理研究［D］. 成都：西南交通大学，2015.

[62] 郭瑞霞. 地域文化在铁路客站内部空间的细部体现[J]. 铁道勘察，2020，46(3):78-83，94.

[63] 王迎春. 铁路站房钢结构工程质量安全风险分析研究[D]. 成都：西南交通大学，2016.

[64] 孙萌. 千岛湖站大跨度截面 π 形混凝土贝雷梁支撑体系研究与应用[J]. 铁道经济研究，2019(5):22-26.

[65] 赵晓敏. 基于结构美学的中小型快铁站空间形态研究[D]. 成都：西南交通大学，2014.

[66] 王奇峰，刘伊生. 铁路给排水监控系统现状研究[J]. 给水排水，2016，52(1):309-310.

[67] 辛思远. 基于运输安全需求的新建铁路给排水设计风险管理[J]. 铁路节能环保与安全卫生，2016，6(2):104-108.

[68] 薛凯峰. 基于 LabVIEW 的列车自动上水监控系统[D]. 南昌：华东交通大学，2008.

[69] 张学坤. 浅谈物联网在铁路给排水设备应用的探讨[J]. 建筑工程技术与设计，2015，(28):1198.

[70] 魏林. 铁路给水排水适应铁路大提速之研究[D]. 上海：同济大学，2008.

[71] 龚海强. 铁路旅客列车地面卸污系统建设方案选择问题的研究[J]. 科技创业家，2014(3):234.

[72] 梁新礼. 大直径钻孔桩清水钻成孔施工方案研究[J]. 中国标准化，2019(12):70-72.

[73] 岳洪武，苗苗. 浅埋暗挖软岩隧道管棚预注浆加固效果分析[J]. 现代隧道技术，2021，58(2):111-117，134.

[74] 魏加志. 隧道二衬边墙混凝土分层逐窗浇筑系统设计及应用研究[J]. 铁道建筑技术，2019(2):14-17.

[75] 李忠凯. 浅埋暗挖隧道管棚预支护机理及设计方法研究[D]. 北京：北京工业大学，2012.

[76] 张正忠，马培枥. 高速铁路工程连体挂篮安装与解体施工技术[J]. 低碳世界，2016(8):218-220.

[77] 袁富琼. 铁路生态环境影响后评价指标体系及量化模型的研究[D]. 成都：西南交通大学，2012.

[78] 夏至. 某双层异形桁架人行桥总体设计[J]. 山西建筑，2020，46(22):130-131，146.

[79] 吴忠，袁慧芳. 港俞路淀浦河景观桥梁总体设计[J]. 城市道桥与防洪，2019(10):85-87，13.

[80] 曾义，陈冬，陈培帅. 钢套筒跟进成桩技术在岩溶区中的应用[J]. 中国水运，2018，18

（7）:246-247.

［81］杨丹. 山区高速公路天桥美学与景观研究［D］. 重庆，重庆交通大学，2017.

［82］廖鸿华，陶斌铮. 桥型与环境的协调［J］. 价值工程，2013，32（6）:76-77.

［83］宋广君. 桥梁生态设计实践中的若干思维误区剖析［J］. 市政技术，2015，33（5）:59-61，64.

［84］陈孟婷. 浅析城市高架桥下绿化设计—以平潭综合实验区和平大道（高铁中心站—苏平路）工程为例［J］. 建材与装饰，2019（27）:78-79.

［85］李安琪，张远. 锦峰秀岭，深檐叠翠—杭黄高铁建德东站地域性建筑设计实践［J］. 华中建筑，2018，36（12）:48-54.

［86］张在岩. 高速铁路坐标系统选取与控制点稳定性的分析研究［D］. 焦作：河南理工大学，2014.

［87］何华武. 高速铁路运行安全检测监测与监控技术［J］. 中国铁路，2013（3）:1-7.

［88］何华武. 中国高铁：“追赶者”何以变成“领跑者”［J］. 电气时代，2011（2）:35.